Gottfried Traugott Gallus

Geschichte der Mark Brandenburg für Freunde historischer Kunde

Gottfried Traugott Gallus

Geschichte der Mark Brandenburg für Freunde historischer Kunde

ISBN/EAN: 9783742869319

Hergestellt in Europa, USA, Kanada, Australien, Japan

Cover: Foto ©ninafisch / pixelio.de

Manufactured and distributed by brebook publishing software (www.brebook.com)

Gottfried Traugott Gallus

Geschichte der Mark Brandenburg für Freunde historischer Kunde

Geschichte der Mark Brandenburg

für

Freunde historischer Kunde

---

von

Gottfried Traugott Gallus

Konrektor an der Stadtschule zu Krosen.

Zwote, verbesserte und vermehrte Auflage.

Erster Band.

Aelteste Geschichte bis zu Ende der Luxemburgischen Herrschaft.

Züllichau und Freystadt
in der Frommannischen Buchhandlung.
1792.

Seiner Excellenz

dem

Hochgebornen Herrn

Ewald Friedrich Grafen v. Hertzberg

Königl. Preußischen Geheimen Staats=
Kriegs= und Kabinets=Minister,

Curator der Königl. Akademie der Wißenschaften zu
Berlin, Chef des Land=Seidenbau Departements,
Ritter des schwarzen und rothen Adler=Or=
dens, Mitgliede der Akademien der Wißen=
schaften zu London, Stockholm, Har=
lem, Nürnberg,

wie auch

der kaiserl. ökonomischen Gesellschaft zu Set.
Petersburg ꝛc.

Curator der Königl. Realschule, Erbherrn auf Britz,
Hertzberg, Lottin, Barenbusch, Barkenbrügge ꝛc.

Hochgeborner Graf,
Gnädigster Graf und Herr,

Die Achtung, welche das Publikum angesehnen Geschäftsmännern erweiset, fließt aus zwo ganz verschiednen Quellen, und äußert sich auf eine doppelt verschiedne Art. Das größte Lob wird oft von Furcht und Sklavensinn erheuchelt, nicht von Wahrheitsgefühl und Ueberzeugung erteilt: der lieblichste Weirauch wird zuweilen nur der Würde und dem Ansehn, nicht der Person und den Verdiensten gestreut. Zeitungen und Tagebücher, mündliche und schriftliche Reden
strömen

strömen oft von Lobeserhebungen, von Vertheidigungen, von Jubelgeschrei über; aber alles gilt nur der Würde, nicht dem Manne; die Thaten und Anordnungen solcher Opfer der Schmeichelei werden mit den ausschweifendsten Vergrößerungen gepriesen, nicht als die Thaten und Anordnungen einer hellsehenden Politik, eines vorurteilfreien Verstandes, eines wohlwollenden Herzens; sondern als die Gesezze der Macht, die den Heuchler belohnen, den Lobpreiser erhöhen, den Widersprecher hingegen züchtigen, und den Wahrheitsfreund niederschmettern kann. Nur im Hinterhalte lauscht die ernste Geschichte, und wägt im Verborgnen jede That mit gerechter Schaale, um dann,

dann, wenn Schmeichelei nicht mehr nuzzet, und Tadel nicht mehr schadet, ein unparteiisches Urteil laut zu fällen: wie schmilzt dann oft der Beifall der Zeitgenoßen vor dem durchdringenden Blik der unbestechlichen Nachwelt, wie Schnee vor dem brennenden Sonnenstrahl!

Dies ist das Schiksal aller derer, an welchen nur die **Würde** geehrt, nicht die **Person** geachtet wird: dies ist das Schiksal so mancher vergötterter Helden, so mancher hochgepriesener Staatsmänner: aber gewiß nicht das Schiksal **Ew. Hochgräfl. Excellenz.** Die Ehrfurcht, die mehr als ein Land, mehr als ein Volk, mehr als ein Zeitalter

Ih-

Ihnen, Hochgeborner Graf, zollt, ruht auf den sichersten, unzerstöhrbarsten Grundpfeilern; ruht nicht auf dem äußern Glanze, nicht auf den erhabnen Posten allein, auf welchen Sie bisher standen und noch stehen; sondern sie stüzt sich auf den innern Werth persönlicher Verdienste, auf Denkmale wahrer Ehre, die fester als Erz und Marmor der Vergänglichkeit trozzen. Wie vielfach sind jene Verdienste, wie mannigfaltig diese Denkmale, die sich Ew. Hochgräfliche Excellenz als Staatsmann, als Vaterlandsfreund, als Beförderer der Wißenschaften durch Schriften und Aufmunterungen, als Verbreiter hellerer Einsichten in der allgemeinen und vaterländischen

ſchen Staatskunde für jezzige und künftige Jahrhunderte erwarben und errichteten! Viel zu unvermögend, der Lobredner Ew. Hochgräfl. Excellenz zu ſein, führte ich das Geſagte nur als den Bewegungsgrund an, der mich kühn genug machte, I h r e n erhabnen Namen, Hochgeborner Graf, dieſer Schrift vorzuſezzen. So wenig auch die gegenwärtige Arbeit I h r e r Würde angemeßen ſein mag; ſo ſehr ſchien mir doch Ihr Name, ein Name, den das Vaterland nie ohne Rührung nennen kann, vor einer vaterländiſchen Geſchichte paſſend: erſtrer wird dadurch nicht geehrt, leztre aber deſto mehr verherrlicht. Ungeachtet dieſe Schrift der Aufmerkſamkeit I h r e s Kenner-

bliks

bliks nicht würdig ist; so konnte ich doch dem Wunsche nicht widerstehen, Ew. Hochgräfl. Excellenz einen öffentlichen, wenn gleich schwachen Beweis von der tiefsten Ehrfurcht und von der reinsten Hochachtung zu geben, mit welchen gegen Dero hohe Person immer erfüllt war, und immer erfüllt bleibt

Ew. Hochgräfl. Excellenz

Krotzen im Juli.
1792.

unterthänigster,
Gottfried Traugott Gallus,
Konrektor.

Vorrede.

Gegenwärtige Schrift erschien im Jahre 1787 zuerst unter dem Titel: **Handbuch** der Brandenburgischen Geschichte. Weder die Schreibseligkeit unsers Zeitalters, noch der Kizzel des zweideutigen Autorruhms erzeugte sie. Bloß der Wunsch, eine Schlesische Familie zu unterstüzzen, gab mir die Feder in die Hand. Gute Absichten indeßen machen noch keine gute Bücher. Alles kommt auf einen richtigen Plan, und auf eine treue Ausführung deßelben an. Der Titel bestimmt die Klaße der Leser, für welche, und folglich den Entwurf, nach welchem ich diese

Vorrede.

diese Geschichte bearbeitete. Es solten dem Forscher keine neuen Außsichten geöfnet, dem Kenner keine neuen Fundgruben entdekt, dem Grübler keine kritischen Jahrbücher geliefert werden. Aber dem Lehrer, welchem Vermögen, Zeit und Lust fehlt, starkleibige Werke zu kaufen und zu lesen; dem Jünglinge, welchen weitläuftige, ohne Geschmak und Reiz zusammengehäufte historische Materialien vom Studio der Geschichte abschrekken; dem Liebhaber, welcher die Hauptthaten der Vorzeit in einer guten und lichtvollen Ordnung, in einer planen und flüßigen Schreibart ohne gelehrten Aufwand, ohne pünktliche Aengstlichkeit, ohne kritische Zweifelsucht kennen lernen möchte, — allen diesen wünschte ich, ein Handbuch zu liefern, das die Mittelstraße zwischen einem dürren Kompendio und einem zu fleischigtem Werke hielte; ein Buch, das durch unterhaltende Erzählungen, durch eine leichte Stellung der Begebenheiten, durch einen muntern Vortrag zum Lesen reizte, zum weitern Forschen in der Geschichte den Weg ebnete, den Verstand nüzlich beschäftig-

Vorrede.

schäftigte, und das Herz für das Gute und Edle erwärmte. Dies war mein Zwek: und daß ich ihn nicht ganz verfehlt habe, zeugen die Urteile der gelehrten Richterstühle, und der völlige Abgang der ersten Auflage. Das häufige Nachfragen der Käufer machte eine zwote nothwendig. Daß hier kein bloßer Abbruk der vorigen Edition geliefert wird, und die Worte: verbeßert und vermehrt, nicht bloß zur Schau auf dem Titel prangen, werde ich wohl nicht erst ängstlich beweisen dürfen. Ich habe die Erinnerungen einsichtsvoller Recensenten auch in Kleinigkeiten benuzt, und gegründeten Tadel zu meiner Belehrung und zur Vervollkomnerung dieser Geschichte dienen laßen. Viele Stellen sind umgearbeitet, viele durch andre ersezt, ganze Abschnitte eingeschaltet, manche überflüßig scheinende Sachen ausgestrichen worden. Ich that, so viel ich in meiner Lage, das heißt: bei Mangel an Muße, und an Hülfsmitteln mancherlei Art thun konnte. Dies wird ein billiger Kunstrichter nicht vergeßen; so wie ich nicht, was Cicero so schön und wahr in seinen

Abhand-

Vorrede.

Abhandlungen De Inventione Rhetorica. lib. II. cap. 3. sagt: Si temere aliquid praeteriisse, aut non satis eleganter secuti videbimur, docti ab aliquo, facile & libenter sententiam commutabimus. Non enim parum cognosse, sed in parum cognito stulte & diu perseverasse, turpe est: propterea, quod alterum communi hominum infirmitati, alterum singulari uniuscuiusque vitio est attributum.

Brandenburgische Geschichte.

Erster Hauptteil.

Aelteste Geschichte der Mark Brandenburg bis auf Albrecht, den Bär. 1144 nach Christi Geburt.

I. Abschnitt.

Geschichte der ältesten bekannten Bewohner der Mark, der Svevischen Völkerschaften bis auf die Ankunft der Wenden im sechsten und siebenten Jahrhundert nach Christo.

Die ersten Bewohner des Landes, das jezt die Mark Brandenburg heißt, sind uns eben so unbekannt, als ihre Thaten unbedeutend, und für die neugierige Nachwelt unwichtig gewesen sein mögen. Die Geschichte einer Menschengattung, die noch auf der untersten Stufe der Menschheit steht, noch keine andre Bedürfniße, als die der rohen Natur kennt, die zerstreut herumirrend, erst durch die bringendste Nothwendigkeit bewogen zur Horde, und später zum Volk sich samlet, kann wol dem Philosophen Stoff zur Entwiklung des Ganges, den die Bildung des menschlichen Geistes nahm, darreichen. Aber dem Freunde der Geschichte, der nicht Keime, sondern Früchte sehen, nicht Anlagen zu Unternehmungen, sondern Thaten ganzer Stämme, und einzelner Männer selbst lesen will, dem wird das Einerlei der Beschäftigungen eines wilden Haufens, und die Geistesunthätigkeit eines ungebildeten Geschlechts wol wenig Befriedigung gewähren. Und so würde sich der Liebhaber vaterländischer Begebenheiten darüber leicht trösten können, daß alle Nachrichrichten von der erſten Bevölkerung des Landes, das erſt in ſpätern Jahrhunderten wichtige Rollen zu ſpielen anfängt, in völliger Vergeßenheit begraben liegen. Aber daß die Geſchichte auch da, wo die Geſellſchaft ſchon einen ziemlichen Grad bürgerlicher Kultur erreicht hat, wo die Staatsverfaßung ſchon merkwürdige Vorfälle vermuthen läßt, nur Bruchſtükke liefert, mehr allgemeine Einrichtungen bemerkt, als einzelne Thaten erzält, das möchte er wol mehr zu bedauern haben. Dies iſt der Fall, ſo wie bei jedem Staat, auch bei dem Brandenburgiſchen. Wir finden bei denen Völkern, die wir, weil wir von keinen frühern wißen, die älteſten Bewohner der Mark nennen, ſchon eine gewiße Vollkommenheit in ihren bürgerlichen, ſittlichen, religiöſen Einrichtungen; und doch nennt uns die Geſchichte keinen groſſen Mann, der ſie zu dem ſchuf, was ſie waren, ſagt uns nicht, wie und durch welche Veränderungen ſie es wurden, und was für Folgen in und außer ihrem Vaterlande dieſe Verfaßung erzeugte. Wir nehmen indeßen, was uns die Geſchichtſchreiber gaben, und ſind ihre Nachrichten entweder zu allgemein, oder ſcheinen ſie uns bisweilen mehr ein ſchönes Ideal, als ſtrenge Wahrheit zu liefern; ſo freuen wir uns doch, im erſten Falle lieber Etwas, als Nichts zu wißen, und fühlen im andern eben das Vergnügen, das uns der Dichter goldnes Zeitalter gewährt.

Sennonen und Longobarden — ſo hieſſen die beiden Völker, welche vor und lange nach
Chriſti

Christi Geburt in der Mark Brandenburg ihre Hauptsitze hatten. Die alten Erzälungen sind weder bestimt noch zuverläsig genung, um die Grenzen, in welche jeder dieser Volksstämme sich eingeschlossen hatte, genau abmeßen zu können. Indeßen scheinen die **Sennonen** oder **Semnonen** vorzüglich zwischen der Elbe und der Oder, in der jezzigen Mittelmark und Lausiz, im Meißenschen und Anhaltischen gewohnt zu haben. Die Longobarden hatten unstreitig ihren anfänglichen Siz jenseits der Elbe in der Altmark und einem Teile von Lüneburg. Von den Römern gedrängt zogen sie sich nachher über diesen Fluß hinüber, und dehnten sich wahrscheinlich bis an die Havel und Spree, das heißt in der **Prigniz** und in einem Stükke von der **Mittelmark** aus. Beide Völker gehörten zu der Svebischen oder Schwäbischen Nazion, welche einen sehr großen Teil Deutschlandes einnahm, und von der Donau bis zur Ostsee, von der Weichsel bis zur Sale und Elbe herumschweifte. Die Sennonen hielten sich für die ältesten und edelsten der Sveven; ob sie sich aber deswegen mit einem griechischen Worte*, das **geehrt** und **angesehen** bedeutet, benennt haben, ist mit den übrigen Herleitungen von **Süne**, Versönung; **Sen**, Senden, oder **Zema**, die Erde, gleich unzuverläßig. Die Folge wird zeigen, wie das große Versönungsfest, das alle Svebische Stämme durch Gesandte im Lande der Sennonen feiren ließen, Anlaß zu einigen dieser Namenser-

* σεμνός.

klärungen gegeben habe. Nicht glüklicher war man bei Erläuterung der Benennung: Longobarden. Die verschiednen Meinungen, die bald die **langen Bärte**, welche doch aber alle Deutschen trugen, bald die **langen Hellebarten**, bald die **langen Börden**, fruchtbare Gegenden, als Ursach ihrer Benennung angeben, laßen uns zweifelhaft, welche von ihnen, oder ob keine, wir annehmen sollen. Der Name ist es ohnedem nicht, der ein Volk wichtig und angesehen macht; nur Thaten sind's, die dem einzelnen Manne, wie dem ganzen Volke die Achtung der Nachwelt versichern. Merkwürdiger ist daher dem Freunde wirklicher Geschichte der

Körperliche, sittliche, bürgerliche und religiöse Zustand der ältesten Bewohner der Mark.

Die Nachrichten der Schriftsteller schränken sich nicht bloß auf die Sennonen und Longobarden ein; sie umfaßen die ganze, in eine Menge besondrer Völkerschaften zerstreute, Nazion der Deutschen. Da die Sveven nicht das unbedeutendste Volk Germaniens ausmachten, und unter ihnen wieder die Sennonen die Edelsten waren, so müßen sich die ältern Erzälungen, wo nicht vorzüglich, doch auch mit auf sie beziehen. Es gehört grade in unsern Plan, Beschreibungen, welche die Neugier reizen, und die Aufmerksamkeit erregen und unterhalten, in unsre Geschichte zu verweben.

Der Körper dieser Völker zeichnete sich durch seine Größe und Stärke, ihr blaues Auge durch den

stol-

stolzen drohenden Blik, ihr Haar durch die gelbliche Farbe, vor andern Nazionen aus. Hunger und Kälte, und rauhe Witterung konnte dieser starke Körper beßer ertragen, als Durst, anhaltende Arbeit und Sonnenhizze. Ihre Wohnungen, ihre **Kleidung, ihre Speisen, ihre Erziehung, ihre späten Ehen,** und die wenige Anstrengung ihrer Seelenkräfte waren wol die Haupturfachen, daß man keine schwächliche, entnervte, ungestaltete Weichlinge unter ihnen fand.

Die Nähe eines Waßers, das Dunkel der Wälder, oder eine von der Natur zum Wohnen schon bereitete Höle wählten sie zu ihrem **Aufenthalt.** Sie bauten ihre Häuser, oder errichteten vielmehr ihre Hütten nicht in zusammenhängenden Reihen. Einzeln und zerstreut schloßen sie ihr Gebiet ein, entweder um vor Feuersgefahr sich zu schüzzen, oder weil sie die Vorteile des Zusammenlebens in Dörfern und Städten noch nicht zu schäzzen wusten. Weder Kalk noch Steine brauchten sie zu ihren Hütten, denen Holz und das mit Fellen, Laub oder Rasen bedekte Dach Festigkeit und Schuz genung verlieh. Um sich vor der zu großen Kälte des Winters, und ihr Vermögen vor dem Nachsuchen des plündernden Feindes zu dekken, gruben sie unterirdische Hölen, und warfen sie mit Mist zu. Die Außenseite ihrer Gebäude strichen sie mit verschiednen glänzenden Erdarten an, und gaben ihnen durch die bunte Gestalt ein schönes Ansehn, das bei ihnen die Stelle des Ebenmaßes, wovon sie noch keine Begriffe hatten, vertrat.

Zu ihrer Kleidung brauchten sie nur das Fell eines wilden Thieres, das sie in der Form eines Mantels über die Schultern hingen, und forn mit einer metallenen Haftel oder einem Dorn befestigten. Der ganze übrige Teil des Körpers blieb nakt und unbedekt. Die Reichern und Vornehmern unterschieden sich durch eine enge, knapanliegende Kleidung, durch Felle von seltnen Thieren, durch Besezzung ihrer Mantel mit andern Pelzflekken, durch bunte Besprengungen der Häute, von den Geringern. Ihr Haar banden sie in einen, mehrere, auch in etliche Knoten dicht am Scheitel; nicht aus Liebe zum Puz, sondern fürchterlicher in den Augen des Feindes zu erscheinen. Vorzüglich suchten sie daher an einem Tage der Schlacht ihren Haaren eine solche Schrekgestalt zu geben. Die Zeiten waren noch zu rauh, der Handwerke und Künste noch zu wenig oder vielmehr gar keine, als daß der Hang des schönen Geschlechts zum Puz schon hätte Nahrung finden können; aber er zeigte sich doch in dem leinenen, freilich ziemlich groben und an den Enden mit Purpurstreifen besezten, ermellosen Gewande der Frauenzimmer, welches sonst der männlichen Kleidung ähnlich war. Wie die Männer, gingen auch sie am übrigen Teil des Körpers unbedekt; doch erregte ihre ofne Brust noch keine unreinen Begierden; und die Ausschweifungen der spätern Nachwelt haben gezeigt, daß verstekte Reize weit mehr die heftigern Triebe in gefährliche Bewegungen sezzen können.

Ihre

Ihre Speisen bot ihnen die Natur und eine einfache Zubereitung dar. Milch, Käse, wild Obst, Kräuter, Haberbrei und Fleisch waren ihre gewöhnlichen Nahrungsmittel. Weder Gewürz, noch Kunst erfinderischer Köche machte sie ihnen schmakhafter; hier folgten sie der Stimme der Natur, die mit wenigen zufrieden zu sein gebietet, und verlangten keine bis ins Unendliche vervielfältigte Abwechslung. Weniger blieben sie den Gesezzen der Mäßigkeit bei'm Gebrauch der Getränke treu. Aus Gerste, Haber und andern Getreide bereiteten sie sich einen dem Weine ähnlichen Saft. Nur an den Ufern des Rheins wuste man von dem im übrigen Deutschlande unbekannten Weine.

Ihre rauhe Erziehung der Kinder, und die frühe Abhärtung derselben macht es begreiflich, daß sie so wohnen, so sich kleiden, und solche rohe Speisen verdauen konnten. Die Neugebornen tauchte man in einen Fluß oder in kaltes Waßer, um zu erfahren, ob sie starke, ausdauernde Körper hätten. Keine Mutter schämte sich, ihre Mutterpflichten zu erfüllen, und dem jungen Säuglinge eine gesunde, reine Nahrung selbst zu geben. Keiner Sklavin, keiner Amme ward die Ehre gelaßen, Mutterstelle bei ihnen zu vertreten, keiner: die Macht, den Körper der Kinder zu schwächen, unreine Begierden in ihnen zu erwekken, und ihre Seele zu verderben. Sie gingen ganz nakkend bis zu den erwachsenen Jahren, und übten sich täglich im Rennen, Springen, Schwimmen und Werfen. Die beste

ste Reuter jagte nicht schneller, als sie liefen. Die Jagd war ihre liebste, und zur Erlangung der Kriegsfertigkeiten, nüzlichste Beschäftigung. Wer die mehrsten Auerochsen erlegte, genoß die Ehre, daß man aus den Hörnern derselben in öffentlichen Gesellschaften trank. Ihr Jugendspiel war ein Tanz zwischen den Spizzen aufgestekter Degen und Pfriemen. Der, so die geschiktesten Wendungen zu machen, und einen gewißen Anstand zu beobachten verstand, erntete statt aller Belohnungen, den Beifall und das Vergnügen der Zuschauer. So erzogen wuchs das Kind zum starken, brauchbaren Jüngling auf, werth der Ehre, vom Vater in die Versamlung des Volks eingeführt und durch Anlegung der Waffen zum Mitgliede des Staats erklärt zu werden.

Ihren moralischen Karakter kann man nicht vorteilhafter, nicht erhabner schildern, als es ein alter Schriftsteller in folgenden Worten thut: "Niemand von ihnen lacht über Laster; Verführen „und Verführt werden heißt nicht der Modeton. „Gute Gewohnheiten wirken hier mehr, als anders„wo gute Gesezze."

Ihre Treue, ihre Ehrlichkeit, ihre Gastfreundschaft, ihre Keuschheit machen die vorzüglichsten Teile ihrer schönen Seite aus. Kein Eid band sie mehr zur Haltung ihres Versprechens, als ein biedrer Handschlag; sie schworen nur gegen Fremde in wichtigen Angelegenheiten, und dann stets auf ihren Degen. Keine Ehrbegier trieb sie, ihre

Gren-

Grenzen zu erweitern, oder Unschuldige anzufallen; sie gebrauchten ihre Waffen mehr zur Verteidigung ihrer Freiheit, und zur Beschüzzung ihres Vaterlandes, als zur Unterjochung und Plünderung ihrer Nachbarn. Diese ihre Bravheit empfahl sie andern Völkern so sehr, daß man gern ihre Freundschaft suchte, gern mit ihnen Bündniße schloß; daß der Kaiser August bei einer deutschen Leibwache sich sicherer glaubte, als einer Römischen.

Gastfrei nahmen sie jeden auf, der als Fremder ihre Grenzen betrat; was sie hatten, reichten sie ihm willig dar. War ein Armer zu unvermögend ihn bewirten zu können, so führte er ihn zum nächsten Nachbar, der beide als Gastfreunde empfing. Keine Bitte versagte man dem Fremden, jede erlaubte man sich an ihn; bei'm Abschiede entließ man ihn mit Geschenken, wofür der Geber weder einen Dank foderte, noch eine Gegengefälligkeit bei irgend einer Gelegenheit erwartete, so wie auch er sich durch erhaltne Wohlthaten zu nichts verpflichtet hielt. Den sahe man als einen Abscheu der Nazion an, der die Gesezze der Gastfreundschaft verlezte.

Nirgends zeigte sich ihre Tugend im schönern Lichte, als bei Erfüllung der ehelichen Pflichten. Jeder war der Gatte nur einer Frau; und wenn Vornehmre sich bisweilen mehrere beilegten, geschahe es nicht, um wilde Triebe zu befriedigen, sondern sich mehr Ansehn bei'm Volke zu geben. Ihre Jünglinge waren durch keine erhizzende Getränke, durch keine entnervende Weichlichkeiten, und keinen

lok-

lokkenden Müßiggang gelehrt; ihre Mädchen durch
keine üppige Gastmäler, durch keine verführerische
Schauspiele gereizt worden, früh das Bedürfniß der
Liebe zu fühlen.

Obgleich beiderlei Geschlechter von den ersten
Jahren an im nämlichen Fluße, und zur nämlichen
Morgenstunde zusammen sich badeten, so entzündete
doch kein wildes Feuer ihre gemäßigten Leidenschaften. Die Meinung des Volks bezeigte denen die
mehrste Achtung, die am spätesten sich verheirathe-
ten, und verabscheute die Unbändigkeit derer, die
vor'm zwanzigsten Jahre aufhörten, Jünglinge oder
Mädchen zu sein. Der Bräutigam erhielt nicht,
sondern brachte seiner ihm an Jahren und Wuchse
gleichen Braut eine Morgengabe. Ein paar Ochsen,
ein aufgezäumtes Pferd, und Waffenrüstungen waren die Geschenke, welche die Braut erinnern solten,
daß sie, die Gefährtin der Gefahren, und Sorgen
ihres Gatten, mit ihm im Kriege leiden, und im
Friede sich freuen, mit ihm leben und sterben, und
unverlezt die Waffen ihren Kindern und Kindeskin-
dern wieder überliefern solle. Die eheliche Treue
war durch die Reinigkeit der Sitten, die mehr als
alle Grundsäzze wirkten, und durch die beschimpfend-
sten Strafen gesichert. Die Ehebrecherin wurde
von ihrem Manne, auch wol von ihren eignen Eltern, mit abgeschnitnen Haaren aus dem Hause nakkend herausgepeitscht, und von Wohnung zu Wohnung im ganzen Gau mit ähnlichen Schlägen empfangen. Nicht Schönheit, nicht Vermögen, nicht

An-

Ansehen konnte die so Erniedrigte wieder zur Frau erhöhen.

Doch Licht muß auch seinen Schatten, und die reinste Tugend ihre Flekken haben. An die Reihen so vieler Vollkommenheiten schloßen sich auch Schwachheiten an; und unter denen am festesten ein unmäßiger Hang zum Trinken. Tage und Nächte in lermenden Zechgesellschaften zu schlemmen, politische und religiöse Versamlungen durch ausschweifendes Trinken zu entweihen, hatte das Herkommen zur Tugend erhoben. Alle wichtige Angelegenheiten wurden im Trunke überlegt; Ehen, Freundschaften, Bündniße wurden im Rausch errichtet; Krieg und Frieden trunken beschloßen; Anführer und Oberhäupter bei'm Gelage erwählt. Doch was sie im Taumel, wo das Herz der Wahrheit geöfnet, der Verstellung und Heuchelei aber verschloßen war, berathschlagten, überdachten sie den folgenden Tag noch einmal, und bestätigten es erst dann, wenn Leichtsinn und Unbesonnenheit der nüchternen Vernunft Plaz gemacht hatten. Daß bei dieser Trunkenheit häufige Beleidigungen und Streitigkeiten vorfielen, läßt sich schon von selbst denken. Doch ergoß sich ihr Zorn nicht in einen Strom schimpfender Beredsamkeit, er kühlte sich vielmehr im fließenden Blute des Gegners ab, und reichte ihm noch vor'm Ende des Gelages die Hand zur Versönung. Weiter aber trieben sie den Misbrauch ihres Hanges zum Spiel. Hatten sie ihr Hab und Gut dem ungewißen Falle des Würfels aufgeopfert,

opfert, so sezten sie sich selbst und ihre Freiheit auf's Spiel. Willig und gern folgte der Unglükliche seinem neuen Herrn als Sklave; der Stärkste ließ sich vom Schwächern, der Angesehenste vom Niedrigern binden, fortschleppen und als Leibeigner — welches, um solche elende Schlachtopfer einer thörigten Leidenschaft von sich zu entfernen, gewöhnlich geschah — verkaufen. Noch jezt hält der Weltmann auf sein Ehrenwort im Spiele. Ehrenschulden bezahlt er willig und gern, wenn indes der arme Handwerksmann, mit rauhen Drohworten abgewiesen, immer vergebens um seinen sauer verdienten Lohn bittet.

Tadelnswerth wird man ferner die Ueberlieferung der Feindschaften an Kinder und Verwandte finden; aber lobenswürdig war's doch, daß der Sohn und Freund den vom Vater oder Bekannten übernommenen Haß nicht ewig fortsezte, daß etliche Stükke Vieh oder eine andere Genungthuung den ererbten und selbst den bittersten Groll tilgte, und Feindschaften auslöschte, die grade in freien Staaten die traurigsten Folgen nach sich ziehen.

Künste und Wissenschaften wird wol Niemand bei einem Volke suchen, deßen größte Weisheit in körperlicher Abhärtung, deßen Erziehung im Angewöhnen zu Ertragung aller Kriegsgefahren, deßen ganzes Glük in Behauptung seiner Freiheit, im Gebrauche weniger Nahrungsmittel, die die Natur reicht, und im Rausche der Trunkenheit besteht. Handwerke, und Künste, welche nur erst die verfeinerte

nerte Weichlichkeit der spätern Jahrhunderte erzeugte, machte ihre rohe, einfache Lebensart ihnen völlig entbehrlich; und die, ohne welche auch der Wilde nicht leben kann, lehrte sie die Natur. Das Fell, womit sie sich bedekten, trokneten sie selbst an der Sonne, und schlugen es sich bis zum Gebrauche geschmeidig. Und so bauten, jagten, kriegten sie, ob sie gleich alle diese Künste in keiner Zunft erlernt hatten. Das Salz erhielten sie durch Begießung glühender Kohlen mit salzigem Waßer; diese Kohlen selbst gebrauchten sie nun als schwarzes Salz. Gold und Silber würden sie vielleicht gefunden haben, wenn ihre Begierde die Erde durchwühlt hätte. Durch auswärtigen Handel, der doch mehr von den Grenzvölkern getrieben wurde, kamen diese Metalle auch in ihre Gegenden, doch gaben sie dem Silber wegen der Bequemlichkeit im Handel vor'm Golde den Vorzug. Goldne und silberne Gefäße, womit die Freigebigkeit der römischen Gesandten sie öfters beschenkte, schäzten sie nie höher, als ihre irdenen. Ihr inrer Handel bestand im Tausch.

Auffallender möchte es vielleicht sein, daß sie eine der natürlichsten, nüzlichsten und achtungswürdigsten Künste — den Akkerbau vernachläßigten. Um Anlegung der Obstgärten bekümmerten sie sich so wenig, daß sie für die Jahrszeit, die die Baumfrüchte zur Reife bringt, den Herbst, nicht einmal einen Namen hatten, und bloß nach drei Jahrszeiten rechneten. Besorgt wurde zwar auch der Feldbau, aber nur meistens von Sklaven oder Weibern: und

und nur schlecht und wenig. Keiner besaß auf immer seine abgemeßenen Fluren; nach jeder Ernte zogen sie weiter, und bebauten einen Teil des Stüks, was ihr Fürst ihnen auf's neue zugeteilt hatte. Ihre natürliche Philosophie rechtfertigte diese Gewohnheit mit folgenden Gründen: "sie möchten durch stetes Bleiben an einem Orte ihn liebgewinnen, und ihre Neigung zum Kriege mit dem Landbau vertauschen; Mächtigere würden, aus Begierde, ihre Grenzen zu erweitern, die Aermern aus ihren Ländereien verjagen, und ihre Unterdrükker werden; ihre Prachtliebe möchte schönere Häuser aufführen, als es der Schuz vor Kälte und Hizze erfoderte; Liebe zum Gelde möchte zur Leidenschafe werden, und Parteien und schädliche Rotten stiften; es würde dann schwerer sein, die Ausschweifungen des Volks zu bändigen, als jezt, wo jeder sein Vermögen mit dem Reichthum der Mächtigsten meßen könnte."

Nur eine Art der schönen Wißenschaften fand Eingang bei ihnen, die Poesie. Sie, diese göttliche Kunst, rührt grade die Einbildungskraft des zum Sinnlichen gewöhnten Wilden am mehrsten, und war bei unsern ersten Vorfahren durch ihre Dichter, die sie Barden nannten, geheiligt. Bei ihren festlichen Opfern, und vor dem Anfang einer Schlacht erwekten sie durch ihre Gesänge, welche die großen, lobenswürdigen Thaten ihrer Vorfahren priesen, die Nachkommen zu ähnlichen Gesinnungen, und entflammten sie zu ähnlichen Thaten. Diese lieder vertraten zugleich die Stelle der Geschichtbücher,

cher, und pflanzten sich von Mund zu Mund, ohne aufgeschrieben zu sein, auf die folgenden Geschlechter fort. Ihre Musik war mehr ein wildes Getöse ihrer Widderhörner, und ein dumpfes Brummen in ihre Schilde, als der harmonische Ausdruk ihrer Gefühle.

Die Staatsverfassung dieser Völker entsprach ihrer rauhen Erziehung, ihrem Freiheit liebenden Geiste, und ihren bisher beschriebenen Gewohnheiten vollkommen. In mehrere kleine Horden oder Gaue zerteilt, deren die Sennonen hundert zählten, folgte jeder einzelne Stamm seinen besondern, von den übrigen unabhängigen Gebräuchen. Jeder Gau hielt seine eigne Versamlungen, wählte sich da seine Richter, und berathschlagte sich über besondre Verfaßungen. Mit jedem neuen kommenden Frühlinge versamlete sich die ganze Nazion bei'm Voll- oder Neumond, wornach sich alle wegen Mangel des Kalenders am besten richten konnten, in einem Eichenhaine, erwählte dort ihren gemeinschaftlichen Anführer, besprach sich über Auswanderungen, untersuchte wichtige Klagsachen, und beschloß Krieg und Frieden. Keiner erschien auf Befehl und zur gesezten Stunde, sondern nach bloßer Willkühr und eignem Gutbefinden. Doch wurde der zulezt Ankommende getödtet. Auch die Dauer dieser Landtage war nicht bestimt, sie hing von dem Eigensinn des ganzen Haufens ab. Der Fürst, der Priester hielt zwar gewöhnlich den Vortrag; aber auch jeder, den sein Alter, sein Heldenruhm, sein Adel auszeichnete,

Gallus Br. Gesch. 1. Th.   B

netz, konnte sprechen. Misfiel die Rede der Menge, so gab sie durch ein dumpfes Gemurmel ihren Unwillen zu erkennen. Seinen Beifall drukte das Volk am ehrenvollsten, durch das Zusammenstoßen der Spieße aus. Am heiligsten hörte man auf des Priesters Stimme; ihn zu unterbrechen, hielt man für ein Religionsvergehen; auf ein von ihm gegebnes Zeichen herrschte sogleich die allgemeinste Stille.

Die Macht ihrer Fürsten war eben so unbedeutend, als ihre Einkünfte. Sie hatten mehr den Vorzug der ersten Stimme, des guten Raths, als das Recht des Befehls. Die freiwilligen Geschenke an Getreide und Vieh, Beweise der Ehrfurcht, nicht der Schuldigkeit ihrer Unterthanen, und der Teil der Strafgelder, so auf den Fürsten fiel, würde ihn schwerlich erhalten haben, wenn nicht seine eigne Güter ihn erndährt hätten. In jedem Gau erhielt ein aus den Aeltesten erwählter Graf, oder wie man sonst schrieb, Grawe, Graue, — vielleicht so viel als grauer, alter Mann — die Ruhe und Ordnung. Ihm wurden hundert Beisizzer der Gerichte — Schöppen, Schäffner von Schaffen, Befehlen, auch Schufte, so erst später hin ein beschimpfender Beiname geworden, genannt — zur Seite gesezt. Aus den Grafen mehrenteils, bisweilen auch andern berühmten Helden wählte man den Anführer im Kriege, den man, weil er vor'm Heere herzog, den Herzog nannte. Dieser unterhielt stets eine Menge tapfrer, edler
Jüng-

Jünglinge um sich, die an seinem Tische mitspeisten, öfters ein Pferd, oder ein Stük der Waffenrüstung zum Geschenk bekamen. Sie wurden des Fürsten treuste Begleiter bei allen Gefahren der Schlacht; ihm in großen Thaten nachzuahmen, war ihre Ehre; ihm im Tode nicht nachzufolgen, ewiger Brandmark. Der Herzog focht für den Sieg: das Gefolge für den Herzog.

Nur zwei verschiedne Stände gab es unter'm ganzen Volke: **Freie und Knechte**. Alle, die von den ursprünglichen Einwohnern des Landes, vom alten deutschen Geblüte abstamten; alle Kinder freier Eltern, all' Nachkommen freigelaßner Sklaven, alle angeseßne Güterbesizzer; alle, deren Leben, wenn nicht eine große That verherrlichte, doch keine schlechte schändete; alle diese lebten im Stande der Freiheit. Ihre Handlungen waren uneingeschränkt; kein Fürst mischte sich in ihre häuslichen Angelegenheiten, kein Gesez legte ihrem handelnden Geiste Fesseln an. Niemanden waren sie für ihre Thaten verantwortlich; nur dann, wenn sie das Wohl des ganzen Volks stöhrten, richtete die allgemeine Versamlung über sie. Ihnen standen alle Würden offen, sie hatten Teil an jedem Vorzuge des Verdienstes, kein Vorurteil versperrte ihnen den Weg der Ehre. Bei ihnen adelte kein Ohngefehr der Geburt, kein Spiel des blinden Glüks, kein erkaufter Brief; sondern bloß persönlicher Werth, ungewöhnliche Tapferkeit, uneigennüzzige Aufopferung für's Vaterland.

Zur

Zur zwoten Volksklaße gehörten die **Knechte oder Sklaven.** Dies waren die Gefangnen oder ihre Nachkommen. Ihr Schiksal war leidlich, das Betragen ihrer Herren menschlich. Jeder hatte seinen besondern Wohnsiz, seine eigne Hütte, sein abgesondertes Hauswesen. Er besorgte den Akkerbau, trieb die Viehzucht, und gab seinem Gebieter einen bestimten Teil vom Getreide, von der Heerde, und von Kleidungsstükken ab. Weiter erstrekte sich die Gewalt des Herrn über ihn nicht, weiter ging sein Gehorsam nicht. Die übrigen Hausarbeiten der Freien verrichteten die Weiber und Kinder. Der Zustand dieser Sklaven hatte mit der Lage der jezzigen Gutsbauern die größte Aehnlichkeit. Wurde einer von ihnen freigelaßen, so erlangte er eben kein größres Glük als er vorher genoßen, kein höheres Ansehn, als er vorher gehabt hatte. Der Herr achtete ihn nicht mehr, als den Knecht; die Vorrechte eines freien Mannes erhielt er nie. Einen Sklaven zu schlagen, mit Gefängniß zu belegen, mit harter Arbeit zu züchtigen, war etwas seltnes: einen zu tödten, geschahe nie aus Ueberlegung, nie mit Willen, sondern nur in der Hizze, nur im Zorne. Das Gesez erlaubte es, ihre Mäßigkeit verabscheute es. Welchen Vorzug haben die rohen Deutschen in diesem Punkte vor den gebildeten Griechen und Römern!

Nur **Freigeborne** zogen zu Beschüzzung ihrer Grenzen in den Krieg; denn nur sie wusten den Werth der Freiheit zu schäzzen; und die ging ihnen über

über alles: Das war ihnen schon verhaßt, was blos den Schein der Knechtschaft hatte, das Wohnen in Städten, die Zuflucht und Versamlung in befestigten Orten, und Lieferung der Schlachten an andern Gegenden, als im freien Felde. Daher waren auch persönliche Tapferkeit, Unerschrokkenheit, Stärke ihre einzigen Kriegskünste. Alle andre Arten Krieg zu führen, List, geschikte Wendungen, Hinterhalt, hielten sie für Zeichen der Feigheit, und für unwerth ihrer Nachahmung. Eigener Muth war der sicherste Führer zu Ruhm und Ehre im Leben, und, nach den Lehren ihrer Priester, zu dem himmlischen Pallast ihres Gottes nach dem Tode. Ihre Erziehung, ihre Abhärtung, ihre Beschäftigungen, und selbst ihre Religion athmeten Krieg. Jeder Gau sandte jährlich wechselsweise einen Teil der tapfersten Jünglinge aus, um in fremden Gebiete zu streifen, und im Kriegsdienste sich zu üben; die übrigen besorgten unterdeß ihre häuslichen Angelegenheiten mit den eignen; das folgende Jahr zog der andre Teil aus der nämlichen Absicht weg. Ihre Waffen legten sie nie ab; mit ihnen erschienen sie in den Volksversamlungen, mit ihnen auf dem Felde, in frölichen Trinkgesellschaften, und selbst den mehresten Religionszusammenkünften. Mit ihnen wurden ihre Leichen verbrannt; und nach der Bemerkung eines neuern Schriftstellers gebrauchte man das Wort Lanze eben so statt Mann, als die Sitten der heutigen Welt dazu die französische Benennung des Huts, chapeau eingeweiht haben.

Ihre

Ihre stärkste Macht beruhte auf dem **Fußvolke**, welches sich mit Schild, Spieß, oder wie sie ihn nannten **Friemen**, Wurfspieß und später hin mit Bogen und Schleudern bewafnete. Ihre Spiesse waren lange, hölzerne, und nur an den Enden mit Eisen beschlagene Stangen. Ein Bret, mit Weidenruten umflochten, und einem buntbemalten Felle überzogen, machte ihr Schild aus. Selten trugen sie Harnische, Helme oder Panzer, und nie, den Körper zu schützen, sondern nur, ihm ein fürchterliches Ansehn zu geben. Diese Absicht hatten auch die Köpfe und Hörner wilder Thiere, womit sie bisweilen ihr Haupt schmükten. Sehr viele kämpften ganz nakkend.

Ihre **Reuterei** war weit schlechter, als die Römische. Ihre kleinen, unansehnlichen Pferde waren nicht zu geschikten oder schnellen Wendungen abgerichtet. Die Reuter führten bloß einen Schild und eine Frieme, die sie vermittelst eines Riemens wieder an sich ziehen konnten. Sattel, Steigbügel und Halfter zu gebrauchen, war bei ihnen weichlich, und folglich ungewöhnlich. Oefters fochten sie zu Fuße.

Ihr Heer stellte sich Gau an Gau in eine keilförmige Schlachtordnung, damit sie von ihren Bekannten Ruhm oder Schande ernten könnten. Jedem standen die theuersten Pfänder seines Herzens am nächsten, um durch das Geheul der Weiber, und das Gewinsel der Kinder zum hizzigsten Kampf entflammt

flammt zu werben. Mütter und Gattinnen lobten die Heldenthaten der Ihrigen, zählten ihre Wunden, saugten das Blut daraus, brachten in der Zwischenzeit Speisen, spornten sie an, zu siegen oder zu sterben; und stellten oft durch Zeigung ihrer ofnen Brust, durch Vorstellung der Gefangenschaft ihrer Jungfrauen, durch ein wildes Heulen, und ihr fliegendes Haar die nachgelaßne Schlacht wieder her. Der Angrif eröfnete sich mit einem fürchterlichen Kriegsgeschrei, das im leisen Gesäusel anfing, nach und nach stärker wuchs, und zulezt dem Getöse der Meereswogen glich, die an hohen Felsen mit Donnerbrausen sich brechen. Damit die Töne desto rauher und dumpfer wiederhallten, hielten sie ihre Schilde vor den Mund. Dies Kriegsgeschrei bestimte häufig den Erfolg der Schlacht. Nachdem die Barden beherzt oder zaghaft anfingen, nachdem zeigten sich auch die Kämpfenden feig oder muthig, erschrekt, oder schreklich. Ueberhaupt bestand ihr Gefecht in einem wüthenden Losbrechen auf die Feinde, das bald nachließ, bald von neuem mit wilder Unerschrokkenheit in die Bekriegten stürzte.

Feigherzige, Flüchtlinge und Ueberläufer wurden strenge bestraft, doch nicht vom Fürsten, sondern in der Volksversamlung vom Priester. Nur er konnte im Namen der Gottheit schlagen, binden und tödten. Verzagte, Flüchtlinge und durch Wollust Geschändete wurden im Sumpf ersäuft; Verräther und Ueberläufer an Bäume gehenkt. Dies sollte anzeigen, daß man Laster heimlich, aber Verbrechen
öffent-

öffentlich bestrafen müßte. Kein andres Vergehen ward mit dem Tode geahndet. Da kein Mensch dem Andern das Leben gegeben habe, so meinten sie nach ihrer Art zu schlüßen, sei auch kein Mensch berechtigt es dem Andern zu nehmen. Für jedes Verbrechen, selbst den Mord, war ein Ersaz an Vieh hinlängliche Genungthuung.

Für die empfindlichste Strafe hielt man die, womit man die Ehre eines Kriegers, der seinen Schild weggeworfen hatte, brandmarkte. Er ward von allen heiligen und bürgerlichen Versamlungen ausgeschloßen, und mußte in der größten Verachtung seine übrigen Tage zubringen. Diese Beschimpfung kränkte die meisten so sehr, daß sie einen beschleunigten Tod einem solchen entehrten Leben vorzogen.

Die Religion der Suevischen Völker war weder ein so reiner Naturalismus als sie es nur durch die aufgeklärte Vernunft werden kann; noch ein so verunstalteter Gözzendienst, zu welchem die gebildeten Griechen und Römer sie herabgewürdigt hatten. Zwar umgiebt uns in diesem Teile ihrer Geschichte ein tiefes Dunkel, das wir bei'm Mangel vaterländischer Nachrichten durch die Berichte, welche auswärtige Schriftsteller, nach ihren Religionsvorstellungen gemodelt, liefern, nicht mit voller Klarheit erhellen können. Doch scheint so viel gewiß zu sein, daß sie alle ein höchstes Wesen unter dem Namen Thuisto, Teut oder Alcis — Alles ist verehrten, und gewiße Körper in der Natur, durch

deren

deren wohlthätigen Einfluß sie sich glüflich fühlten, als so viele besondre Wirkungskreise dieses Gottes ansahen, und so leicht in den Verdacht fielen, als ob sie Sonne, Mond, Feuer, anbeteten. Die Erde, diese gütige Mutter, aus deren Schooß Kräuter, Blumen, Früchte sproßen, welche die sie speisenden und kleidenden Thiere nährt, erregte ihre Dankbarkeit; als eine besondre Göttin, Hertham, Erdamme genannt, ward sie ihres Dienstes vorzüglich werth gehalten. Diese Gottheiten wurden nicht in enge Tempel eingeschloßen, wurden nicht durch menschliche oder thierische Abbildungen vorgestellt; beides war ihnen gegen die Würde, und Majestät des höchsten Wesens. Dichte, mit hohen Eichen besezte schattigte Haine waren ihre Tempel, waren ihre heiligen Versamlungsplässe. In einem derselben, der im Lande der Sennonen lag, feierte die ganze Nazion der Sveven jährlich ein allgemeines Versöhnungsfest. Jeder einzelne Stamm dieses Volks schikte seine Gesandten zu dieser feierlichen Zusammenkunft. In demüthiger Stellung mit Banden gefeßelt erschienen sie alle im heiligen Dunkel des Hains als bußfertige Knechte ihres erzürnten Gottes; ein Menschenopfer, wozu man gewöhnlich einen Gefangenen weihte, eröfnete die Feier dieser heiligen Versamlung. Fiel jemand von ohngefehr auf die Erde, so durfte weder er sich aufrichten, noch ein andrer ihm aufhelfen. Nach Endigung des Fests kroch er aus Ehrfurcht gegen das erhabne Wesen im Staube aus dem Walde heraus.

Die

Die Mutter Erde verehrten sie ebenfalls gemeinschaftlich auf einer Insel des Ozeans — wahrscheinlich Rügen — in einem geheiligten Haine. Die Gottheit befand sich in einem geweiheten, mit Dekken behangenen Wagen, den nur der Priester berühren durfte. Ihn fuhren etliche Kühe, ihn begleitete der Druide mit tiefster Ehrfurcht. Jede Gegend, welche die Göttin ihres Besuchs, ihrer Ankunft würdigte, war festlich geschmükt, und jeder dieser Tage der erfreulichste des Jahrs. Dann führten sie keinen Krieg, berührten keine Waffen, verschloßen ihr Mordgewehr. Nur Friede und Ruhe kannten, liebten sie, bis sie der Priester, wenn die Göttin lange genung bei den Sterblichen verweilt hatte, in den heiligen Wald zurükführte. Darauf ward der Wagen, die Bedekkung, und Hertha selbst, wie sie versicherten, in einem abgelegenen See abgewaschen. Sklaven besorgten dies Geschäft, fanden aber nach Vollendung dieser Reinigung im nämlichen See ihr Lebensende. Daher kam jenes geheime Schaudern, jene geheiligte Unwißenheit über das, bei deßen Erblikkung der Tod ihr Loos war.

Ihre Priester, die Druiden, waren zugleich ihre Aerzte, ihre Wahrsager, ihre Richter in schweren Fällen, ihre Lehrer. Sich vom übrigen Haufen zu unterscheiden, umwanden sie ihre Stirn mit einem Laubkranze von dem Baum, der bei allen so heilig war, der Eiche. Die auf ihr vorzüglich wachsende Mistel, die auch im Winter grünt, verschafte

schafte ihnen diesen Schmuk auch dann, wenn die andern Bäume verwelkt waren. Sie samleten dies Grün mit Anfang jedes Jahres mit mancherlei religiösen Gebräuchen. Hatte sich das Volk unter der Eiche versamlet, so wurden zwei weiße noch nicht zum Feldbau gebrauchte Stiere zum Opfer vorgeführt. Der Priester stieg, in ein weißes Kleid gehüllt, auf den Baum, und schnit mit einer goldnen Sichel die Mistel ab, welche unten mit einem weissen Tuche aufgefangen wurde. Ein heiliges Opfer, wozu man obige Stiere brauchte, und ein feierliches Gebet vollendete die Zeremonie. Dieses Kraut brauchte man auch zur Arznei, und nannte es deswegen Guthyl, Gutheil, und sandte es als ein Geschenk in alle Gaue herum, um zugleich das Neujahr zu melden. Noch lange bis auf unsere Zeiten hin erhielt sich hiervon in Guienne in Frankreich, und in Schwaben und Franken die Gewohnheit, daß am Neujahrstage die jungen Leute von Dorf zu Dorf mit Musik umherschwärmten, mit Hämmern an Thüren und Fenstern anschlugen, und dabei Gutheil zu wiederholten malen schrien.

Die Barden gehörten auch mit zu ihren heiligen Personen; sie sangen am Opferaltare das Lob der Gottheit, und die Thaten der Helden. An etlichen Weibern, die man Alraunen nannte, glaubten sie was Ueberirdisches zu entdekken. Sie wurden als Wahrsagerinnen bei jedem wichtigen Staatsvorfalle befragt. Zu Erforschung der Zukunft unterhielten sie weiße, noch zu keinem Dienst gebrauch-

te Roße in ihren Wäldern; aus ihrem Wiehern
und Schnauben schloß man auf den glüklichen oder
unglüklichen Ausgang einer Unternehmung. Sehr
gewöhnlich war auch das Loosen bei ihnen. Sie
schnitten in der Absicht mehrere Zweige von einem
Baume, bemahlten sie mit gewißen Zeichen und
warfen sie auf ein weißes ausgebreitetes Gewand.
Dreimal hob der Priester oder Aelteste der Familie
seine Augen gen Himmel, dreimal verrichtete er sein
Gebet, und eben so vielmal hob er die Zweige auf,
und machte sodann die Anzeigen den Umstehenden
bekannt.

Von einem **künftigen Leben** hatten sie einige
dunkle Vorstellungen, ganz nach ihrem kriegerischen
Geiste geformt, und später hin durch Vermischung
der Nordischen Lehren von dem Kriegsgott **Odin**
oder **Wodan** noch mehr entstellt. Nur Helden
hatten an den Freuden des Himmels Teil, nur die,
so den Tod verachteten, und mit kühner Unerschrokkenheit ihm entgegen gingen. Sie trunken in **Walhalla**, dem Pallast ihres Gottes, köstliches Bier
aus den Hirnschädeln ihrer Feinde. Jeden Morgen
zogen sie durch die Thore dieses Pallastes — deren
500 waren, die eine solche breite Defnung hatten,
daß acht wohlgerüstete Helden zugleich durch konnten — aus zum Kampfplazze, hieben sich da in
Stükken, kehrten aber zur Mittagsstunde frisch und
gesund wieder zurük. Ein einziges Schwein, das
alle Tage wieder wuchs, reichte allen den Tausenden hinlängliches Fleisch zum Eßen dar. Feige,
furcht-

furchtsame Weichlinge kamen zur Göttin Hela — Hölle — und litten bei ihr unausstehliche Martern, welche ihre Einbildungskraft in folgendes dichterische Gewand einkleidete: ihr Saal ist der Schmerz; ihr Tisch die Hungersnoth; ihr Meßer der Hunger; ihr Knecht die Faulheit; ihre Magd die Langsamkeit; der Abgrund ihre Thüre; die Mattigkeit ihr Vorhof; Krankheit ihr Bette und der Fluch ihr Zelt.

Auf diese Lehren gründete sich ihre Verachtung des Todes, und ihr unerschütterter Muth; hiervon hingen die Gebräuche bei ihren Begräbnißen ab. Alle Leichen wurden ohne große Unkosten verbrannt; nur nahm man bei Vornehmern eine Art kostbarern Holzes. Den Ueberrest der Asche samleten die Hinterlaßnen in Urnen, und bewahrten ihn in der Erde auf. Die Waffen, die der Held in Walhalla so nöthig brauchte, wurden ihm mitgegeben; aber Pferde, Hunde, bisweilen auch Sklaven mit verbrannt. Ihre Thränen trokneten sie bald um die Todten, aber ihr Andenken erhielten sie lange. Weinen schikt sich, sagten sie, nur für Weiber, stete Erinnerung für Männer. Große Kriegsleute ehrten sie durch Grabstätte unter Bäumen, welche sie mit ungeheuren Steinen umwälzten. Hie und da in der Mark findet man noch Denkmäler solcher Steingräber, die man mit dem Namen Riesenbetten zu bezeichnen pflegt.

Bruch=

Bruchstükke von der Geschichte der Sennonen und Longobarden.

Die Geschichte weiß nur einige abgebrochne Stükke von den Begebenheiten eines Volks zu erzälen, das mehr Ehre darin sezte, große Thaten zu thun, als darin, merkwürdige Vorfälle aufzuzeichnen.

Vermuthungen ließen sich viele, und manche nicht unwahrscheinliche, wagen. Aber diese gehören nicht in eine kurze Uebersicht der ganzen Reihe wirklicher Begebenheiten. Der Liebhaber findet sie in den größern historischen Werken. Wir heben blos ein paar Erzälungen aus, die die Völker in der Mark selbst näher angehen, und gedenken deßen nicht, was die Deutschen überhaupt Wichtiges gethan oder nicht gethan haben. Nur das merken wir noch an, was schon aus dem Vorigen erhellt, daß zahlreiche Schaaren der Sennonen häufig auswanderten, zum Teil in ihr Vaterland zurükkamen, zum Teil in fremden Ländern neue Wohnsizze aufschlugen. In der Landschaft Champagne in Frankreich führt das Gebiet Senonois und die Stadt Sens noch ihren Namen. Und von hier aus wurden einst ihre Heere unter Anführung des Brennus den Römern so furchtbar, daß sie selbst ihre Hauptstadt Rom in Schutt und Aschenhaufen verwandelten.

1. Feld-

1. Feldzug des Drusus bis an die Elbe. Im Jahre Roms 746. und im neunten oder zehnten vor Christo

Der erste Römer, der, aller Schwierigkeiten ungeachtet, es wagte, bis mitten in Deutschland einzubrechen, und die Deutschen gewohnt in fremde Grenzen zu streifen, nun in ihren eignen anzugreifen, war Nero Claudius Drusus, des Kaisers August's Stiefsohn. Voll Begierde nach Ruhm, voll der entschloßensten Standhaftigkeit, und in der Blüte seines Lebens, 25 Jahr alt, führte er durch dikke Wälder, tiefe Moräste, und kalte, rauhe Gegenden dreimal die römischen Legionen bis über den Rhein, die Yßel und Weser.

Im vierten Feldzuge, der nur allein uns näher angeht, drang er durch das Land der Chatten, der heutigen Heßen, über die Weser bis zur Elbe vor. Die Longobarden, welche am linken Ufer der Elbe wohnten, flohen vor dem siegenden Feinde über diesen Flus zu ihren Freunden, den Sennonen. Drusus schikte seinen Feldherrn Domitius über die Elbe, um das jenseitige Land auszukundschaften. Dieser berichtete, daß die dortigen Gegenden stark bevölkert, und durch zahlreiche Haufen Svevischer Völker gedekt wären. Drusus, durch diese Nachricht abgeschrekt, und von seinem Stiefvater August ausdrüklich befehligt, nicht über die Elbe zu gehen, beschloß seinen Rükzug. Vorher errichtete er noch mehrere Siegeszeichen, die in aufgeworfenen Erdhügeln,

hügeln, darauf erhöhrten Bäumen und daran gehangenen Waffen bestanden. Als eine nähere Ursach seines Rükzuges erzält man, daß ihm ein Weib von ungewöhnlich großer Gestalt erschienen, und folgende Worte gesagt habe: "Wo willst du noch, „Drusus, mit deiner unbegrenzten Begierde hinaus? „Das Schiksal erlaubt dir nicht, dergleichen Dinge „zu sehen. Das Ende deines Lebens und deiner „Thaten nahet heran." Vielleicht war dies eine Erfindung des Drusus selbst, oder der Deutschen. Des Drusus, um seinem Heere einen anständigen Grund seiner Rükkehr angeben zu können; der Deutschen, um von einem so muthigen jungen Helden leichter befreit zu werden. Drusus zog wirklich zurük, stürzte an der Sale mit dem Pferde, und starb, vom ganzen Heere beweint, dreißig Tage drauf. So gewiß diese Nachricht an sich selbst ist, so ungewiß ist man doch über den eigentlichen Ort der Anwesenheit des Drusus. Die Herleitung der Namen etlicher Altmärkischen Orte, als Arneburg, Drüstät, Druseda und andrer von der Burg der Aren oder Adler, und von Drusus beweisen wol so wenig, als selbst die Römerschanze. Man findet eine halbe Meile von Potsdam nach Spandow zu, an einem Arme der Havel eine große, mit Eichenbäumen besezte Schanze, welche ein Vierek vorstellt, mit einem hohen Wall und Graben umgeben, und beinahe von der Havel eingeschloßen ist. Sie hat wol eher den Räubern, Röbern, als den Römern ihren Namen zu verdanken.

2. Tibe=

2. Tiberius. Marbod. Herrmann. Drusus der Jüngere.

Nach des Drusus Tode erhielt sein Bruder Tiberius, nachheriger römischer Kaiser, den Oberbefehl über die in Deutschland stehenden Truppen. Und er, dieser Meister in der Verstellungskunst, schlug einen andern Weg ein, um das durch List zu erlangen, was sein Bruder nicht durch Tapferkeit hatte erreichen können. Er zog durch das Land der Chauzen, der Bewohner der nördlichen Gegenden an der Weser, bis an die Elbe, und machte viele Völker der Deutschen durch gütliche Unterhandlungen zu Freunden und Bundesgenoßen der Römer; drang in das Land der Longobarden ein, und besiegte mehrere Haufen derselben.

Doch der listige Römer, eben so fähig, Andrer Gesinnungen zu erforschen, als die seinigen zu verbergen, kannte die Denkungsart der Deutschen zu gut, um auf ihre stete Ergebenheit an die Römer viel zu rechnen. Er versezte daher mehrere Tausende von ihnen in entferntere römische Provinzen, beraubte sie der jungen Mannschaft und ihrer Anführer, und glaubte so die Deutschen den Römern desto treuer zu machen, je mehr er sie geschwächt hätte.

Die Sennonen und Longobarden merkten früh die Absichten dieser Maßregeln, entworfen, um ihre Freiheit, das kostbarste Kleinod ihres Volks, ihnen zu rauben, und ihnen die Feßeln der Sklaverei, unter Vorspiegelungen vom Bunde der Freundschaft, anzulegen. Sie kamen dem Schlage zuvor, der ihnen drohte, und schloßen sich an einen Mann an, der nach dem eignen Zeugniße des Tiberius den Römern furchtbarer war, als Pyrrhus und Antiochus es ihnen je, oder Philippus den Atheniesern gewesen. Dies war Marbod, König der Markomannen, die das heutige Böhmen inne hatten; ein Mann, der aus einem edlen Stamme entsproßen, mit einem starken Körper und einer unternehmenden Seele ausgerüstet, dem erfahrensten römischen Feldherrn, weder an Kriegskentnißen, noch an Heldenmuth und Staatskunst wich. Er hatte seine Jugend in Rom zugebracht, und von den Römern selbst die Kunst gelernt, sie zu überwinden, und sich ihnen gefährlich zu machen. Nach seiner Rükkunft bahnte er sich mit gewafneter Hand den Weg zum Throne, und vereinigte mehrere benachbarte Völker unter seinen Scepter, die sich freiwillig seinem Schuze überließen. Zu dieser Zahl gehörten auch die Sennonen. Und der Erfolg rechtfertigte ihre Wahl.

Siebenzig tausend Mann Fußvolk, und 4000 Reuter, die Marbod stets in Bereitschaft hielt; seine Klugheit und Unerschrokkenheit und der große Zulauf vieler die Römer verlaßenden Völker, machten ihn bald zu dem fürchterlichsten Feinde, wie ihn Tiberius in Deutschland noch nicht gefunden hatte. Der römische Feldherr erhielt daher den Auftrag, eine Zurüstung zu einem Angrif gegen den Marbod zu veranstalten, wovon in den römischen Jahrbüchern

chern noch kein Beispiel aufgezeichnet war. Zwölf Legionen wurden bestimt, um den kühnsten aller deutschen Feinde zu überwältigen, und mit ihm ganz Deutschland in eine römische Provinz zu verwandeln. Doch Tiberius ward auf seiner Laufbahn zum ruhmvollsten Siege durch einen Aufruhr, der in Ungarn — damals Pannonien genannt — und in Dalmazien ausbrach, aufgehalten. Er muste sein zahlreiches Heer, das er gegen gefährliche Feinde führte, nun gegen ungehorsame Unterthanen wenden; mit so guten Bedingungen, als möglich, Friede mit dem Marbod schließen, und ihn zum Bundsgenoßen der Römer machen.

Tiberius dämpfte die Pannonischen Unruhen bald und glüklich, könnte aber auch jezt seinen ersten Vorsaz, den Marbod zu bändigen, nicht fortsezzen. Denn nun im neunten Jahre nach Christi Geburt erscholl die unvermuthete Nachricht von der größten aller Niederlagen, die die Römer, vom Quintilius Varus angeführt, durch den Muth und mehr noch durch die List des Cherusker Fürsten Herrmann's oder Arminius im Paderbornschen erhalten hatten; einer Niederlage, die eben so merkwürdig als für Deutschlands Freiheit wichtig ist, aber auch außer den Grenzen dieser Geschichte liegt.

Marbod, der durch seine Entschloßenheit und Macht seine und der Sennonen Grenzen bisher so glüklich geschüzt, und ein königliches Ansehen bei seinen Unterthanen und Bundesgenoßen erlangt hatte,
bekam

bekam bald an dem Herrmann einen nicht verdächtlichen Nebenbuhler seines Ruhms und seiner Herrschaft. Von Stolz geblendet, von Eifersucht über Herrmanns ehrenvollen Sieg gekränkt suchte Marbod seine Macht zu vergrößern, sein Reich fester zu gründen, und seine Bundesgenoßen zu unterdrükken. Die Sennonen und Longobarden seufzten bald unter einer Bürde, die sie sich selbst aufgelastet hatten; entschloßen sich aber auch, sie wieder abzuwerfen. Sie gaben daher den Vorstellungen des Herrmann's, der sie auf seine Seite zu lenken suchte, leicht Gehör. Römische List, die den Samen der Uneinigkeit unter ihnen, um beide zu schwächen, noch mehr ausstreute, vollendete das Werk. Die Sennonen, Longobarden und mehrere Sbevische Völker entsagten der Herrschaft des Marbod, und erklärten sich für Herrmann's Parthie. Nun war ein öffentlicher Bruch unvermeidlich; es kam zu einer Schlacht zwischen beiden Fürsten, deßen Ausgang zweifelhaft blieb. Marbod hatte muthig gefochten, und den Flügel des Feindes, gegen den er hereinbrach, zum Weichen gebracht. Das nämliche hatte der Befreier Deutschland's, und der Ueberwinder des Varus, Herrmann, auf Marbod's zweitem Flügel auch gethan. Jeder rühmte sich des Sieges, doch Herrmann wol mit dem mehrsten Rechte. Denn er behauptete das Schlachtfeld, da sich hingegen Marbod, obgleich in guter Ordnung, zurükzog, und endlich wieder in sein Vaterland Böhmen begab, weil die mehrsten seiner Krieger ihn verließen und zum Feinde übergingen. Die Sennonen und Longobarden

den huldigten nun freudig dem Herrmann, der kürzlich ganz Deutschland vom Joch der Römer und jezt sie selbst vom Drukke des Marbods befreit hatte, und schwächten dadurch des leztern Macht so sehr, daß er sich genöthigt sahe, bei seinem Feinde, dem Kaiser Tiberius, Hülfe zu suchen, und sich vor dem zu beugen, dem er einst getrozt hatte. Der Kaiser antwortete seinen Gesandten kaltsinnig, "daß er dem unmöglich gegen den Cheruskter Fürsten beistehen könne, der ehemals die gegen den nämlichen Fürsten streitenden Römer nicht unterstüzt hätte." Doch schifte er seinen Sohn, den jüngern Drusus, im siebenzehnten Jahre nach Christi Geburt zu ihm, um seine Streitigkeiten mit den Gegnern beizulegen. Aber Marbod hatte eben nicht viel Ursach, sich über seine Ankunft zu freuen. Statt dem Markomannischen Könige seine vorige Herrschaft über die Sennonen wieder herzustellen, begünstigte Drusus vielmehr die Unternehmungen eines ehemals vom Marbod vertriebnen Fürsten, Katualba mit Namen, der durch Gewalt und Bestechungen seine königliche Burg eroberte, und ihn im neunzehnten Jahre nach Christi Geburt glüklich vom Throne stieß. Marbod, jezt zwar von seinem Glükke, nicht aber von seiner Standhaftigkeit verlaßen, wandte sich auf's neue an den Tiberius, nicht als Flüchtling, nicht als bittender Weichling, sondern als Fürst, seiner vorigen Größe eingedenk. Er schrieb dem Kaiser, daß er, einst ein so berühmter König, und jezt von vielen Nazionen eingeladen, allen der Römer Freundschaft vorziehe. Tiberius bot ihm einen

nen sichern und seiner vorigen Würde angemeßnen
Aufenthalt in Italien an, und erlaubte es ihm,
auch ungestöhrt seinen Zufluchtsort wieder verlaßen
zu können, sobald ihn sein Glük wieder suchte.
Marbod begab sich nun nach Ravenna in Mittel-
italien am Adriatischen Meerbusen, wo er noch achtzehn Jahre in der Stille eines ruhmlosen Privatle-
bens zubrachte.

Aber Herrmann genoß die Freude, sein Ansehen durch die Vertreibung des Marbod's vermehrt,
und seine Herrschaft bis jenseits der Elbe über die
Sennonen verbreitet zu haben, nicht lange. Auch
er wurde der Tirannei beschuldigt, und der Begierde, durch eigenmächtige Gewalt eben die Freiheit
der Deutschen unterdrükken zu wollen, die er gegen
ihre Feinde so mächtig erhalten hatte. Er erfuhr
wenige Monate nach Marbod's Entfernung das
bedaurenswürdige Schiksal, daß ihm die Hinterlist
seiner eignen Anverwandten im 37. Jahre seines Alters und dem zwölften seiner Regierung ein Leben
raubte, das für ihn so ehrenvoll, und für Deutschland so wohlthätig gewesen war.

3. Fernere Schiksale der Sennonen.

Sparsam und abgebrochen waren die bisherigen
Nachrichten von den Sennonen; aber seit Herrmann's Tode verliert sich so gar ihr Name unter
dem des ganzen Hauses der Svevischen Nazion.
Die Geschichte schweigt nur von ihnen als einem

beson-

besondern Stamm, und liefert bloß die allgemeinen Nachrichten, daß sie noch häufige Streifereien in das römische Gebiet gethan, öftre Kriege mit ihnen geführt, und endlich im fünften und sechsten Jahrhunderte nach Christo, da sich ein allgemeiner Schwindelgeist der barbarischen Völker bemächtigte, ihr Vaterland fast gänzlich verlaßen, und in Pannonien, Gallien, Spanien, Italien und Afrika neue Reiche gestiftet haben. Die wenigen Zurükgebliebenen vermischten sich bald mit den Wenden, die nun in die Sennonischen Wohnplätze einrükten.

4. Geschichte der Longobarden.

Was die Geschichte dieser Völker in Verbindung mit den Sennonen betrift, ist im Vorigen berührt worden. Von ihren besondern Thaten faßen wir folgende kurz zusammen, da sie mehr das Außenland als die Mark selbst angehen.

Ihre ersten Wohnsitze waren, wie schon oben angezeigt worden, die Altmark und das Lüneburgische. Ihr Andenken erhielt sich noch lange in der Benennung eines Gaues, der von den Schriftstellern des mitlern Zeitalters oft erwähnt wird: dies ist der berühmte Bardengau. So wie die Sennonen durch ihre Menge Ansehn erhielten: so adelte die Longobarden ihre geringe Anzahl. Von den volkreichsten und mächtigsten Nazionen umschloßen blieben sie doch frei und unabhängig;

denn

denn Tapferkeit und kriegerischer Geist machte dieß kleine Völkchen furchtbar.

Früher als die Sennonen verließen sie ihr Vaterland; denn sie rükten schon im dritten Jahrhunderte bis an die Gegenden um die Donau vor. Im Jahre 526 vergönnte ihnen der griechische Kaiser Justinianus der Grosse, sich in Pannonien, dem heutigen Ungarn, niederzulaßen, und ein eignes Reich zu errichten. Unter ihren dortigen Königen machte sich Alboin durch seine Klugheit, seinen Muth, seine Rauheit und seine wichtigen Eroberungen merkwürdig. Mit den Gepiden, einer Gothischen Nazion, bekamen die Longobarden Grenzstreitigkeiten; und erstere suchten ihr Recht, das sie auf der leztern neue Wohnsitze zu haben glaubten, am nachdrüflichsten durch ein zahlreiches Kriegsheer auszuführen. Die Longobarden hatten den Sieg nach einem blutigen, und zweifelhaften Gefechte vorzüglich der persönlichen Tapferkeit ihres Königs zu verdanken. Alboin erwürgte mit eigner Hand den König der Gepiden, Kunimund, worauf sie schaarenweise die Flucht ergriffen, und so zahlreich ermordet wurden, daß ihr Reich, und beinahe ihr ganzes Volk das Ende des Daseins erreichte. Alboin heirathete die gefangene Rosemunde, die Tochter des erschlagenen Königs; hieb des leztern Kopf ab, und ließ aus seinem Hirnschädel eine Schaale bereiten, woraus er bei festlichen Gastmalen zu trinken pflegte.

Alboin's

Alboin's Ruhm verbreitete sich unter allen Gothischen Völkern; ihre Barden verewigten ihn in heiligen Opfergesängen; selbst die Römer und Griechen hörten von ihm; und Narses, jener berühmte Feldherr des Kaisers Justinian's, suchte seine Freundschaft. Eine Freundschaft, die bald die wichtigsten Folgen nach sich zog, die Eroberung von Oberitalien.

Die Ursache des Einfalls Alboin's in Italien ließe sich vielleicht hinlänglich aus seiner eignen Begierde nach Vergrößerung seiner Staaten, und dem unruhigen und kriegerischen Karakter der Nazion erklären. Doch damit ist die gewöhnliche Erzälung nicht zufrieden. Sie legt der Nachwelt einen künstlichern Zusammenhang der Begebenheiten vor, und läßt sie ungewiß, wie viel sie davon glauben solle.

Narses hatte die Herrschaft der griechischen Kaiser in Italien gegen die barbarischen Völker, besonders die Ostrogothen noch aufrecht erhalten, und sich Ehre und Ruhm in Siegen und Eroberungen erworben. Dies war auch sein einziger Lohn; denn bei'm neuen Kaiser Justin II. als Empörer angeklagt, ward er zurük gerufen, seiner Würde entsezt, und von der Kaiserin Sophia in ihr Frauenzimmergemach geschikt, um als ein Verschnitner jezt mit der Hand den Roken und die Spindel weibisch zu ergreifen, mit der er vorher den Kommandostab so männlich geführt hatte. Aufgebracht über diese schimpfliche Begegnung brach Narses in die Drohung aus: "ein Gewebe zu spinnen, das die Kaiserin ein nicht solte auflösen können." Er hielt Wort. Denn bald fand er Gelegenheit, von einem so undankbaren Hofe zu entweichen; und, von Rache entflammt, rief er seine Freunde, die Longobarden, zu Hülfe. Alboin folgte mit Freuden einem Rufe, der ihm neue, große Aussichten zu Ehre und Macht eröfnete. Im Jahre 568 brach er nebst 20000 Sachsen in Italien ein, eroberte den obern Teil desselben und errichtete jenes mächtige Lombardische Reich, das sich in der Folge bis über mehrere Gegenden vom mitlern und unterm Italien ausbreitete. Doch Alboin genoß die Früchte seiner Arbeiten nicht zu lange. Seine eigene Gemalin ließ ihn im vierten Jahre seiner neuen Herrschaft ermorden, weil er sie bei einem Gastmale, aus dem Hirnschädel ihres eignen Vaters zu trinken, hatte zwingen wollen.

Das Lombardische Reich erhielt sich über 200 Jahre im Ansehn, bis es von dem fränkischen Könige, und nachherigen Kaiser Karl dem Grossen im Jahre 774 zertrümmert, ihr lezter König Desiderius nebst seiner Familie gefangen genommen und in ein Kloster verwiesen wurde. Nichts, als bloß der Name: Lombardie, womit noch jezt ein großer Teil von Oberitalien bezeichnet wird, hat sich von dieser tapfern Nazion und ihrem mächtigen Reiche bis auf unsere Zeiten erhalten.

II. Ab-

II. Abschnitt.

Geschichte der Wenden in der Mark Brandenburg bis auf die Markgrafen im zehnten Jahrhunderte.

Schon vor Christi Zeiten wohnte ein zahlreiches Volk, Sarmaten oder Jazigen, und späterhin Wenden oder Slaven genannt, an den Ufern des Tanais; eines Flußes, der auch der Don, oder bei den Tatarn Tuna heißt, der bei den Alten unter die berühmtesten Flüße gerechnet, und für die Grenze Europens und Asiens gehalten wurde, und sich in drei Ausflüßen in's Asowsche Meer ergießt, welches ehemals von den Mäotern, einem Scytischen Volke, den Namen palus Maeotis führte. Im zweiten und dritten Jahrhunderte nach Christi Geburt, zog diese Slavische Nazion weiter gegen Abend hin, schlug ihre neuen Wohnplätze an der Weichsel und Ostsee auf, verbreitete sich in der Folgezeit über mehrere Gegenden des östlichen Europa, und stiftete in Rußland, Polen, Schlesien, Mähren, Böhmen, Oesterreich, Ungarn, Reiche, die sich mehr oder weniger bis auf die neusten Zeiten erhalten haben.

Ungewiß ist es, in welchem Jahre sie zuerst Deutschland's Grenzen berührten. Gewöhnlich giebt man die Zeit um's Jahr 530 oder 34 an, wo der erste Haufen von ihnen, bekannt unter dem Namen:

der

der Sorben, im Meißnerlande und der Lausitz eingerükt sei. Weit später, etwa gegen die Mitte des sechsten und den Anfang des siebenten Jahrhunderts wurde die von den Sennonen größtenteils verlaßne Mark, so wie Vorpommern und ein Teil Meklenburg's von den Wilzen, einem andern mächtigen Stamme der Wenden, angefüllt; einem Stamme, von welchem die größte Menge eben das Land besezte, deßen Geschichte wir beschreiben, und der allein unsrer vorzüglichen Aufmerksamkeit werth sein wird.

Nicht leicht hat man ein Volk so sehr verkannt, so sehr herabgesezt, und so sehr unterdrükt, als sie. Den Berichten der ältern Geschichtschreiber zu Folge sind sie das hartnäkkigste, grausamste, verabscheuungswürdigste Volk der Erde gewesen. Diesen Begriffen gemäß war auch das Betragen ihrer Sieger gegen sie; derer, die sich Christen nannten, und sie zu einer Religion bekehren wolten, deren erstes Gebot Menschenliebe befiehlt. Man glaubte, ihnen noch viel Gnade zu erweisen, wenn man sie zu Leibeigenen machte, und sie etwas beßer, als das Schlachtvieh behandelte. Ihnen bezeigte der Uebermuth ihrer Unterdrükker die Ehre, die dem Willen ihrer Herren ganz unterworfnen Knechte Slaven oder Sklaven zu nennen, eine Benennung, wodurch die ganze Nazion für unehrlich erklärt wurde, für unwerth, an den natürlichen Rechten der Menschheit Teil zu nehmen. Daher war's ihnen verboten, Handwerke und Künste zu lernen; und jeder

Deut-

Deutsche, der als Lehrling in einer Zunft aufgenommen wurde, mußte in seinem Geburtsbriefe beweisen, daß er aus gutem deutschen, nicht wendischen Geblüt, aus einem untadelhaften, nicht unehrlichem Geschlecht abstamme, Niemanden leibeigen zugehöre, sondern freien deutschen Herkommen's sei. Wie traurig das Schiksal derer war, die den Christen in die Hände fielen, sieht man auch aus der Schilderung, die ein angesehner Bischof von ihnen macht, welcher zu Beschreibung des Verfalls der Kirche das Bild einer Slavischen Familie braucht, die, gleich einer Heerde Vieh zum Verkauf ausgestellt wird. Aber die unparteiische Nachwelt hat diesem unglüklichen Volke Gerechtigkeit wiederfahren laßen, hat ihrer Arbeitsamkeit, ihrer Freiheitsliebe, ihrer Gastfreundschaft und so vielen andern ihrer Tugenden das gebührende Lob ertheilt, hat sie zwar nicht von allen Flekken, besonders dem Hange zur Grausamkeit freigesprochen, deswegen aber sie nicht angeklagt, sondern dies auf die Rechnung der allgemeinen menschlichen Schwäche, und der Unvollkommenheiten jedes Volks, so wie auch auf die Schuld ihrer Feinde, der Christen, geschrieben, die oft durch Grausamkeit ihre Rache auffoderten. Deutlicher wird alles dieses erhellen, wenn wir die

Sitten, Gewohnheiten, Staatsverfaßung und Religion der wendischen Völker

beschreiben. Ueber alles dieses giebt der Name keine Aufschlüße; wir übergehen daher die Bedeutung deßelben, und überlaßen es andern, zu beweisen, ob Wende, so viel als Winde, Weind,
Feind

Feind bedeute; ob Slawo Ruhm, Ehre — die ehrenvolle Nazion; — oder Slowo, das Wort — das redende Volk — als die richtige Abstammung anzunehmen sei; widerlegen nicht weitläuftig die Fabel von der Prinzeßin Wenda, deren blendende Schönheit ihre Liebhaber in blutige Kriege verwikkelte, die sie durch ihre freiwillige Ersäufung in der Weichsel endigte.

Die Wenden werden ihrem Körper nach als ein großes, nervichtes Volk geschildert. Ihre frische, rothe Gesichtsfarbe kündigte ihre Gesundheit an, und ihre frühe Angewöhnung, die Beschwerlichkeiten der Arbeit, der Reisen, der Handlung, des Krieges zu ertragen, erhielt ihren Körper stark und fleischigt.

Sie wohnten nicht so einzeln und zerstreut, als die Sveven; sie erbauten ihre Häuser in zusammenhängenden Reihen, errichteten Dörfer und Flekken, und führten Garts oder Grots, Schlößer, auf, die bald zu Städten anwuchsen. Frühzeitig kommen Stettin, und Julin auf dem jezzigen Werder Wollin in Vorpommern als wichtige Städte vor. Noch merkwürdiger war Wineta, ein berühmter Handlungsplaz auf einer Insel in der Ostsee ohnweit Usedom. Griechische, rußische, christliche Kaufleute aus den entferntesten Gegenden Deutschlandes hielten sich hier auf. Ihre Häuser waren freilich nicht mit denen von der jezzigen Bauart zu vergleichen; sie bestanden blos aus Holz und Leim. Doch daß sie in der Baukunst nicht ganz unerfahren

ren waren, zeigen die prächtigen Tempel dieser Stadt, die mit Schnizwerken, mit goldnen und andern metalnen Gözzen, mit Bildern von Menschen, Thieren, besonders Vögeln, welche sie bis auf ihre Farben selbst sehr ähnlich vorzustellen wusten, geschmükt waren. Die Meereswellen verschlangen im Anfange des zwölften Jahrhunderts die Insel nebst der von den alten Chronikenschreibern so sehr gerühmten Stadt. Bei niedrigem Waßer soll man noch die Trümmern derselben erblikken können — Brandenburg oder Brennabor welches eine im Walde erbaute Stadt nach der gewöhnlichen Meinung bedeutet, wird sehr häufig erwähnt, obgleich die Zeit ihrer Erbauung ungewiß ist. Ausferdem waren die Städte Dragowiz und Rhetre berühmt.

Ihre Kleidung bestand nicht mehr aus bloßen Thierfellen, wie bei den Deutschen; sie bereiteten schon aus wollenen Zeugen, aus grober Leinwand, und aus Pelzwerk die Bedekkungen ihres Körpers. Sommer und Winter waren sie einerlei angezogen, und das nämliche Gewand, das sie vor der Kälte schüzte, hielt auch die Sonnenstrahlen ab. Ihre Kleider hingen lang herunter, nur die Ermel lagen enge an; die Mannspersonen waren weniger bedekt als das weibliche Geschlecht.

Ihre Speisen waren mannigfaltiger, und mehr durch Kunst erzeugt, als wir es bei den Völkern im vorigen Abschnitte gefunden haben. Ihr Fleiß bearbeitete den Akker, ihre Aemsigkeit legte

Gärten

Gärten an; ihr betriebsamer Geist lehrte sie, eigne Heerden von Kühen und Schafen zu halten. So gewannen sie der Natur Güter ab, welche sie gern dem Fleiße in reichem Maaße, und nur der Trägheit sparsam austeilt. Das Land der Wenden war, nach den Berichten ihrer eignen Feinde, ein schöner segensvoller Garten, reich an reifenden Weizenfeldern, an fruchtbringenden Bäumen, an mannigfaltigen Gartengewächsen, die noch jezt von den Uebergebliebenen dieses Volks so vorzüglich gepflegt werden. Ihre Heerden versorgten sie mit Milch und Butter, die Wälder mit Fleisch von wilden Thieren, die zahlreichen Seen und Flüße mit Fischen, die Bienenzucht mit Honig und Meth. Nur Feigen, Wein und Oehl fehlte ihnen, um ihr Land das gelobte nennen zu können. Gewiß die schönste Lobrede auf das Volk, das ihm selbst nicht ihre bittersten Gegner, die christlichen Mönche, deren blinder Bekehrungseifer freilich nicht den erwarteten Eingang fand, versagen konnte.

Schon hieraus erhellt, daß ihr *sittlicher Karakter* nicht so verdorben, nicht so häßlich gewesen sei, als sich ihre Unterdrücker bemüht haben, ihn mit den schwärzesten Farben zu mahlen, um so ihre eignen Gewaltthätigkeiten und Schandthaten gegen ein unschuldiges Volk zu beschönigen. Eine Nazion, die den Akkerbau treibt, steht gewiß schon in der Aufklärung des Geistes und Herzens eine Stufe höher, als der Wilde, der nur Jagd und Krieg liebt. Landbau bindet den Menschen an einen

steten

ſteten Wohnſiz; er bekomt ein Vaterland, und gewinnt dies Vaterland lieb, das Land, wo er zuerſt athmete, das ihn ſpeiſet und kleidet, das ihm Schuz und Obdach verleihet; hier wünſcht er ferner im Frieden zu leben und zu ſterben, und es ſeinen Nachkommen ungeſtöhrt zu übergeben. Hierdurch wird ſein Freiheitstrieb geadelt, ſein Heldenmuth zu Beſchüzzung ſeines Erbteils erwekt, und die natürliche Liebe zu den Kindern verſtärkt. Jezt bedarf er der Hülfe Andrer im höhern Grade; ſie fodern ſeine Gegendienſte; dieſe Nothwendigkeit lehrt ihn die geſelligen Pflichten. So wird die Pflege des Akkerbaues ein fruchtbarer Boden, auf dem eine reiche Saat der ſchönſten Tugenden auffproßt. Und ſo finden wir es auch bei den Wenden. Bei vielen Flekken, die mehr die damaligen Zeiten, als ſie ſelbſt verunſtalteten, hatten ſie eine Menge guter Eigenſchaften, die ihnen bei der gerechten Nachwelt zur Ehre gereichen. Straßenraub, Mordbrennen, Wolluſt und Meineid waren ihnen ſo unbekannt, daß ſie jener ſchreklichen Gegenanſtalten, wodurch bei den Chriſten das Laſter in Schranken gehalten werden muß, völlig entbehren konnten; daß ſie die chriſtlichen Heidenbekehrer verlachten, wenn ſie ihnen von den Vorzügen und ſeligen Folgen einer Religion predigten, deren Bekenner doch nur durch Galgen und Rad und Tortur von Ungerechtigkeit und Frevelthaten abgeſchrekt würden. Weder ihre Häuſer, noch ihre Zimmer, oder Kaſten waren verſchloßen; Hab und Gut, Kleider und Geräthe lagen offen da; und nie hatte ein Diebſtahl ſie genöthigt, durch Eisen und Schlößer ihr Vermögen zu verwahren. Nie bekräftigten sie ihr gegebenes Wort durch Eidschwüre; das hieße, sagten sie, voraussezen, als könnten sie unehrlich handeln.

Auf die edelste Art zeigten sie sich bei Ausübung der Gastfreundschaft. Ohne Ausnahme empfingen sie jeden Fremden zu jeder Tagesstunde mit Freuden, und sezten ihm, was der Landbau, die Jagd und Fischerei ihnen darbot, reichlich vor. Sie suchten eine Ehre darin, ihren Gast recht verschwenderisch zu bewirthen; es war daher nichts seltenes, daß sie zwanzig Schüßeln mit den geschmakvollsten Gerichten angefüllt auftrugen. Um diese Tugend jederzeit ausüben zu können, erlaubten sie sich ein Laster, das sonst unerhört war: der Aermere brach in der Reichern Häuser ein und nahm sich, ohne aber sonst etwas zu berühren, so viel Nahrungsmittel, als er seinem Gastfreunde mitteilen wolte. Jeder Hausvater hatte stets in einem ofnen Nebenzimmer einen Tisch mit vollen Schüßeln besezt, wo jeder Bekannte und Unbekannte zu jeder Stunde frei eßen und trinken konnte. Die verzehrten Speisen wurden sogleich durch neue ersezt, und des Ungeziefers wegen mit einem Tuche zugedekt. Wer je einen Fremden abwies, welches aber höchst selten geschahe, der wurde für ehrlos gehalten, und sein Haus nebst allen Geräthschaften verbrannt. Eben diese Mildthätigkeit bewiesen sie auch gegen ihre Armen; Bettler fand man gar nicht; denn die Unvermögenden ernährte die ganze Gemeine, und die

Ge-

Gesunden waren frühzeitig gewöhnt worden, ihr Brod durch ihrer Hände Arbeit zu verdienen; wozu es keinem an Gelegenheit fehlen konnte, da außer dem Akkerbau schon einige Künste unter ihnen blühten, schon einige Handwerke zum Bedürfnis geworden waren. Ihr Handel hatte sich, wie die oben angeführte Stadt Wineta beweiset, weit über Deutschland und den Norden ausgebreitet; Heringe, Bier, Meth, Salz, wollene Tücher wurden in entfernte Länder verführet, und so viele tausend Hände auf die nüzlichste Art beschäftiget. Die Verzierungen ihrer Tempel, die Verfertigung so vieler Schilde, Lanzen und andrer Waffen, womit sie die Deutschen versorgten, die Menge ihrer gegoßnen Gözzenbilder, und die Bergwerke der böhmischen Wenden zeigen offenbar, daß diese als so rauh verschriene Nazion die deutschen Völker an Kultur wo nicht übertreffen doch auch nicht weit vor sich voraus gelaßen habe; und daß diese Pflege der Künste, diese Treibung einiger Handwerke, diese Besorgung des Landbaues nicht ohne wohlthätige Einflüße in ihre sittliche Denk- und Handlungsart geblieben sein könne.

Aber Unkrant wächst auf jedem Boden, und oft neben den schönsten Früchten am stärksten. Eben diese Wenden, welche sich so mildthätig gegen Fremde bewiesen, zeigten sich grausam gegen die, an die sie die Natur durch doppelte Bande der Liebe geknüpft hatte. Sie ermordeten ihre alten, schwachen Eltern, ihre kranken Kinder, ihre ungesunden Knechte.

te. Erklären läßt sich diese Härte gegen ihre nächsten Verwandten und Hausgenoßen, die sie als Menschen lieben, als Kinder ehren, als Eltern schäzzen, als Herren erhalten solten, vielleicht wol aus den Grundsäzzen ihrer Religion, nach denen nur die im Kriege Erwürgten, oder die durch einen gewaltsamen Tod ihres Lebens Beraubten an den Freuden ihres Himmels Anteil nehmen konnten. Allein traurig, und für die Menschheit erniedrigend bleibt's doch immer, daß Gewohnheit und übel ersonnene Lehren den Menschen selbst gegen die laute Stimme der Natur taub machen können.

Ihre Regierungsform war weder eine monarchische, noch eine republikanische zu nennen. Alle erkannten zwar ein gemeinschaftliches Oberhaupt, das sie Krole oder Kral, so viel als König nannten; zu einem wirklichen Könige aber fehlten ihm die eigne gesezgebende Macht, die unumschränkte Gewalt, und die fürstlichen Einkünfte. Seine eignen Güter musten ihn ernähren, sein Wille sich nach den Aussprüchen der Volksversamlungen richten, und seine Würde vor der Unzufriedenheit der Unterthanen zittern. Unter diesen waren die furchtbarsten für ihn die Supan's und Knesen, Gerichtsherrn ganzer Distrikte und Ländereien, die von den Pan's oder Edlen des Volks erwählt wurden. Denn der ganze Staat der Wilzen oder, wie sie auch genannt werden, der Lutizer, war in eine Menge Unterdistrikte zerteilt, deren Grenzen genau anzugeben, wol sehr schwer sein möchte. Die

wich-

wichtigsten davon waren folgende: das Land der Heveller oder der Heveldünergau von Rathenow und der Dosse an, neben den Ufern der Havel bis in die jezzige Ukermark, wovon Brannibor der Hauptort war; das Gebiet der Brizaner unter der Havel im jezzigen Zauchischen, Luckenwaldischen, Teltowischen, und dem Sächsischen Kurkreise, wovon Treuenbriezen seinen Namen haben soll; der Gau der Lebuser zwischen der Oder, der Spree und der Lausiz, deren Benennung ein Kreis und eine Stadt bis auf unsere Zeiten erhalten haben; der Stoderaner an der Spree im jezzigen Storkowischen bis Berlin, und dann an der Havel; der Distrikt der Ukrer in der Ukermark bis an die Oder in Pommern; der Gau der Tollenzier an der Tollensee in der Meklenburgischen Herrschaft Stargard und Pommern; und der Rhedarier an der Pene in Vorpommern im jezzigen Anklammischen Kreise.

Die Obern dieser verschiednen Distrikte, die Supan's und Knesen hatten indeßen keine eigentliche Gerichtsbarkeit; sie konnten so wenig neue Anordnungen machen, als bürgerliche Verbrechen bestrafen. Dies behielt sich der ganze Gau selbst vor. Sie versamleten sich in dem Kretzschem, dem Gerichtsort. Bald wählte man die Dorfschenken dazu, weswegen diese auch jenen wendischen Namen führen.

War ein Krieg beschloßen, so wurde Niemand gezwungen, dem Heerführer zu folgen. Jeder, den Muth und Herzhaftigkeit beseelte, ergrif die Waffen,
eine

eine dikke Keule, Bogen und Pfeile nebst einem langen Streitmeßer, und erkämpfte sich Ruhm und Ehre, oder ging in die Wohnungen der Götter ein, wenn er den ehrenvollen Tod für's Vaterland gestorben war. Keine harte Strafe nöthigte, kein reicher Sold lokte sie, in Gefahren und Schlachten zu eilen, und doch strömten Schaaren von muthigen Kriegern herbei, die Wunder der Tapferkeit verrichteten; aber auch Denkmäler der rohesten Kriegswuth hinter sich zurükließen. Städte wurden in Asche, blühende Fluren in Wüsteneien verwandelt, und Männer, und Weiber und Kinder ihrer Rache aufgeopfert. Da wurde nicht des zitternden Greises, nicht des wehrlosen Mädchens, nicht des unmündigen Säuglings an der Mutter Brust geschont. Da wurden Grausamkeiten begangen, die das menschliche Gefühl empören: Kriegsgefangene, an Säulen angebunden, schlug man auf den Kopf mit derben Prügeln, bis sie der Marter erlagen; Diesen schnitt die Unmenschlichkeit der Sieger den Leib auf; spießte Jene mit spizzigen Pfählen; und schlachtete Andre den Göttern zum Opfermahl. Grausamkeiten, wozu sie durch ähnliche Behandlungen der Christen, durch den Geiz und die Gewaltthätigkeiten der Heidenbekehrer — die öfter mit Feuer und Schwerdt, als den sanften Waffen der Ueberredung und Belehrung sie von ihrem väterlichen Glauben abzuwenden suchten — durch die drükkende Sklaverei, und die schweren Auflagen, die ihnen die Sieger aufbürdeten, bewogen wurden. Am unerträglichsten war ihnen die Einführung des Zehnten, womit die

Neu-

Neubekehrten von den Bischöffen und Mönchen belegt wurden; und weit mehr noch die Härte, mit der man ihn eintrieb. Sie, die nicht einmal ihren Fürsten bestimmte Abgaben entrichteten, wolten sich noch weniger von Priestern ein Joch auflegen lassen, das zu drükkend für ein freies Volk war. Daher widersezten sie sich mit dem hartnäkkigsten Widerstande jeder Aenderung in ihrer Religion, und brachten am liebsten die christlichen Lehrer ihrer Wuth zum Opfer dar.

Aber eben kein Teil ihrer Verfaßung ist uns dunkler, als der Zustand ihrer Religion, die Anzahl, die Beschaffenheit, die Verehrung ihrer Götter, die Begehung ihrer Feste, und das Lehrgebäude ihres Glaubens. Sie selbst haben uns gar keine; und die gleichzeitigen, christlichen Chronikenschreiber nur sparsame, unbefriedigende Nachrichten hinterlassen. Zwar hat zu Ende des vorigen Jahrhunderts der Prediger Sponholz zu Prilwitz, einem Dorfe an der Tollensee im Meklenburgischen eine Menge heiliger Denkmale der Wenden entdekt; Denkmale, welche von seiner Familie lange verborgen gehalten wurden, bis sie endlich der Meklenburgische Hofmaler Wogen 1771 abzeichnete, und der Hofprediger Masche erläuterte. Aber sie zerstreuen die Dunkelheit nicht ganz, welche die Kentniß des Wilzischen Gottesdienstes umhüllt. Die gefundenen Stükke bestehen teils in Gözzenbildern, teils in Opfergeräthen, teils in einigen andern Figuren: alle sind aus Metall gegoßen, die mehrsten mit
Silber

Silber verſezt, manche bis zehnlöthig; keins iſt ſehr groß, keins auch nur einen Fuß hoch. Auf jedem befinden ſich Aufſchriften von ſolchen Zügen, Strichen und Karakteren, die man **Runenſchrift** nennt; eins enthält griechiſche Buchſtaben. Auf allen ſteht **Rhetra**; zum Zeichen, daß ſie in den Tempel der berühmten Wendenſtadt **Rhetre**, deren Lage jezt nicht mehr genau anzugeben, wahrſcheinlich aber im Meklenburgiſchen in der Gegend an der Tollenſee zu ſuchen iſt, gehört haben.

Aus dieſer Erzälung ziehen wir nachſtehende Folgen: die Wenden verſtunden die Kunſt, zu ſchreiben und zu leſen, wenigſtens in eben dem Grade, als die Deutſchen; ſie waren alſo um nichts roher, um nichts unwißender, um nichts ungebildeter, als die Leztern. Otto I. war ein ſtatlicher, ein mächtiger Kaiſer; der Geſezgeber und der Richter vieler Millionen; ſein Zeitalter nannte ihn den Großen, die Nachwelt ſtammelt's dieſem nach; und er, der Große konnte weder leſen noch ſchreiben, da er ſchon regierte; er lernte die Buchſtaben erſt, da er ſich zum zweitenmal vermälte. Die Runenzüge, deren ſich die Wenden bedienten, können nicht ganz entziffert; die Aufſchriften der Gözzenbilder folglich nicht vollſtändig geleſen, und nicht gnungthuend erklärt werden. Daher bleibt in ihrer Religionsgeſchichte noch manche Frage unbeantwortet, noch mancher Zweifel unaufgelöſt, noch manche Finſterniß unerhellt. Jene Alterthümer endlich ſind die Ueberreſte desjenigen Wendenſtammes, der im Mek-

lenburgischen wohnte, und der Obotritische hieß
also können sie nicht gerade zu zur Erläuterung des
Wilzischen Gottesdienstes gebraucht werden. Da
indeßen unter den Rhetrischen Bildern Gözen gefunden werden, die man sonst nur für eigenthüml-
che Gottheiten andrer Wendenvölker hielt, so scheint
es, daß die Verschiedenheit in der Religion bei den
einzelnen Stämmen dieser Nazion nicht so groß gewesen sei, als man es bisweilen vorstellt, daß sie
vielmehr in der Verehrung der Hauptgötter über-
eingestimmt haben. So viel im Allgemeinen. Nun
das Besondre.

Die Wenden sonderten ihre Götter in zwo Klas-
sen ab: einige waren gute, andre böse Wesen;
jene nannten sie: Belbocg's, die weißen; diese
aber: Zernebocg's, die schwarzen. Beide waren keine einzelne, besondre Gottheiten, sondern allgemeine Benennungen, bloße Beinamen, um den
Hauptkarakter eines Gözen anzuzeigen. Glük und
Unglük, Freuden und Leiden, Ordnung und Verwi-
kelung sind zu sehr in einander verschlungen, sind
einander zu sehr entgegengesezt, als daß die rohe Vernunft beide für Wirkungen eines einzigen Wesens,
für Anstalten derselben Weisheit und Güte halten
könnte. Dies war der Stein des Anstoßes, an
welchem der Verstand so vieler Völker scheiterte.
Sie schufen daher zween besondre Weltregenten; von
denen einer dem andern entgegenarbeitete, jener das
Gute, dieser das Böse hervorbrachte, jener als Vater die Menschen beglükte, dieser als Teufel die Er-

den-

denbewohner quälte. Was ist selbst der Glaube vieler Christen noch heute? welche Gewalt, welchen Einfluß in die Welthändel, welche Wirkungen auf unsre Herzen legen — o Jahrhundert! o Schande! — noch so manche Lehrer des Volks dem höllischen Popanz bei!

An der Spizze der Rhetrischen Tempelgötter steht Radegast, ein allgemeiner Abgott aller Wenden, ein scheusliches, plumpes Bild, aber doch ein Belboeg, ein Freund, ein Rathgeber der Menschen, ein Helfer im Kriege, ein Verleiher des Siegs. Bald bildete man ihn als nakte, bald als bekleidete Mannsperson, allemal aber mit einem ungestalteten Hunds- oder Löwengesichte, mit einem dikken Bauche, mit einem großen Zeugungsgliede. Auf seinem Kopfe sizt ein Vogel, der jezt einer Gans, dann einem Schwane, und dann wieder einem Habichte gleicht. Mit der Rechten hält er eine Streitaxt von sich ab, mit der Linken einen Ochsenkopf vor der Brust. Teller, Schaalen, Meßer, und eine Glokke, alle mit seinem Namen bezeichnet, finden sich unter dem Opfergeräthe. Schafe und Ochsen wurden ihm gewöhnlich; Kriegsgefangne und Heidenbekehrer bisweilen geschlachtet. Mit dem heiligen Meßer schnitt der Priester dem Thiere oder Menschen den Leib auf, mit der Schaale samlete er einen Teil des Blutes, reichte es dem Gözzen zum Trinken dar, trank selbst davon, und weißagte aus den Eingeweiden. Den Kopf des Schlachtopfers sezte er auf den Opferteller, und überbrachte ihn seinem Gotte.

Der

Der ganze Norden betete unter dem Namen Wodan oder Woden einen Helden an, der zuerst Othin hieß, an den Ufern des Kaspischen Meers nach der gemeinen Erzälung wohnte, mit einem Haufen morgenländischer Völker, Asen genannt, nach Europa überging, durch mehrere Länder zog, und sich endlich in Skandinavien niederließ. Hier herrschte er über das jezzige Dännemark, Norwegen, Schweden und den nördlichen Teil Deutschlandes, machte sich durch Tapferkeit, durch weise Gesezze, durch Ausbreitung religiöser Meinungen ehrwürdig, und wurde nach seinem Tode nebst seiner Gemalin Freia, der Teilhaberin seiner Thaten, und der Gefährtin seiner Züge, vergöttert. So entstunden neue Gottheiten, deren Verehrung sich immer weiter verbreitete. Noch jezt erinnert die Benennung des Freitags an die Göttin Freia. Die Wenden, die schon ehemals Nachbarn der Asen gewesen, und es um diese Zeit wieder waren, die in Ländern wohnten, durch welche Othin's Heldenzug ging, und wo seine Gottheit anerkannt wurde, erhielten Kentniße von den Nordischen Religionslehren, und beteten ebenfalls den Wodan oder Bodha an. Unter den Rhetrischen Alterthümern findet sich ein metallner Gözze, auf dessen Rükseite ausdrüklich die Worte: Bodha und Rhetre, stehen. Diese Figur ist noch häßlicher, noch geschmakloser, als die des Radegastes gebildet, ohne Proporzion, ohne Ebenmaß, ganz, um Schauder und Furcht einzuflößen. Die Vorderseite enthält einen, die Rükseite zween Köpfe; an beiden Teilen ziehen sich Schlangen herab;

ab; ein weites, unförmliches, wendisches Kleid hüllt den Leib ein. Er war ein Gott des Krieges, wohnte in dem Pallast Walhalla, und belohnte die erschlagenen Helden, und alle, die Muth genung hatten, eines gewaltsamen Todes zu sterben, mit kriegerischen Ergözlichkeiten. Daher stürzten Kinder ihre Eltern, Freunde ihre Anverwandten, Knechte ihre Herrn von Felsen herab, oder begruben sie lebendig; daher ließ sich der bejahrte oder kranke Fürst durch's Schwerdt eines berühmten Kriegers oder des Wodan's selbst ermorden; daher erwürgten sich so viele mit dem Strikke, oder durchbohrten sich mit dem Dolche. Diese Lehre haftete bei ihnen so fest, hatte so viele Reize für sie, daß sie sogar noch daran hingen, sie noch befolgten, als schon die christliche Religion unter ihnen ausgebreitet war.

Der sinnliche Mensch denkt sich seinen Himmel und dessen Bewohner, wie die Erde, und deren Bürger. Daher giebt er den Göttern auch Gesellschafterinnen vom andern Geschlechte. Wodan teilt die überirdischen Freuden mit seiner Gattin **Frigga** oder **Freia**. So verehrten auch die Wenden eine Göttin, **Sieba** oder **Siwa** genannt, die viele für die gemeldete **Freia**, die Gemalin Wodan's halten. Ihr Bild ist feiner und sauberer als das der vorigen Gözzen gearbeitet. Auf ihrem Kopfe sizt, man weiß nicht warum? ein Affe. Nach der Wortbedeutung zeigt sie den Quell des Lebens an, und war vielleicht die Mutter der Menschen, die Göttin der Liebe, und der Schönheit.

Eine

Eine vorzügliche Achtung genoß bei den Wilzen der Gott Triglaw, den drei Köpfe zierten oder vielmehr verunstalteten. Auf dem Harlunger Berge bei Brandenburg stand ein, ihm besonders geweihter, Tempel: und zu Stettin eine aus lauter Golde verfertigte Bildsäule deßelben. König Heinrich I. zerstöhrte den Tempel und zertrümmerte den Gözzen; aber dennoch dauerte die Anbetung bis zu Albrecht, des Bär's Zeiten fort. Er war ein Obergözze, aber welche Wohlthat man ihm eigenthümlich verdankte, ist unbekannt. Der Name erklärt nichts. Glawa heißt: Kopf, und Triglaw: dreiköpfig.

Genauer können wir die Verrichtungen des Podaga angeben. Dieser erteilte bequeme Witterung, fruchtbare Zeiten, Segen und Ueberfluß. Darum hält er ein Füllhorn. Er hat zwei Gesichte, eins forn, eins hinten. Auf jeder Seite ist ein Thier angebracht; das eine ist unkenntlich, das andre stellt einen Eber vor. Von den Wörtern, die in sein Bild eingeformt sind, sollen einige: Euter und Fischteich; andre: Akkergeräth und Zeit, bedeuten. Die Richtigkeit dieser Erklärung läßt sich nicht verbürgen, so sehr sie auch zur Bestimmung Podaga's paßt.

Perkunust oder Perkuns war der Gott des Donners, der Schöpfer der Blizze, der Urheber der Regengüße. Ihn giebt man gewöhnlich für eine eigenthümliche Gottheit der preußischen Wenden aus. Im Tempel zu Rhetra stand aber sein Bild ebenfalls. Zehn Blizstrahlen umgeben seinen

Vorderkopf. Auf der Rükseite grinzt ein Löwenhaupt. Auf dem langen, gefalteten Rokke stehn die Anfangsworte eines Gebetes, welches die Wenden bei'm Krachen des Gewitters, indem sie ein Stük Schweinefleisch auf dem Akker herumtrugen, an den **Perkuns** richteten; es lautet so: "Halt ein, Perkun! beschädige meinen Akker nicht, ich will dir auch dieses Fleisch opfern." Schwieg der Donner, so verzehrte der fromme Wende das Fleisch mit den lieben Seinigen. Einige andre Gözzen, deren Namen, Amt und Verrichtungen zweifelhaft und nur Gegenstände unnüzzer Muthmaßungen sind, übergehen wir; und gedenken sogleich der Zernebocg's oder **bösen Wesen**. Unter den Rhetrischen Bildern ist eins, das die Aufschrift: Zernebocg **Pya,** führt. **Pya** scheint der eigentliche Name dieses wendischen Satans zu sein. Er wurde als ein grimmiger Löwe, der auf den Hinterfüßen sizt, und sich forn in die Höhe richtet, abgebildet. Er ist der Stifter alles Elendes, der Vater aller Bosheit, der Ausbrüter steter Leiden. Ein andrer schwarzer Höllengözze war **Flins**; ein Knochengerippe, auf dessen Schultern ebenfalls ein Löwe mit aufgesperrtem Rachen ruht. Er ist der Gott des Todes, der unerbitliche Feind des Lebens, ein häßlicher Zernebocg.

Dieses sind die großen, allgemein verehrten Tempelgötter. Noch hatte der Aberglaube eine Menge kleiner, niedriger Haus- und Feld- und andrer Gözzen ausgeheft. Hierzu gehörten die Götter der Jahreszeiten, von denen sich aber unter den
Rhetri-

Rhetrischen Alterthümern nur noch ein doppeltes Bild vom Herbstgotte findet. Beide sind ungleich kleiner, als die vorigen Stükke, allein auch niedlicher und geschmakvoller. Die Bilder selbst sind beide einerlei: ein kleiner, nakter Knabe hält mit der Linken einen Apfel, und mit der Rechten einen grünenden Zweig. Das eine steht auf einem niedrigen Postemente, das andre auf einer hohen Stange, aus deren Seiten drei Zweige herausgehen. An dem zweiten Zweige hängt eine Weintraube, auf dem dritten sizt ein Vogel, der erste ist abgebrochen. Unten ist das griechische Wort ὀπώρα, das heißt: Herbst deutlich zu lesen. Dies beweiset, daß die Wenden entweder griechische Künstler unter sich, oder mit ihnen, oder doch mit ihrer Sprache einige Bekanntschaft gehabt haben.

Ein paar andre Statüen stellen Liebes- und Ehegötter vor. Die erste ist ein saubergeformter nakter Knabe, auf deßen Kopfe zwei Tauben ungleichen Geschlechts ihrem Naturtriebe freien Lauf laßen. Die andre ist noch kleiner; der Gözze hält in der Linken einen Ring. Besondre Priester, Swalgonen genannt, urteilten von der Keuschheit der Verlobten in bedenklichen Fällen, und weissagten den jungen Eheleuten ihr Schiksal. Eine Braut wurde in dem väterlichen Hause in alle Winkel herumgeführt, um von den Hausgözzen, von den Hunden, und andern Hausthieren, vom Feuerheerde und vom Bette der Eltern Abschied zu nehmen. Dies geschahe mit viel Heulen und mancherlei

lei Klagen. Dann wurde sie in's Haus des Bräutigams auf einem Wagen gefahren. Hier machte sie den neuen Gözzen ihre Ankunft dadurch bekannt, daß sie an alle Thüren anklopfte.

Die Hausgötter hießen Berstuk's, dienstbare Geister; Markopeten, Geschäftige bei der Abenddämmerung, und Kobolde. Sie trugen Schäzze in die Wohnungen, erfüllten sie mit Ueberfluß und leisteten anderweitige gute Dienste oder thaten auch von alle dem das Gegenteil. Sie schwärmten unter den Hollundersträuchen herum. Um sie in ein Haus zu lokken, sezte man ihnen des Abends Speise hin. Dies nahmen sie wohl auf; sie aßen davon, trugen Reisig auf einen Haufen zusammen, und verunreinigten die Milchgefäße. Der Hausvater durfte jene Haufen nicht zerstöhren, und mußte die verunreinigte Milch verzehren. Dafür hatte er den Vorteil, daß die Kobolde in sein Haus zogen, und ihm Vorräthe brachten, die sie andern Familien entwandten. Hieraus formte sich jener Aberglaube, der noch jezt die Köpfe so vieler Christen verfinstert; hiervon entstunden jene kornbringende Drachen, jene polternde Kobolde, jene unterirdische Männerchen, die noch immer die Unterhaltungen so mancher Spinnstube, so mancher Bierschenke, so mancher Abendgesellschaft ausmachen.

Ihre Priester hießen Mikki, Waidelotten, d. h. Gelehrte; und auch Pupen, von denen das Wort Pope, die Bennung der rußischen Geistlichen, herzukommen scheint. Einige machen besondre

Kloßen

Kloßen aus den angeführten Namen. Von den Swalgonen oder Ehepriestern ist schon oben gehandelt worden. Der oberste aller Geistlichen hieß Crive, der in dem größten Ansehn bei den Wenden stand. Wenn er alt wurde, so sezte er sich auf einen Scheiterhaufen, und verbrannte sich den Göttern zu Ehren. Die Priester opferten, weißagten und richteten. Die Opfermahlzeiten wurden mit Musik begleitet und mit Tänzen beschloßen. Die Flöte und die Sakpfeife waren ihre Instrumente: von beiden sind Abbildungen vorhanden. Die Geistlichen befanden sich bei'm Tempeldienst sehr wohl. Denn, ob sie gleich weder Besoldung noch Zehnten erhielten, so war doch ihr Einkommen nicht unbeträchtlich, da sie sich einen großen Teil der Geschenke, die das opfernde Volk den Göttern häufig brachte, zueigneten, da sie die köstlichen Speisen, welche leztern am Tage vorgesezt wurden, des Nachts verzehrten. Goldne und silberne Becher, Schaalen von eben der Art, Trinkhörner mit Edelgesteinen besezt, wurden von den Reichern den Göttern verehrt. Nach glüklichen Schlachten weiheten ihnen die Sieger einen Teil der Beute, und hingen die feindlichen Waffen in ihren Tempeln auf. Die Kaufleute, welche, wegen des großen Zuflußes der Menschen, ihre Waaren bei den Tempeln auslegten, verschaften ihnen den reichsten Gewinn. Keiner durfte ein Stük verkaufen, keiner etwas Gekauftes nach Hause nehmen, als bis er eine Waare von vorzüglichen Werth den Göttern geschenkt hatte.

Gallus Br. Gesch. I. Th.   E   Unter

Unter ihren feierlichen Tagen sind zwei Feste merkwürdig, und werth zur Ehre der Nazion im Andenken erhalten zu werden. Sie sind das Todten- und das Erntefest. Jenes begingen sie im Anfange ihres Jahrs, im Frühlinge. Sie zogen insgesamt vor den Gau oder Flekken auf den Todtenakker, wo die Gebeine der Verstorbenen verbrannt zu werden pflegten. Hier erinnerte sich jeder seiner Geliebten, wünschte ihnen einen frohen Aufenthalt in den Wohnungen des Wodan's, dachte mit Freuden an das Ende seiner Tage, an die Wiedervereinigung mit seinen Freunden, und die Vergnügungen des Himmels. Ein allgemeines Versöhnopfer für die Ruhe der Gestorbenen unter Absingung einiger Todtengesänge beschloß diese Feierlichkeit, die gewiß zur Bildung des Volkskarakters, zu der durchgängigen Verachtung des Todes nicht wenig beitrug. Einen frölichern Gegenstand hatte das Erntefest. Nach geendigter Einsamlung der Früchte begab sich das frohlokkende Volk zum Gott Pobaga, schlachtete ihm einige Thiere zum Dankopfer für den erhaltenen Erntesegen, goß in sein Füllhorn neuen Wein, und leerte den alten vorher aus, woraus man auf die Fruchtbarkeit des kommenden Jahres schloß, wenn sich der Wein nicht vermindert hatte. Ein feierlicher Schmaus, ein heiliger Tanz am Ende des Festes zeigte, mehr als alles bloße Wortgepränge, ihr freudiges, zufriednes Herz, den besten Dank für die von den Göttern geschenkten Früchte.

Kein

Kein Wunder war's denn, daß eine solche Religion, die die Herzen zur Freude ermunterte, die den Helden und Streitern für's Vaterland die ersten Stellen, und die höchsten Ergözzungen des Himmels versprach, die ihren Bekennern so wenig Lasten auflegte, so wenig bestimmte Abgaben von ihnen foderte, tiefe Eindrükke bei einem freiheitliebenden, kriegerischen Volke, mehr zur Uebung der körperlichen Kräfte, als der geistigen Betrachtung unsinnlicher Gegenstände gewöhnt, machte, und die standhafteste Anhänglichkeit an ihren Gottesdienst erzeugte. Kein Wunder, daß die christliche Religion so wenig Eingang bei den Wenden fand; sie, die von ihrer ursprünglichen Reinigkeit bis zu den grösten Verunstaltungen herabgesunken war, die, statt Frieden und Ruhe der Seele zu gewähren, Tirannei über die Gewißen und Herrschaft über die Menschen ausübte, die den Verstand nicht durch lichtvolle einfache Lehren erhellte, sondern durch düstre, spizfündige Grillen verfinsterte, das Herz nicht beßerte, tröstete, stärkte, sondern bei bloßen Zeremonien ungerührt ließ, durch schwermüthige Schrekbilder niederschlug, durch unerträgliche Lasten zu Boden drükte. Eine solche Religion von geizigen, unwißenden Mönchen, die sich nicht einmal die Mühe geben wolten, die wendische Sprache zu lernen, durch Feuer und Schwerdt verbreitet, mit deren Annahme eine Menge drükkender Abgaben, besonders die des Dezem's oder Zehnten verbunden war, die den Himmel mit trägen Mönchen und scheinheiligen Müßiggängern, nicht mehr mit Helden und Kriegern besezte, eine
solche

solche Religion konnte freilich einem Volke nicht annehmungswürdig scheinen, das seine Staatsverfassung und Freiheit mehr als das Leben liebte. Daher wichen sie nur der Uebermacht auf einen Augenblik, und wurden Christen, wenn der siegende König oder Feldherr sie dazu nöthigte, kehrten aber auch bald wieder zu ihrem väterlichen Glauben zurük, sobald der Feind den Rükken gewandt hatte. "Der Gott, der im Himmel ist — so sagte einst ein angesehener Wende zu einem sächsischen Fürsten, welcher sie unterjochte — „der sei dein Gott, und „du sei unser Gott; ehre du den ersten, wir wollen „dich ehren." Hierdurch entstand jener unaustilgbare Haß der Wenden gegen die Christen, der sich von Kind zu Kindeskind fortpflanzte, und ein stetes Mißtrauen gegen sie unterhielt.

Die Geschichte des Wilzischen Staats

ist noch unbekannter und dunkler, als die Kentniß, die wir von ihren Sitten und Einrichtungen haben. Sie rükten im sechsten und siebenten Jahrhunderte in die Mark ein, aber wol schwerlich so friedlich, als viele es glauben. Zwischen ihnen und den zurükgebliebenen Sennonen mögen vielleicht manche blutige Auftritte vorgefallen sein, ehe sie zum völligen ruhigen Besiz ihrer neuen Wohnpläzze gelangten. Doch da hier die Geschichte schweigt, so wollen wir uns in ein Feld, voll der widersprechendsten Vermuthungen, nicht wagen. Aber auch von ihren

nach-

nachherigen Thaten weiß der Erzäler ihrer Begebenheiten nur wenig, und von ihren innern Angelegenheiten fast nichts zu sagen. Und dies Wenige besteht in lauter Kriegen, ewigen Fehden und unaufhörlichen Streifereien, bis endlich ihres Streits und ihres Staats zugleich von Albrecht dem Bär ein Ende gemacht wurde. Wir eilen von den wichtigsten dieser Begebenheiten den Lesern mehr eine kurze Uebersicht, als eine ausführliche Nachricht zu geben.

1. Karl's des Großen Einfall in den Wilzischen Staat im Jahre 789.

Der erste gewiße Krieg, den die Märkischen Wenden geführt haben, die erste sichre Begebenheit, die wir von ihnen wißen, ist der Einfall Karl's in ihr Land. Dieser fränkische König, der wegen seiner Staatsklugheit, Regierungskunst, Beförderung der Künste und Wißenschaften, der Einführung weiser Gesezze, und Aufhelfung des Akkerbaues, weit mehr noch, als wegen seiner ausgebreiteten Macht von der dankbaren Nachwelt den Namen des Grossen bekommen hat, besaß doch eine unersättliche Begierde nach Vermehrung seiner Länder, und gebrauchte oft Mittel dazu, die die Denkungsart seiner Zeit wol rechtfertigen, aber die unbestechbare Nachwelt kaum entschuldigen kann. So richtete er bald sein Augenmerk auf die Sachsen, einem Volke, das im jezzigen Niedersachsen und Westphalen wohnte, und

das

das einzige von allen deutschen Völkern war, das weder die Römer noch die Franken bis hieher unterjocht hatten. Karl fing im Jahre 772 jenen berühmten Krieg gegen sie an, der bis in's 33. Jahr dauerte, und wozu die christliche Religion, zu der er sie bekehren wolte, den scheinbarsten Vorwand gab. Furcht und Schrekken ging vor ihm her, und Glük und Sieg folgte ihm nach. Die Wilzen wurden hierauf aufmerksam, und die Besorgung, daß der Sieger nach Unterdrükkung der Sachsen auch ihre Freiheit ihnen rauben, ihre Staatsverfaßung verändern, und ihren Gottesdienst verdrängen möchte, bewog sie, den Sachsen beizustehen, und wo möglich, einen furchtbaren Feind von sich abzuhalten, ehe er noch ihre Grenzen berührte. Andre Unruhen in Italien nöthigten Karl'n, Deutschland zu verlaßen; in seiner Abwesenheit vereitelten die Sachsen in Verbindung mit den Wilzen alle seine vorher glüklich durchgesezten Entwürfe. Karl schrieb daher mehr im befehlenden Tone des Monarchen, als der ermahnenden Sprache des fremden Fürsten an die Wilzen, um sie von der Unterstüzzung der Sachsen abzuwenden. Aber sie hielten es für rathsamer auf ihre eigne Sicherheit bedacht zu sein, als den Geboten eines gefährlichen Widersachers zu folgen; sie erfüllten seine Wünsche nicht. Dieser Ungehorsam verdroß einen König, der einem freien Volke doch keine Gesezze vorzuschreiben hatte. Er beschloß eine fürchterliche Rache. Franken und Sachsen, in so weit er sie besiegt hatte, Obotriten, wendische Völker in Meklenburg, seine Bundesgenoßen, und

Frie-

Friesen wurden aufgeboten, um ein unschuldiges Volk zu bestrafen, das sich unterstund, seine Freiheit zu behaupten. Mit diesen Völkern rükte er im Jahr 789 an die Elbe, wo ihm eine Flotte die Lebensmittel zufuhr. Er schlug zwo Brükken über diesen Fluß, und errichtete einige Schlößer zur Bedekkung an den Ufern desselben. Endlich ging er, man weiß nicht wo? mit seinem furchtbaren Kriegsheere über die Elbe und brach in's Land der Wilzen ein. Aber der Erfolg entsprach diesen großen Zurüstungen nicht. Alles, was die Lobredner Karl's, die seine Thaten gern zu vergrößern suchten, von diesem Feldzuge zu erzählen wißen, ist dies, daß er große Verwüstungen in den Märkischen Ländern anrichtete, aber doch bald einen Vergleich mit den Wilzen einging, wornach er ihnen ihre Freiheit und Staatsverfaßung gegen einen kleinen Tribut ließ. Ein gewißer Draoscio, oder Dragoid wird als damaliger regierender König der Wenden angegeben, der mit seinen Prinzen freiwillig in's feindliche Lager ging, die Friedensbedingungen mit Karl'n verabredete, zur Sicherheit Geißeln stellte, und sowol an seiner Person als Würde ungekränkt in seine Residenzstadt Dragowitz zurükkehrte.

2. Einfall der Wilzen in Nordalbingen, unterstüzt vom König Gotfried, im Jahr 810.

Die Wilzen, welche vorher von Karl'n in ihren Grenzen angegriffen worden waren, fielen nun in die

die seinigen ein. Was den Anlaß zu diesem Ausfall gegeben habe, ob sie sich bloß von dem aufgelegten Tribut befreien wolten, ob sie von den fränkischen Bundesgenoßen, den Obotriten in Meklenburg gereizt worden, oder ob sie diese selbst gereizt haben, ist unbekannt. Da sie aber Karl's des Grosen weit ausgebreitete und sich immer mehr vergröfernde Macht kannten, so fühlten sie's wol, daß sie zu ohnmächtig wären, ein so fest gegründetes Reich zu erschüttern. Sie sahen sich daher nach Hülfe um, und fanden sie in dem Bündniße, das sie nebst einigen andern wendischen Völkerschaften mit Gotfried oder Gotrik I, der nicht von ganz Dännemark, sondern blos dem südlichen Teile der Halbinsel Jütland König war, schloßen. Nach andern Streifereien brachen die Wilzen im Jahre 810 in Nordalbingen ein, einem über der Elbe am Ausfluße derselben liegenden Lande, dem heutigen Holstein; hier drangen sie bis vor Hochbuchi, (welches nicht Hamburg, wie die mehrsten Erdbeschreiber, und selbst Büsching glauben, sondern eine weiter oberhalb an der Elbe im jezzigen Lauenburgischen angelegte Festung war,) verwüsteten das umliegende Land, schloßen leztre Stadt ein, und brachten die kaiserliche Besazzung so sehr ins Gedränge, daß sie sich ergeben und die Stadt den Feinden überlaßen mußte.

Auf der andern Seite zeigte sich Gotfried eben so siegreich, und dem fränkischen Könige so furchtbar, als es noch keiner von den nordischen
Fürsten

Fürsten für Deutschland gewesen war. Er sandte ein zahlreiches Heer auf 200 Schiffen von Jütland aus, ließ es in Friesland landen, schlug dreimal damit die fränkischen Truppen, erpreßte hundert Pfund Silber, und drohete, selbst Karl's Residenz Aachen zu bestürmen und zu zerstöhren. Aber bei dieser Drohung blieb es denn auch. Mitten in seinen großen Entwürfen wurde er auf einer Falkenjagd von einem seiner eignen Diener ermordet. Sein Tod machte zugleich den wendischen Streifereien ein Ende. Denn Gotfried's Nachfolger schloß 811 einen vorteilhaften Frieden mit den Franken, und die Wenden zogen sich, ihrer stärksten Stüzze beraubt, zurük. Die Nachrichten von diesem ganzen Kriege sind so unvollständig, daß wir nicht einmal wißen, ob die Wilzen mit in den dänischen Frieden eingeschloßen worden, ob man ihnen den Tribut abnahm, oder ob sie diese Last noch länger haben tragen müßen.

3. Inre Angelegenheiten der Wenden; Absezzung des Krole Meligast 723. Fernere Begebenheiten derselben.

Von den innern Angelegenheiten der Wenden um diese Zeit hat uns die Geschichte blos folgenden merkwürdigen Vorfall aufgezeichnet. Nach dem oben angeführten Dragoid war ein gewißer Liubi Krole geworden; doch sagen die Schriftsteller nicht, in welchem Jahre er zur Regierung gelangt sei, ob

er

er schon in dem Nordalbingischen Kriege, oder ob
da noch sein Vorfahr geherrscht habe. Bekannt ist
indeßen sein Tod. Er starb 823, an der Spizze
seines Heers in einem Gefechte mit den Obotriten,
von leztern erschlagen. Er hinterließ zwei Prinzen,
den Meligast, und den Celeadrag. Jener wurde als der ältre zum König ernannt. Aber er erfüllte die Erwartungen nicht, die sich das Volk von
ihm gemacht hatte; er schien den unzufriedenen Unterthanen die Freiheiten der Niedern zu unterdrükken, und die Rechte der Obern zu kränken. Unwil-
lig über eine solche eigenmächtige Regierung, und
vielleicht vom jüngern Prinzen aufgewiegelt entsezten sie den Meligast des Reichs, und riefen den
Celeadrag zum Krole aus. Meligast suchte indeßen alle mögliche Mittel, sich noch zu erhalten,
und da er keines mehr fand, so suchte er es bei'm
Erbfeinde seiner Nazion, den Franken, fand's aber
auch dort nicht. Er eilte zu ihrem Könige Ludwig
dem Frommen, dem Sohne Karl's des Großen,
der eben zu Frankfurt am Main einen Reichstag
hielt. Aber auch Celeadrag reiste dahin, und
wuste den gutmüthigen, schwachen Kaiser durch die
Vorstellungen des unüberwindlichen Haßes, den die
Wilzen gegen seinen Bruder, und der großen Anhänglichkeit, die sie für ihn zeigten, so sehr einzunehmen, daß ihn Ludwig für den rechtmäßigen König erkannte, eine Versöhnung zwischen den streitenden Brüdern, nach welcher Meligast dem Throne
entsagte, stiftete, und beide mit reichen Geschenken
versehen wieder nach Hause gehen ließ. Aus dieser

Bege-

Begebenheit scheint indeßen noch keine Herrschaft der fränkischen Könige über die Wilzen, sondern bloß so viel zu folgen, daß Meligast bei einem fremden mächtigen Fürsten Schuz gesucht und Celeabrag es für rathsam gefunden habe, um sich nicht der Gefahr eines bedenklichen Krieges auszusezzen, die Vermittlung eines andern Monarchen anzunehmen.

Unter den folgenden Karolingischen Königen, oder denen die von Karl dem Großen abstammten, behaupteten die Wilzen ihre Freiheit noch ungestörter. Karl's Nachkommen hatten teils den Geist ihres Ahnherrn, seine Klugheit, seinen Muth und alle jene großen Eigenschaften nicht, wodurch das weitläuftige fränkische Reich mächtig erhalten, und mehr ausgebreitet werden konnte; teils waren sie in inre oder wichtigere Streitigkeiten verwikkelt, als daß sie an eine völlige Unterjochung der Wenden hätten denken können. Es kam daher höchstens zu wechselseitigen Fehden, kleinen Streifereien und unbedeutenden Ausfällen, welche zu erzählen mehr Ueberdruß, als Unterhaltung gewähren würde. Wir laßen es daher bei dieser allgemeinen Anmerkung bewenden, und gehen zu einem intereßantern Abschnitte, zu dem von den Markgrafen, über.

III. Abschnitt.

Geschichte der Markgrafen der Nordmark im zehnten Jahrhundert bis auf den ersten Markgrafen von Brandenburg Albrecht, den Bär 1144.

Einleitung.

Worterklärung. Bernhard. Gero.

Mark heißt ein Zeichen, wovon das Wort merken, bemerken noch üblich ist. Die Grenzen werden durch Steine, Bäume, Graben bezeichnet; diese Zeichen sind die Grenzmarken; bald wird die Marke statt der Grenze selbst gesetzt. Mark und Grenze ist einerlei. Hiervon haben die Markgrafen ihren Namen; die Benennung zeigt zugleich ihre Bestimmung an. Sie sollten die Grenzen des deutschen Reichs gegen die Einfälle fremder Völker beschützen, und Ruhe und Ordnung in den Grenzfestungen erhalten. Solche Markgrafen gab es in Schleswig gegen die Normänner; in Meißen gegen die Sorbenwenden; in der Lausitz gegen die Polen; im Osterlande an der Pleiße; und — was uns hier allein näher angeht — in der von den Sachsen bewohnten Altmark gegen die Wilzen. Letzte nannte man auch Grafen der Nordmark oder der wendischen Mark,

und

und fpäterhin Markgrafen von Soltwedel und
Stade. Der Titel: Markgrafen von Brandenburg gehört diesen Fürsten nicht; denn das
eigentliche Brandenburgische Reich war und blieb,
aller Eroberungen ungeachtet, im Besiz der Wenden,
bis Albrecht der Bär die überelbischen Länder unterjochte, und die wendische Nazion unter seinen Scepter
brachte. Er ist also mit Recht als der erste Markgraf von Brandenburg anzusehen.

Weit schwerer und vielleicht gar nicht zu bestimmen ist's, wer der erste Markgraf der
Nordmark gewesen sei. Man hat viel drüber
gestritten, und wenig ausgemacht. Die ganze Sache ist für den Geschichtsliebhaber von wenig Er-
heblichkeit; für ihn, der nicht sein Gedächtniß mit
leeren Namen und unbedeutenden Wortgrübeleien
beladen will, sondern der in den Begebenheiten der
Vorzeit einen heilsamen Unterricht für den Verstand,
eine nüzliche Unterhaltung für den Geist, und eine
sanfte Rührung für's Herz sucht. Ein solcher er-
wartet keine tiefen Untersuchungen über den Ursprung
der Markgraffschaften überhaupt, und der nördlichen
insbesondre. Ihm ist's genung zu wißen, daß entweder schon vor oder doch zu des großen Königs
Heinrich's I. Zeiten gewiße Befehlshaber den
Auftrag bekamen, die Grenzen Deutschland's gegen
die benachbarten Wenden und andre Völker zu beschüzzen, daß sie aber noch keine Fürsten oder unabhängige Herren, sondern bloße Staatsbediente waren, und erst späterhin das Eigenthumsrecht über
die

die Grenzländer als eine Belohnung ihrer Verdienste erhielten.

Schwer ist's hier, die Grenzlinie zu ziehen, und zu sagen, wenn man anfangen solle, die Grenzbeschüzzer Markgrafen zu nennen, und noch unsicherer ist's, die Distrikte abzuzeichnen, die ihrer jedesmaligen Aufsicht übergeben waren. Für den ersten sichern Aufseher über die Nordmark hält man den edlen Sachsen

Bernhard.

Markgraf war er der Sache, aber nicht dem Namen nach. König Heinrich I. übergab ihm den Oberbefehl über die jezzige Altmark, um sie gegen die Streifereien der Wenden zu beschüzzen. Die Schriftsteller nennen ihn Legaten. Die Eroberung der wendischen Hauptstadt Brannibor oder Brandenburg ist die wichtigste Begebenheit, welche um diese Zeit hier vorfiel; einige sehen sie als die Veranlaßung an, daß man Grenzbewahrer angestellt habe; und aus beiden Gründen gehört die Erzählung davon hieher.

Seit dem Jahre 919 herrschte der sächsische König Heinrich I. oder der Vogler über Deutschland; und das zu einer Zeit, wo das Reich von einer Menge barbarischer Völker angefallen, und bis in seinen Grundfesten erschüttert wurde. Es gehörte grade ein Fürst von der Weisheit, von der

Ent-

Entschloßenheit, von der Seelengröße und dem Muthe, womit Heinrich erfüllt war, dazu, um den wankenden Staat zu unterstützzen, und seine Dauer auf die Zukunft zu gründen. Er verbeßerte zuerst die inre Verfaßung des Reichs, befestigte die Städte, errichtete neue, übte sein Volk in den Kriegskünsten und stellte Ruhe und Ordnung wieder her. Nach diesen glüklich durchgesezten Entwürfen konnte er's wagen, die deutschen Grenzen von den Schwärmen unruhiger Nachbarn zu reinigen. Im Jahre 926 brach er in das Land der Heveller oder den Heveldüner Gau ein, und trieb mehrere besiegte Haufen der Wenden, die ihr damaliger König Tugumir ihm entgegen gestellt hatte, vor sich her. Ueberzeugt, daß er hierdurch noch wenig zur Ruhe der Deutschen vor den wendischen Streifereien ausgerichtet hätte, daß diese Erbfeinde der Christen nur desto eher von Rache entflammt nach seinem Abzuge neue Einfälle wagen würden, beschloß er, nicht eher zu ruhen, als bis er ihre Hauptstadt erobert, ihr Land unterjocht und durch dies Mittel das deutsche Reich gesichert hätte. Aber das war ein Unternehmen, mit unendlichen, für die damaligen Zeiten fast unübersteiglichen Schwierigkeiten verknüpft, und nur der Unerschrokkenheit eines Heinrichs auszuführen möglich. Tiefe Sümpfe, unzugängliche Moräste, weite Gewäßer umgaben die Stadt Brandenburg, und schüzten sie gegen die Angriffe der feindlichen Krieger. Doch eben die Natur, welche Heinrichen so mächtige Hinderniße in den Weg legte, gab ihm bald Mittel an die Hand, sie zu überwinden.

winden. Ein strenger Winter kam dem Helden zu Hülfe. Die Sümpfe und Gewäßer waren zugefroren. Heinrich ließ seine Truppen über's Eis bis an die Stadt anrükken, und schnitt ihr alle Zufuhr ab. Das leztre that desto mehr Wirkung, da Tugumir eine große Menge seiner Krieger nach Brandenburg gezogen hatte. Sie waren von Hunger und Mangel an Lebensmitteln so geschwächt und entkräftet, daß sie den deutschen Truppen, welche Sturm liefen, nicht lange widerstehen konnten. Heinrich eroberte die Stadt, und zeigte eine Mäßigung, die ihm doppelte Ehre bringen muß, je seltner sie zu den damaligen Zeiten zu sein pflegte. Er verlangte bloß einen jährlichen Tribut und die Annahme des Christenthums von den Wenden, enthielt sich aller Gewaltthätigkeiten und Plünderungen, ließ sie bei allen ihren Rechten und Freiheiten, und zog ruhig wieder zurük.

Der Legat Bernhard übte keine Herrschaft über die Wenden aus; denn sie blieben frei, und standen nur unter den Befehlen ihres Königs Tugumir. Bernhard war Heinrich's Feldherr und Diener; Statthalter und Schüzzer, nicht aber Fürst oder Herr der Altmark. Wie lange er dieses Amt verwaltet, und wen er zu seinem unmittelbaren Nachfolger gehabt habe, ist unbekannt. Unter dem folgenden Könige und Kaiser Deutschlandes findet sich erst wieder ein Mann, von dem wir's gewiß angeben können, daß er die Stelle und den Namen eines Markgrafen bekleidet und geführt hat. Dieser ist Graf

Gero.

Gero.

Er war bereits Markgraf über die östliche Mark, das heißt: über die Lausiz. Durch wichtige Dienste hatte er sich bei Heinrich's I. Sohne und Nachfolger, Otto I. so sehr empfohlen, daß er zu seiner vorigen Stelle auch noch die Aufsicht über die Nordmark erhielt: von ihm wird der Titel: Markgraf, schon gebraucht. Er stand bei'm Kaiser Otto in außerordentlicher Gunst; der Monarch hatte sein ganzes Vertrauen auf ihn gesezt. Doch die wenigen Bruchstükke, welche die Geschichte von seinen Verdiensten um das deutsche Reich erzählt, stellen seinen Karakter nicht eben im hellsten Lichte dar. Wenn Treulosigkeit für Muth, Bestechung für Kriegskentniß, und Bedrükkung für Seelengröße angesehen wird, so mag er den Namen eines tapfern, klugen, starken Grafen verdienen. Doch die Geschichte schildre ihn beßer durch Thaten, als wir durch Worte.

Der Kaiser Otto, den die Nachwelt mit dem Namen des Grossen, welcher vielleicht seinem Vater mit mehr Recht gebührte, benennt, hatte mit seinen nächsten Anverwandten, seinen Brüdern, seinem Sohne und Schwiegersohne, und in und auser Deutschland fast unaufhörliche Kriege zu führen. Die Wenden benuzten diesen Zeitpunkt, sich der Deutschen Herrschaft völlig wieder zu entziehen, und sich des jährlichen, von Heinrich I, ihnen aufgelegten Tributs zu entledigen. Gero suchte dem Schlage zuvor-

zuvorzukommen. Unter dem Vorgeben der vertrau-
testen Freundschaft, die er mit ihren Großen zu unterhalten den Schein annahm, bat er dreißig wendische Fürsten zu einem frohen Gastmale zu sich.
Ohne allen Argwohn nahmen sie die Einladung an,
und zechten bis tief in die Nacht hinein. Der ver-
rätherische Gero ließ sie alle dreißig mitten im Taumel ihres Rausches ermorden, in der Ueberzeugung,
die wendische Nazion desto gewißer geschwächt zu
haben, da er die Edelsten ihrer Anführer ausgerottet hatte. Folgender alte Vers verewigt diese
Schandthat, die Gero durch das Vorgeben, als ob
ihm die wendischen Fürsten meuchelmördrischer Weise nach dem Leben getrachtet, rechtfertigen wolte:

Zu Laußnitz erster Fürst war ich,
Dreißig wendisch Herren tödtet' ich.

Aber Gero irrte sich sehr, wenn er durch diese Treulosigkeit die Wenden gedemüthiget zu haben vermeinte. Das vergoßne Blut ihrer Großen foderte sie
zur Wuth und Rache auf. Bald mit wenigern,
bald mit mehrerm Glükke sezten sie ihre Streifereien
und Kriege mit dem Gero einige Jahre fort. Der
Markgraf nahm endlich wieder zu seiner gewohnten
Kriegslist seine Zuflucht. Durch viele Geschenke
und große Versprechungen brachte er den Krole
Tugumir zu dem Entschluß, sein eignes Vaterland
zu verrathen. Er war den Deutschen entgegen gegangen, und hatte die Beschüzzung der Hauptstadt
Brandenburg seinem Enkel, oder wie andre wollen,
seinem nahen Vetter, dem einzigen Ueberreste des königlichen Stammes, aufgetragen. Tugumir zog
sich

sich schnell nach Brandenburg zurük, unter dem Vorwande, daß er von den Sachsen verfolgt noch kaum ihren Händen entgangen sei. Er erfüllte seine dem Gero gethanen Versprechungen nur zu genau. Das erste Opfer seines Meineids ward der königliche Befehlshaber der Hauptstadt; er ließ ihn ermorden, und übergab den Ort darauf dem Markgrafen Gero. Der ganze Gau der Heveller ward nun dem deutschen Reiche bis an die Oder hin unterworfen, das Volk zur Abgabe eines jährlichen Tributs und zur Annahme des Christenthums verpflichtet, und zur Sicherheit legte man zu Brandenburg und Havelberg starke Festungen an.

Vielleicht eben so wol aus Staatsklugheit, als aus Eifer für die christliche Religion errichtete der Kaiser Otto mehrere bischöfliche Sizze in den eroberten Ländern, und bedachte die Bischöffe mit fast verschwenderischer Freigebigkeit. Im Jahre 946 stiftete er das Bisthum Havelberg und 949 das zu Brandenburg, welche er darauf dem Magdeburgischen, das er zu einem Erzbisthum erhob, unterwarf.

Noch einmal erwähnt die Geschichte des Gero, und dies bei Unterjochung der Uckermärker; einer Begebenheit, die wir um so weniger übergehen können, da sie sich im Innern der Mark Brandenburg ereignete. Während deßen, daß Otto die Heveller als seine Unterthanen betrachtete, Abgaben eintrieb und Bisthümer errichtete, zog sich in einer andern Gegend ein Gewölk zusammen, das ein schrekliches Unge-

Ungewitter verkündigte. Nakko und Stoinef, ein paar edelmüthige Brüder, erfüllt mit dem ächten Geiste der Tapferkeit, zeigten sich als Abkömmlinge einer Nebenfamilie des vom Gero ausgerotteten königlichen Stammes der Wenden. Sie warfen sich zu Anführern der Ukrer, Tollenser, Circipaner und andrer wilzischen Völkerschaften auf, machten Ansprüche auf das Land der Heveller und die königliche Würde, und fielen den Kaiser Otto im Jahre 955 grade zu einer Zeit an, wo er auch auf einer andern Seite von den Hunnen beunruhiget wurde. Leztern ging er selbst mit seinem Heer entgegen; wider die Wenden schikte er den sächsischen Herzog **Hermann Billing.** Die beiden wendischen Prinzen fochten mit solchem Muthe und so viel Geschiklichkeit, daß sich Hermann nach einigen unglüklichen Angriffen in eine befestigte Stadt, — welche einige für das ohnweit der Ukkermärkischen Grenze im Ruppinischen Kreise liegende **Gransee**, andre für **Garz** in Vorpommern an der Oder halten — werfen mußte. Der Ort wurde von den Wenden eng eingeschloßen, und heftig bestürmt; und der sächsische Herzog sahe kein Mittel zu seiner und seiner Truppen Errettung, als sich zu ergeben. Die Sieger erlaubten allen freigebornen Sachsen mit ihren Weibern und Kindern einen ungestörten Abzug, wenn sie ihre Sklaven und Güter zurükließen. Ein unbedeutender Umstand vernichtete die genommene Abrede, und hatte die wichtigsten und nachteiligsten Folgen für die Wenden. Ein Sachse verliebte sich während ihres Aufenthalts in der Stadt in eine wendi-

wendische Magd und heirathete sie. Der Wende, bei dem sie vorher gedient hatte, foderte sie als seine Leibeigne zurük, bekam aber statt der Antwort von dem sächsischen Ehemanne einige derbe Stöße ins Gesicht. Er beklagte sich hierauf bei seinen Landsleuten über Gewaltthätigkeit und über gebrochene Friedensbedingungen, nach denen bloß die freien Sachsen die Stadt verlaßen könnten. Die Wenden fanden diese Klage gerecht, erklärten die Deutschen für bundbrüchig, ermordeten alle Männer von ihnen und machten die Weiber und Kinder zu Gefangnen.

Otto war gegen die Hunnen glüklicher, als Hermann gegen die Wenden, gewesen; er hatte sie in einer Hauptschlacht besiegt. Jezt richtete er seine gesamte Macht gegen die Wilzen, und beschloß wegen der eben erzählten verübten Grausamkeit derselben eine fürchterliche Rache zu nehmen. Weder die Gesandschaft der beiden Prinzen Stoinef und Nakko, noch ihre billigen Friedensvorschläge konnten den Zorn des aufgebrachten Kaisers besänftigen. Er brach im Herbste des nämlichen Jahres in der Feinde Land ein, und bezeichnete seine Schritte mit Verwüstungen, mit Schutt und Aschenhaufen. Aber bald hätte ihn seine Hizze in sein eignes Verderben geführt. Er drang bis an einen gewißen Fluß vor, den die Schriftsteller Raxa nennen. Weite Moräste verhinderten ihn, drüber zu sezzen. Hinter seinem Rükken waren große, dikke Wälder, wo ihm die Wenden den Rükzug dadurch verschloßen hatten,
daß

daß sie über die Wege starke Bäume fällten und sie mit Soldaten dekten. Am jenseitigen Ufer des Flußes hatte sich das mächtige Heer der Feinde gelagert.

Der Kaiser befand sich in der äußersten Verlegenheit; die dadurch noch größer ward, daß Hunger und Krankheiten viele seiner Krieger dahinrafften. Kein Mittel schien mehr zu seiner Errettung übrig, als den Feind nun selbst demüthig um Friede zu bitten, den er vorher trozzig abgewiesen hatte. Gero war ohnstreitig der geschikteste zu einem Geschäfte, wozu Klugheit, List, und Ueberredungskunst erfodert wurden. Er erhielt den Auftrag zur Vermittlung; und seine Schuld war's gewiß nicht, daß er ihn nicht befriedigend ausführen konnte. Er bot alle Künste der Beredsamkeit auf, um einen standhaften Gegner seinen Wünschen geneigt zu machen. Zuerst suchte er ihn durch die reichsten Geschenke zu verblenden, und durch die schmeichelhaftesten Versprechungen zur Verrätherei zu bewegen. Aber er fand keinen alten, an Leib und Seele schwachen, eigennüzzigen Tugumir im Stoinef. Mit gerechtem Unwillen lehnte dieser edelmüthige Prinz einen so entehrenden Antrag von sich ab, und mit einem bittern Hohngelächter zeigte er ihm die Verachtung, die ein so schändliches Anerbieten verdiente. Gero glaubte ihm drauf durch die Vorstellung der Macht, der persönlichen Tapferkeit, der Rachsucht des Kaisers Zaghaftigkeit einjagen zu können. Das waren aber leere Schrekbilder für den Stoinef, deßen männliche

liche Seele alles, nur Furcht nicht, kannte. Noch einmal wagte es Gero, ihn zu bewegen zu suchen; jezt wolte er ihn auf der Seite der Großmuth fassen. "Es ist, sagte er ihm, ein schlechter Ruhm, den Feind in die Enge zu treiben, der, von unübersteiglichen Schwierigkeiten gehindert, seinen Muth nicht zeigen kann. Belebt euch Wenden wahres Gefühl der Tapferkeit, der Kriegskentniße, der Unerschrokkenheit, so laßt uns entweder ungehindert über den Fluß sezzen, oder kommt selbst zu uns herüber, damit beide Heere freies Feld gewinnen, und mit gleichen Vorteilen kämpfen." Hier hielt Stoinef seinen Zorn nicht länger zurük, er brach in Drohungen und heftige Reden gegen den niedrigdenkenden Gero aus, und ließ ihm den Abscheu, den er gegen ihn selbst und den Kaiser fühlte, merken. So endigte sich auf einmal die ganze Friedensvermittlung, und Gero hatte noch den Kummer, mit verdientem Gespötte von einem edlen, heldenmüthigen Prinzen abgewiesen zu werden. Jezt konnte bloß ein verzweifelter Angrif den Kaiser noch retten. Er selbst stellte sich, als wolte er mit seinem Heere über den Fluß sezzen und dem Feinde eine Schlacht liefern. Während dem nun Stoinef diese Absichten Otto's zu vereiteln suchte, schlug Gero eine Meile vom Lager entfernt drei Brükken über die Raxa, und führte den größten Teil der deutschen Krieger hinüber. Stoinef merkte es zu spät, ging ihm aber doch entgegen, und hatte das Unglük, mit seinen abgematteten Truppen von dem kraftvollen Heere Otto's geschlagen zu werden. Seiner großen Tapferkeit un-
geach-

geachtet mußte er selbst die Flucht ergreifen. Nur zwei seiner Diener begleiteten ihn, die sich endlich nebst ihm der Ruhe wegen in einem Gebüsche in's Gras lagerten und ihre Waffen bei Seite legten. Hier überraschte sie ein gewißer deutscher Edelmann, Namens Hoseb, der dem wehrlosen Stoinef den Kopf abhieb, den einen seiner Begleiter gefangen nahm, da der andre unterdeßen seinen Herrn treulos verlaßen hatte. Die Wenden wurden bis tief in die Nacht hinein verfolgt, erwürgt, und ihr Lager geplündert. Otto feierte den Sieg folgendes Tages durch ein Schauspiel, wodurch er sich gewiß nicht den Namen des Groſſen, welcher auch im Feinde Tugend und Muth ehrt, erwarb. Er stekte des heldenmüthigen Prinzen Stoinef's Haupt auf eine lange Stange, ließ noch siebenzig wendische Gefangne um dieselbe herum erwürgen, und dem unglüklichen Staatsdiener, der in Hoseb's Hände gefallen war, die Augen ausstechen, die Zunge ausreißen, und mitten unter die Leichen der Ermordeten stellen.

Stoinef's Bruder, Nakko war der heidnischen Grausamkeit des christlichen Siegers entgangen; er wolte seiner Landsleute Blut rächen. Mehrere Jahre führte er den Krieg fort, wo er dem Kaiser, den andre Streitigkeiten in andre Gegenden riefen, vielfache Wunden schlug. Doch endlich mußte er der Uebermacht der Deutschen weichen. Das ganze Land der Ukrer nebst einigen benachbarten Völkern wurde der Herrschaft Otto's unterworfen,

die

die dortigen Wenden zinsbar gemacht nnd zur christlichen Religion genöthiget. Des Nakko wird nicht
weiter erwähnt.

Gero vertauschte endlich, von mancherlei häus-
lichem Unmuth gedrükt, das Geräusch des unruh-
vollen Weltlebens mit der Stille der heiligen Einsamkeit. Im Jahre 965 ging er in das Kloster zu
Gernrode, einem im Anhalt Bernburgschen liegenden Orte, das er selbst gestiftet hatte. Er genoß den sanften Frieden der Klosterruhe nicht lange. Denn noch in eben dem Jahre starb er daselbst. Welche Veränderung unmittelbar nach seinem Tode mit der Markgräflichen Würde vorgegan-
gen ist, kann nicht bestimmt werden, und wir wollen diese Lükken weder mit alten noch neuen Muthmaßungen ausfüllen, sondern sogleich zu der Reihe
der wirklichen nördlichen Markgrafen fortgehen.

Markgrafen der Nordmark.

1. Dietrich.

Aus welcher Familie er herstamme, in welchem
Jahre er Markgraf geworden, ob unter Otto,
dem Großen, oder nach deßen 973 erfolgten Tode
unter Otto II, sagt die Geschichte nicht. Aber dies
meldet sie, daß er durch seine Härte, durch seinen
Stolz, durch seine Rauhigkeit die Wenden zur Empörung und zum Abfall vom Christenthum und der
Deutschen Herrschaft gereizt, und sich selbst in's
Verderben gestürzt habe.

Seine

Seine Denkungsart gab er im Jahre 979 bei einem in vieler Rüksicht merkwürdigen Vorfalle zu erkennen. Ein gewißer Graf Waldo klagte einen andern, Namens Gero von Ammensleben bei dem Kaiser an. Beide wurden nach Magdeburg geladen, um hier in Gegenwart mehrerer ansehnlichen Fürsten Deutschland's ihre Streitigkeit durch einen Zweikampf zu entscheiden. Der Aberglaube, als ob Gott des Unschuldigen Hand unmittelbar stärken, und die des Bösewichts kraftlos machen würde, hatte die grausamste und unsinnigste aller Sitten geheiligt. Waldo ward heftig verwundet, und fiel bald darauf todt zu Boden. Gero sank auch, ward, so unschuldig er auch, vermöge der Gesetze des Duell's, hätte befunden werden sollen, von einem Scharfrichter in Stüken gehauen, und den Vögeln zum Raube hingeworfen. Jeder gab sein gerechtes Mißfallen, nur ein Geistlicher und Markgraf Dietrich aber seine große Freude über diese schändliche That des Kaisers zu erkennen.

Von einem Manne, der solche Gesinnungen gegen seine eignen Landsleute zeigte, konnten sich die Wenden noch weniger versprechen. Statt ihr Beschützer und Versorger zu sein, ward er ihr Unterdrücker und Tirann. Die an den Staat zu zahlenden Abgaben und der an die Geistlichen zu entrichtende Zehnte wurden mit der äußersten Strenge eingefodert, und mit der größten Härte erhöht. Beides war den Wenden eine ungewohnte Last, beides lehrte sie, daß der vorgespiegelte Bekehrungseifer der Chri-

Christen mehr von dem Wunsche, ihr Vermögen zu besitzen, als dem, ihre Seelen zu retten, angefeuret wurde. Sie beschloßen, ihre Freiheit auf's theuerste wieder zu erkaufen. Folgender Umstand, erzählt ntan, soll den Ausbruch der wendischen Empörung veranlaßt und beschleunigt haben. Mistewoi, Fürst der Obotriten, einer im Meklenburgischen wohnenden Völkerschaft, verlangte des sächsischen Herzogs Bernhard Nichte zur Gemalin. Dietrich widerrieth diese Heirath mit den Worten: man müße eine so edle Prinzeßin nicht einem wendischen Hunde geben. Mistewoi antwortete, daß ein starker Hund wenigstens gut bellen und beißen könne; und er wolle beides so gut thun, daß den Deutschen Hören und Sehen vergehen solle. Was es auch mit dieser Anekdote für eine Bewandniß haben mag, so ist doch so viel gewiß, daß Mistewoi mit allen benachbarten Wenden einen Bund schloß, um die Deutschen aus ihren Besizzungen zu verdrängen. Im Jahre 982 brach die Hauptempörung aus; ein Heer von mehr als 30,000 Wenden rükte in die von den Sachsen eroberten wendischen Länder ein, eroberte die Festung Havelberg, ermordete die kaiserliche Besazzung, und marterte mit unmenschlicher Grausamkeit die Christen, besonders die Geistlichen, und unter ihnen den Bischof Udo zu Tode. Einigen schnitten sie die Haut auf dem Kopfe kreuzweis auf, und zogen sie über die Ohren; andre stürzten sie in Brunnen; schoben diese in brennende Bakofen, hingen jene in den Rauch. Die Domkirche ward in einen Schutthaufen verwandelt,

und

und jede Spur des Christenthums in dortiger Gegend ausgerottet. Den dritten Tag nach der Einnahme von Havelberg stand dieser furchtbare Haufen schon vor den Thoren Brandenburg's. Der Markgraf Dietrich, der die Festung vertheidigen solte, verlohr auf einmal seinen trozzigen Muth; furchtsam ergrif er nebst dem dortigen Bischoffe Volkmar die Flucht. Im ersten Sturm eroberten die Wenden die Stadt, zerstörten, wie in Havelberg, die Festungswerke und die Kirche, und hauseten mit gleicher Wuth. Ihr Haß gegen alles, was christlich hieß trieb sie an, den schon vor einiger Zeit von den Heveldünern erschlagenen Bischof Debilo aus seiner Gruft wieder auszugraben, den Leichnam zu berauben und schreklich zu mißhandeln, die Kirchengeräthe mit sich zu nehmen und jeden, der ihnen in den Weg kam, niederzustoßen. So wurden den Deutschen auf einmal alle wendischen Besizzungen entrißen, das Christenthum ausgerottet, und der Gözzendienst von neuem hergestellt. Ein langer Zeitraum verfloß, ehe die Deutschen diese gesamten Länder wieder erkämpfen und auf immer behaupten konnten.

Der Kaiser Otto II. überlebte diesen Verlust nicht lange. Im Jahre 983 starb er. Er hinterließ einen unmündigen Prinzen gleiches Namens, über den teils seine Mutter und Großmutter, teils sein naher Anverwandter Heinrich, Herzog von Baiern, die Vormundschaft führen wolte. Der Markgraf Dietrich, der, mit dem allgemeinen
Vor-

Vorwurf, an den wendischen Unruhen allein Schuld zu sein, beladen, kein gutes Schiksal für sich ahndete, schmeichelte bald den weiblichen, bald dem herzoglichen Regenten; und demüthigte sich vor Heinrichen so sehr, daß er ihn barfuß um Verzeihung seiner Versehen bat. Doch seine jezzige sklavische Unterwürfigkeit konnte ihn so wenig, als seine ehemalige übermüthige Härte vor dem Unglük retten, im Jahre 984 seiner Markgräflichen Würde förmlich entsezt zu werden. Von allen Hülfsmitteln entblößt ging er in ein Kloster zu Magdeburg, wo ihn die Gutmüthigkeit der Mönche in seinem Elende unterstüzte und ihm eine Pfründe verschafte, die er bis an seinen Tod genoß. Er starb 985.

2. Luther von Walbek.
984 — 1003.

Graf Luther erhielt wegen seiner Tapferkeit, und seiner ansehnlichen, in der Nähe der nördlichen Markgrafschaft liegenden, Güter die Würde, von welcher Dietrich verdrängt worden war. Unter ihm wurde Brandenburg zweimal teils durch Macht, teils durch Verrätherei wieder erobert, fiel aber auch zweimal in die Hände der Wenden zurük. Beinahe hätte Luther das nämliche Schiksal, was seinen Vorgänger stürzte, erfahren. Seit dem Jahre 994, in welchem Brandenburg von seinem treulosen Befehlshaber den Deutschen übergeben ward, dachten die Wenden an nichts angelegentlicher, als an die

Wie-

Wiedereinnahme einer Stadt, von deren Besitz ihre Sicherheit und Freiheit abzuhángen schien. Vier Jahre darauf, 998 brachten sie ein starkes Heer zusammen, und richteten ihr Hauptaugenmerk auf Brandenburg. Der Markgraf **Luther** erhielt Befehl vom Kaiser, schleunig die Truppen zusammen zu ziehen. Während der Zwischenzeit wurde dem Magdeburgischen Erzbischof **Gieseler** die Vertheidigung jener Stadt aufgetragen. Denn damals war es nichts ungewöhnliches, Geistliche an der Spitze der Krieger zu sehen. Die Wenden rükten an. Sie hatten nicht Lust, die Verstärkung der Besazzung durch **Luther's** Ankunft abzuwarten. Sie suchten den Erzbischof zu einer Unterredung zu bewegen, und in ihr Lager zu locken. Der geistliche Statthalter ging in die Schlinge. Er nahm die Einladung an, und fuhr heraus. Doch kaum merkte er den Betrug, kaum stieß er auf einen Haufen feindlicher Krieger, als er sogleich aus dem Wagen sprang, sich auf ein schnelles Roß schwenkte, und nur mit Noth den Feinden entrann, und in die Stadt zurük kam. Seine Begleitung ward niedergehauen, und so die Besazzung geschwächt. Dieser gefahrvolle Zufall erfüllte den Erzbischof mit solcher Furcht, daß er ängstlich auf den Tag wartete, an dem er ein Amt niederlegen konnte, wozu ihn weder inrer noch äußrer Beruf auffoderte. Ohne **Luthers** Hülfstruppen zu erwarten, verließ er die Stadt, sobald die Zeit, bis zu welcher er die Festung schüzzen solte, verflossen war. Unterwegens begegnete er dem Markgrafen, übergab ihm seine bisherige ge Aufsicht und sezte seine Rükreise eiligst fort. Als sich Luther der Stadt näherte, sah er drinnen ein fürchterliches Feuer, das bei Giefelers gewirrevollem Abzuge von ohngefehr entstanden war, wüthen. Schnell schikte er dem Erzbischoffe nach, um ihn um seine Wiederkunft und Unterstüzung bitten zu laßen. Giefeler war froh, der ersten Gefahr entgangen zu sein, und hielt's nicht für rathsam, sich in eine zwote zu begeben. Dieser allgemeinen Verwirrung wußten sich die Wenden zu bedienen; sie brachen in die Stadt ein, und eroberten sie glüklich. Luther rettete sich durch die Flucht; ward aber nachher vom Kaiser zur Verantwortung gezogen. Der Erzbischof, ohnedem schon durch seinen Stand geschüzt, stellte die ganze Sache so vor, als ob der Markgraf die einzige Ursach des Verlusts dieser wichtigen Stadt wäre. Luther würde gewiß seine Markgräfliche Würde verlohren haben, wenn er sich nicht durch einen Reinigungseid gerechtfertiget hätte.

Im Jahre 1002 spielte der Markgraf Luther bei der Regierungsveränderung des deutschen Reichs eine wichtige Person. Der muthige, hofnungsvolle Kaiser Otto III. starb in seinem 22. Jahre in Italien. Vom Ottonischen Stamme war nur noch ein Zweig übrig, der Herzog Heinrich von Baiern, der aber wenig Liebe bei den deutschen Fürsten und wenig Hofnung, zum König erwählt zu werden, hatte. Außer ihm suchte am eifrigsten Ekkard, Markgraf von Thüringen und Meißen, die deutsche Krone

Krone an sich zu bringen. Und es würde ihm bei seinem Ansehen, bei seiner Macht, und bei der Abneigung, die man gegen Heinrichen hatte, gelungen sein, die mehrsten Stimmen zu erlangen, wenn nicht der Markgraf Luther seine Wünsche vereitelt hätte. Haß und Rachsucht waren die vornehmsten Triebfedern, die Luthern, gegen Ekkard zu arbeiten, bewogen. Die Geschichte giebt uns die Quellen dieser Feindschaft an; sie waren folgende:

Luther hatte einen einzigen Sohn, Namens Werner, und Ekkard eine einzige Tochter, die Luitgard hieß. Beider Eltern verabredeten eine Vermälung zwischen ihnen, worüber sie selbst mehr aus Liebe, als aus kindlichem Gehorsam ihre Zufriedenheit bezeigten. Aber Ekkard brach bald sein gegebnes Wort. Der Kaiser Otto III. ward von der Luitgarde blendender Schönheit gerührt, verliebte sich in sie, und erhielt keine abschlägige Antwort, als er um sie anhielt. Der Kaiser wolte noch zuvor einen Feldzug nach Italien endigen, ehe er die Vermälung vollzöge. Ekkard mußte ihn dahin begleiten. Aus Furcht, daß Luitgard in ihres abwesenden Vaters Hause vor dem hizzigen Werner nicht sicher sein möchte, wurde sie der Base des Kaisers, der Aebtißin Mathilde zu Quedlinburg, in's Kloster zur Aufsicht übergeben. Aber Werner achtete weder Gefahren, noch die geheiligten Mauern; er drang in's Kloster, entführte seine Geliebte, und ließ sich mit ihr gesezmäßig verbinden. Die Aebtißin hielt diesen Raub für ein doppeltes Verbrechen;

chen; sie bot anfangs die gesamte Macht der benachbarten Fürsten auf, um die Luitgard Wernern mit Gewalt wieder zu entreißen. Da sie aber erfuhr, daß die Ehe bereits vollzogen wäre, berief sie als damalige Reichsverweserin die deutschen Fürsten auf einen Landtag nach Magdeburg, wozu sie die Neuvermählten unter Bedrohung der Reichsacht vorfodern ließ. Werner erschien barfuß mit seiner weinenden Luitgard, er erbot sich eine große Summe Strafgelder zu erlegen, wenn man ihn nur nicht von seiner Gemalin trennen wolte. Die Aebtißin blieb unbeweglich. Die Ehe wurde zerrißen, Werner aller Strafe entlaßen, und seine Luitgarde, ihrer Thränen, ihrer Bitten ungeachtet in's Kloster zurükgeführt.

Längst wünschte sich Luther, der seinen Sohn zärtlich liebte, eine Gelegenheit, seine Rache am Markgrafen Ekkard zu befriedigen. Jezt zeigte sie sich ihm bei Besezzung des Kaiserthrones. Ekkard hatte auf einer besondern zu Frose im Magdeburgischen gehaltenen Versamlung die mehrsten sächsischen Fürsten auf seine Seite gebracht. Luther aber überredete sie, sich durch einen Eid zu verbinden, keinem eher ihre Stimmen zu versichern, als bis sie auf dem allgemeinen Reichstage, der zu Werle —einem im heutigen Bisthum Hildesheim gelegenen, jezzo verwüsteten Orte— gehalten werden solte, erschienen sein würden. Ekkard suchte nun Luther's Gunst zu erlangen, bekam aber die kaltsinnige Antwort: er hätte sich vorher um das

das vierte Rad am Wagen bekümmern sollen." Durch unsers Markgrafen Einfluß ward er auch wirklich übergangen, und Heinrich von Baiern erwählt. Zur Belohnung erhielt Luther vom neuen Könige die Bestätigung in allen seinen Würden, und sein Sohn Werner die Erlaubniß, seine Luitgard, nachdem ihr Vater erschlagen worden war, wieder aus dem Kloster zu holen. Bei dem deswegen angestellten Freudenfeste fand Luther seinen Tod. Von zu starken, einige sagen, mit Gift angefüllten Getränk berauscht, endigte er plözlich am 25. Jan. 1003 zu Kösn am Rhein sein Leben, woselbst er auch begraben ward. Von seiner Gemalin Godila hinterließ er den einzigen, eben genannten Sohn, Werner, von dem wir sogleich mehr sagen werden. Unter seinen fünf Neffen, von denen einige angesehne Bisthümer bekleideten, verdient Ditmar, Bischof zu Merseburg, bekannt durch seine vortrefliche Geschichte der sächsischen Könige und Kaiser, und durch seine vor andern seiner Zeitgenoßen sich auszeichnende Gelehrsamkeit, besonders angemerkt zu werden.

3. Werner von Walbek.
1003 — 1009. st. 1014.

Aus Achtung für die Verdienste seines Vaters, und bewogen durch ein Geschenk von 200 Mark, welche Godila in den königlichen Schaz zahlte, erwählte König Heinrich II. den Graf Werner zum

nörd-

nördlichen Markgrafen. Hitzig wie in der Liebe, so in jedem andern Fall, hatte Werner nie gelernt, seine Leidenschaften zu mäßigen; sein jugendliches Feuer machte schnell jeden Gedanken zur That, brachte ihn aber auch um seine Würde und sein Leben.

Unter ihm wurden die Wenden wieder beruhigt, und mit vorteilhaften Bedingungen für die Deutschen mit ihnen ausgesöhnt. Der König schifte von Merseburg aus auf der Sale die Elbe hinunter, bis Werben, schloß Friede mit den Wenden, verpflichtete sie wieder zu Bezahlung des Tributs und Dezem's und zu Aufbauung der zertrümmerten Festung Arneburg, trennte alle zwischen Christen und Heiden geschloßne Ehen und verlangte, daß ferner kein christlicher Sklave mehr an einen wendischen Herrn bei Strafe des Kirchenbannes verkauft werden solte. Niemand verkennt hiebei die Einflüße der Geistlichkeit, von der sich der sonst so vortrefliche König zu sehr lenken ließ, wofür er freilich zur Dankbarkeit den Beinamen des Heiligen erhielt.

Folgsam nicht bloß, sondern auch freigebig gegen die Geistlichen schenkte der König dem Magdeburgischen Erzbischof die Stadt Arneburg, an welche Werner ein näheres Recht zu haben glaubte, da sie in seiner Mark lag, und einem seiner Verwandten gehört hatte. Laut gab er sein Mißfallen drüber zu erkennen. Einer seiner Haßer, Graf Dedo von Wettin, nahm hiervon Gelegenheit, ihn bei'm Könige zu verläumden und sö‍hart

hart anzuklagen, daß ihn nur noch eine Krankheit, in die er plözlich verfallen war, vor der augenbliklichen Absezzung schüzte. Die Untersuchung der Klagsache ward bis zu seiner Wiedergenesung verschoben. Dedo's Feindschaft ging weiter. Aus Furcht vielleicht, daß des Königs Zorn durch die Länge der Zeit besänftiget werden, und Werner unbestraft bleiben möchte, wolte er ihm doch einigen Schaden zufügen. Er ließ Wolmerstädt, eine zu jenes Erbgütern gehörige Stadt, in Brand stekken. Nun hielt sich Werner's Zorn nicht länger. Er erfuhr, daß Dedo von Tangermünde geritten käme. Mit zwanzig Kriegsleuten und seinem Vetter Friedrich von Walbek eilte er ihm entgegen, grif seinen obgleich von vierzig Mann begleiteten Gegner hizzig an, und opferte ihn glüklich seiner Rache auf. Diese Ermordung des königlichen Günstlings zog Wernern Heinrichs völlige Ungnade, und seine förmliche Absezzung im Jahre 1009 zu. Doch das Glük verfolgte ihn weiter. Weil er einmal den polnischen König Boleslaus, den Feind der Deutschen besucht und mit seinen Gesandten vertraut gesprochen hatte, wurde er zur Verantwortung gefodert, und wegen seines Außenbleibens in die Acht und seiner Güter verlustig erklärt. Nur durch große Geldsummen erlangte er die Befreiung von der Acht, und die Wiederaufnahme zum deutschen Reichsgliede.

Der härteste Schlag, der ihn völlig zu Boden warf und ihm Gut und Leben raubte, wartete seiner

ner noch. Seine zärtlich geliebte Luitgard war
1012 gestorben. Zwei Jahre drauf lernte er ein
gewißes Fräulein Reinhilde von Beichlingen,
die Erbin ansehnlicher Güter in Thüringen, kennen,
ward von ihrer Schönheit eingenommen und wünschte, sich mit ihr zu vermählen; ein Wunsch, zu dessen Erlangung er wenig Hofnung hatte. Denn
Reinhilde hatte dem * Kaiser ein Versprechen
thun müßen, sich nie ohne seine Einwilligung zu
verehlichen. Und Werner konnte auf Heinrichs
Gunst gewiß nicht viel rechnen. Seine gewohnte
Hizze hielt daher den kühnsten Schritt für den sichersten. Er entschloß sich, sie mit Gewalt zu entfüh-
ren. Eines Sonntags brach er mit einigen seiner
Freunde in's Schloß zu Beichlingen ein, und
riß die Fräulein wider ihren Willen mit sich fort.
Durch ihr Geschrei erschrekt, eilten die Wächter herbei. Werner übergab Reinhilden seinen Beglei-
tern, um mit ihr davonzueilen und in einer gewissen Entfernung auf ihn zu warten, während dem
er sich mit den Burgleuten herumschlüge. Er hielt
leztre durch sein Gefecht vom Nachsezzen zurük; und
sobald er glaubte, daß seine Freunde weit genung
voraus sein möchten, stieg er von seinem Pferde,
um über die Schloßmauer zu springen. Hier fiel
ihm ein losgerißener Stein auf den Leib, und ver-
wun-

* Das Oberhaupt des deutschen Reichs wurde so lange König, und nicht eher Kaiser genannt, als
bis es vom Pabste feierlich gekrönt war. Dies
geschahe an Heinrich II. im Februar 1014, und
seit dem erst heißt er Kaiser.

wundete ihn so heftig, daß er nur mit vieler Mühe seinen Gefährten nachfolgen konnte. Diese trugen ihn in eines Pächters Haus auf einem kaiserlichen Landgute. Der treulose Wirth verrieth ihn dem Kaiser. Sogleich ward beschloßen, ihn bis Merseburg führen zu laßen, seine Güter einzuziehen, und ihn, wenn er die Reinhilde ohne ihr Mitwißen entführt hätte, mit dem Tode zu bestrafen. Die Grafen Bernhard, Günzel und Wilhelm von Weimar wurden abgeschikt, ihn gefangen zu nehmen. Wilhelmen, seinem alten Freunde reichte er die Hand, versicherte aber die beiden andern, daß sie seiner nie habhaft werden solten, wenn er seinen Degen zu führen vermöchte. Man konnte ihn nicht weiter, als bis Ellerstädt, eine und eine halbe Meile von Beichlingen, bringen, woselbst er den folgenden Tag, den 11. Nov. mit aller Standhaftigkeit starb. Sein Vetter Ditmar, Bischof von Merseburg, ließ ihn zu Walbek neben seiner Gemalin Luitgard begraben.

4. Bernhard I.
1009 — 1018. oder 1019.

Bernhard war des oben erwähnten Markgrafen Dietrichs Sohn, und gelangte nach Werners Absezzung zur Markgräflichen Würde. Die Geschichte weiß von ihm fast nichts, als seine ewigen Streitigkeiten mit dem Magdeburgischen Erzbischof Gero zu erzählen; Streitigkeiten, wobei er desto mehr den kürzern ziehen mußte, da der Kaiser Heinrich II. ein so großer Verehrer der Geistlichen war. Er wolte einstens des Nachts, man weiß nicht warum? den Erzbischof zu Magdeburg überfallen, ward zwar durch des leztern Krieger zurükgehalten, hatte aber doch einen Edelmann von ihnen erschlagen, und einen andern verwundet. Dies Vergehen zog ihm die Strafe des Kirchenbannes zu, von dem er nur durch die Demüthigung befreit werden konnte, daß er 1017 am Neujahrstage den Erzbischof barfuß um Vergebung bat, und Beßrung angelobte. Erst im folgenden Jahre wurden alle Irrungen gänzlich beigelegt, nachdem der Markgraf auf des Kaisers Befehl funfzig, andre sagen 500 Mark Strafgelder an den Erzbischof gezahlt hatte. Seit dem wird Bernhards Name von den Schriftstellern nicht mehr genannt; und blos hieraus hat man den Schluß gemacht, daß dieses oder das 1019. Jahr sein Todesjahr sei, ob dies schon nirgends ausdrüklich gemeldet wird.

5. Bernhard II. st. 1044.

Von ihm ist noch weniger als von seinem Vater bekannt. Alle Nachrichten von ihm schränken sich darauf ein, daß er des vorigen Markgrafen, Bernhard I. Sohn war, daß er lebte, regierte und starb. Das Stillschweigen, das die Geschichte in Absicht seiner beobachtet, rührt wahrscheinlich daher, daß der im Jahre 1024 zum deutschen König erwählte fränkische Graf, Konrad II. seine Kriegsschaaren

schaaren selbst gegen die Wenden anführte, wobei man nur seiner, nicht aber der Unterfürsten erwähnt. Von des Konrad's Feldzügen müßen wir einiges, was auf die Nordmark Beziehung hat, erwähnen.

Nach Endigung andrer Kriege war der Kaiser ernstlich bedacht, die wendischen Unruhen beizulegen. Zwar waren die Wilzen unter Markgraf Wernern zur Erlegung eines jährlichen Tributs von neuem verpflichtet worden. Doch ihr Freiheitsgefühl bewog sie, keine Gelegenheit, sich ihrer Bürde zu entledigen, ungenuzt zu laßen. Bei Regierungsveränderungen, bei anderweitigen Kriegen der Deutschen machten sie immer wieder Versuche, ihre unabhängige Freiheit zu behaupten. Der Kaiser hielt 1034 eine Reichsversamlung zu Werben, ließ die wendischen Völker dazu einladen, und wolte hier eine förmliche Untersuchung über die entstandnen Unruhen zwischen den Deutschen und Wenden anstellen. Die Sachsen beschuldigten die Wilzen, die Wilzen wieder die Sachsen, und keiner wolte, wie natürlich, Unrecht haben. Das sicherste Auskunftmittel schien endlich ein Zweikampf zwischen zween der muthigsten jeder Nazion zu sein. Die Deutschen stellten einen wohlgerüsteten Christen, die Wenden einen unerschroknen Heiden in Gegenwart beider Völker auf den Kampfplaz. Beide verließen sich auf die Gerechtigkeit ihrer Sache, auf den Beistand ihres Gottes, auf die Stärke ihres Arms; beide fochten mit unglaublicher Herzhaftigkeit; doch erkämpfte der Wende den Sieg, und erlegte seinen Gegner. Seine Landsleute waren nun fest überzeugt, daß die Gott-

heit

heit selbst ihre Unschuld dargethan hätte, und schon zükten sie die Schwerdter, um die Sachsen ihrer Wuth aufzuopfern; indeßen hielt sie noch die Ehrfurcht vor'm Kaiser zurük. Das geringste, was die Wenden nun mit Recht fodern zu können glaubten, war: eine hinlängliche Genugthuung für den ihnen von den Deutschen zugefügten Schaden. Durch den Erfolg der Sache widerlegt und beschämt behaupteten jezt die Deutschen, was sie freilich wol hätten vorher einsehen und behaupten sollen, daß ein Zweikampf nicht der Probierstein der Wahrheit und Unschuld sein könne. Hierdurch wurden die ganzen Friedensunterhandlungen unterbrochen, und der Krieg mit gewöhnlichen Streifereien noch einige Jahre fortgesezt. Schaudervoll und entehrend für den christlichen Namen ist's, was ein Geschichtschreiber von Konrad's Verfahren gegen die Wenden erzählt. Er stellte mehrere der Gefangnen um ein Kruzifix, ließ ihnen die Hände und Füße abhakken, die Augen ausstechen, die Zungen ausreißen, und sie zulezt des qualvollsten Todes sterben. Diese, eines gefühlvollen Menschen, und mehr noch eines aufgeklärten Christen unwürdige Grausamkeit solte ein Versöhnopfer für die Beschimpfungen sein, welche einige Wenden einem hölzernen Christuskreuze, wie man sagte, angethan hätten! Am Ende sahen sich die Wenden doch noch genöthigt, den Frieden vom Kaiser Konrad II. unter den härtesten Bedingungen anzunehmen. Sie mußten die Kriegskosten ersezzen, einen stärkern Tribut bezahlen, und Geißeln stellen.

D

Ob der Markgraf Bernhard II. an diesen erzählten Begebenheiten Anteil genommen habe, kann aus den ältern Nachrichten nicht erwiesen werden; doch scheint es wahrscheinlich zu sein. Es wird die Zeit seines Todes selbst nicht einmal bestimmt; gewöhnlich giebt man das Jahr 1044 als sein Sterbejahr an. Er verließ von zwo Gemalinnen, wovon die lezte eine Wendin, oder Rußin war, drei Kinder männlichen und zwei weiblichen Geschlechts, unter denen nur die beiden Söhne Wilhelm und Otto für unsre Geschichte merkwürdig sein werden.

6. Wilhelm.
1044 — 1056.

Wilhelm war der älteste Sohn des Markgrafen Bernhard II, nach dessen Tode er die Nordmark erhielt. Der Kaiser Konrad II. war schon 1039 gestorben, und sein Sohn Heinrich III. ein Prinz voll Hofnung, mit Kentnißen, Muth und Entschloßenheit ausgerüstet, zu seinem Nachfolger erwählt worden. Der Kaiser liebte unsern Markgrafen zärtlich, und fühlte seinen Tod so tief, als wol wenig Fürsten ihrer Freunde Verlust betrauren mögen. Und dieser Tod Wilhelms ist das einzige, was wir von ihm zu erzählen wißen. Es ist aus der ganzen Reihe der bisher gelieferten Nachrichten bekannt, daß die Wenden nie abließen, neue Kriege anzufangen, wenn kaum ein voriger geendigt get war. Im Jahre 1056 fielen sie die deutschen Grenzen an. Wilhelm ging ihnen entgegen. Am Zusammenfluß der Havel und Elbe stand damals das nun zertrümmerte Schloß Prizlaw. Hier trafen sich beide Heere, und lieferten eine blutige Schlacht. Markgraf Wilhelm focht mit dem unerschrokkensten Muth, eilte selbst in die größten Gefahren, und stürzte endlich mit so viel Wunden bedekt zur Erden, daß man seinen Körper nachher unter dem Haufen der Erschlagenen nicht mehr erkennen konnte. Die Wenden erkämpften hier den vollständigsten Sieg, jagten die Feinde teils in's Wasser, teils hieben sie sie in Stükken. Heinrich III. ergözte sich unterdeßen mit der Jagd im Harzwalde; die Nachricht von dieser verlohrnen Schlacht, nochmehr aber die vom Tode seines geliebten Markgrafen war ein Donnerschlag für ihn, der ihn zu Boden warf. Vor Betrübniß starb er sieben Tage drauf.

Seit Bernhard I. scheint die Markgräfliche Würde erblich geworden zu sein, zwar nicht so, daß der Sohn seinem Vater, der Anverwandte seinem Vetter nothwendig folgen mußte, doch aber, daß man nicht gern von der regierenden Familie bei Besezzung der Markgraffschaft abging. Nach Wilhelms Tode glaubte man, genöthiget zu sein, sie einem fremden Hause zu übertragen. Denn er selbst hinterließ keine Kinder, von seinen zwei Brüdern war der ältre schon vor ihm gestorben, und der jüngere, Otto, von Bernhard's zwoter

Gema-

Gemalin, einer Slavin oder Rußin, geboren worden. Eine solche Ehe hieß eine Mißheirath, und die daraus erzeugten Kinder wurden aller Ehrenstellen für unwürdig gehalten. Ohnedem hielt sich Otto grade damals außer Deutschland auf. Dieser Ursachen wegen dachte man an ihn bei Vergebung der Nordmark nicht im mindesten; man überließ sie den Grafen von Stade, welche ihre Wohnsitze zu Soltwedel oder Salzwedel aufschlugen, und fast bis zur Erlöschung ihres Stammes im Besitz der Nordmark blieben. Die Folge der Geschichte führt uns jetzt also zu den

Markgrafen aus dem Hause der Grafen von Stade.

7. Luther oder Udo I.
1056 — 1057.

Luther, oder wie er auch sonst genennt wird, Udo war einer der mächtigsten Grafen Sachsens, war nahe mit dem kaiserlichen Hause verwandt, und ein Mann von der größten Thätigkeit. Ursachen genung, warum die Wahl auf ihn fiel. Ein Markgraf von solcher Größe, solchem Ansehn und persönlichen Verdienste schien eine feste Stütze für die kaiserliche Familie zu sein. Und vielleicht wäre er es geworden, wenn ihn der Tod nicht zu schnell überrascht hätte. Mit Ende des 1056. Jahres war er zu seiner Würde erhoben worden, und schon im

Anfang

Anfange des folgenden starb er. Ihm folgte sein Sohn.

8. Udo II.
1057 — 1082.

Er ist der erste nördliche Markgraf, welcher Soltwedel oder Salzwedel zu seinem Sitz wählte. Daher nennt man ihn und seine Nachfolger bisweilen auch: Markgrafen von Soltwedel.

Ein Sturm drohte unserm Udo, seine Rechte auf die Nordmark umzustoßen; doch ging es noch glüklich vorüber. Der schon vorher angeführte Graf Otto, des Markgrafen Wilhelms Stiefbruder, der sich bisher bei einem Anverwandten in Böhmen aufgehalten hatte, war noch bei Udo's I. Leben zurükgekommen, und machte Ansprüche auf die durch seines Bruders Tod erledigte Markgräfliche Würde. Wir haben oben die Gründe angeführt, warum man sie ihm abschlug. Er fand sie unzulänglich, brachte mehrere sächsische, mit der fränkischen Kaiserfamilie unzufriedne, Fürsten auf seine Seite und bekam durch sie nicht bloß zu Erlangung der Nordmark, sondern selbst zu Besteigung des Kaiserthrons Hofnung. Denn während der Kindheit des durch seine Fehler und sein Unglük so bekannten Kaisers Heinrich IV. und der damaligen Reichsverwirrung wünschten viele der sächsischen Stände, die deutsche Kaiserkrone auf ein andres Haus zu bringen, und den jungen Prinz selbst aus dem

dem Wege zu schaffen. Sie unterstützten Otto's mit solchem Nachdruk, daß sich die Reichsvormünder einen Reichstag in Merseburg zu Untersuchung der Ottonischen Ansprüche auszuschreiben genöthiget sahen. Markgraf Udo I. war vor Endigung dieser Streitigkeit gestorben; und sein Sohn Udo II. würde vielleicht einem mächtigen Gegner haben unterliegen müßen, wenn ihn nicht ein unvermutheter Zufall aus aller Verlegenheit geritzen hätte. Auf dem Wege nach Merseburg begegnete Otto den Grafen Bruno und Ekbert, Söhnen des Braunschweigschen Rudolphs, nahen Anverwandten des jungen Kaisers Heinrich IV. Beide waren für die Vergrößerung des kaiserlichen Hauses eifrig besorgt, waren ohnedem persönliche Feinde des Otto, und suchten längst eine Gelegenheit, ihn ihrem Haße aufzuopfern. Otto mit gleichen Gesinnungen gegen sie erfüllt, jagte von äußerster Wuth erhizt auf den Graf Bruno, den er zuerst erblikte; Bruno auf ihn; beide stießen sich gegenseitig mit gleicher Heftigkeit die Spieße durch den Leib, und beide sanken zugleich entseelt vom Pferde herab. Otto's Tod befreite das Reich von großer Verwirrung, und den Markgrafen Udo von einem bedenklichen Gegner.

Wenn der kaiserliche Hof bei der Beförderung der Stadischen Grafen zur Nordmark darauf sahe, sich einen mächtigen Freund zu erwerben, so hatte er sich wenigstens in der Person des Udo II. sehr geirrt. Denn grade er war Heinrichs IV.

ent-

entschloßendster Widersacher, der selbst über der Befriedigung seiner rachsüchtigen Leidenschaften die Pflichten seines Amts vergaß. Er achtete der wendischen Streitigkeiten nicht, und sahe die unter ihnen entstandnen Gährungen mit Gleichgültigkeit an. Uns aber scheinen sie nicht unwürdig, sie an diesem Orte einzuschalten.

Des unter dem Markgrafen Dietrich erwähnten Obotritischen Fürsten Mistewoi's Enkel, Gotschalk hatte um diese Zeit die mehrsten wendischen Völkerstämme unter seinen Scepter vereinigt. In seiner Jugend war er in einem Kloster zu Lüneburg erzogen und in den Grundlehren des Christenthums sowol, als auch in den Wißenschaften unterrichtet worden. Um seines von den Sachsen meuchelmördrischer Weise erschlagenen Vaters Udo Tod zu rächen, verließ er das Kloster heimlich, bekannte sich wieder zum Heidenthum, erwarb sich das Zutrauen seiner Landsleute, und richtete große Verwüstungen unter den Deutschen an. Durch List gerieth er 1037 in des sächsischen Herzogs Bernhard II. Hände, der ihn mehrere Jahre in der Gefangenschaft hielt, 1042 aber darum wieder frei gab, weil er die christliche Religion von neuem angenommen hatte. Freudenvoll empfingen ihn seine Unterthanen, und nach und nach unterwarfen sich ihm fast alle besondre Familien der Wenden. Er wandte die Ruhe, die jezt seine Staaten beglükte, an, den Verstand seines Volks aufzuklären, nüzliche Kentniße und Wißenschaften unter ihm zu verbreiten,

ten, und es zur Annahme des Christenthums zu bewegen. Sein Verstand kannte die rechten Mittel, dem Christenthum Eingang zu verschaffen, und sein Herz wolte sie auch. Denn ihn trieb nicht vieler Heidenbekehrer niedriger Eigennuz, nicht ihr blinder Fanatism, nicht ihr störriger Eigensinn, andern blos darum seine Meinungen aufzudringen, weil man von Jugend an sklavisch gewiße Formeln nachzubeten gewöhnt worden; ihn beseelte der ächte Geist der liebenswürdigsten aller Religionen, Liebe zu seiner Nazion, und Sorge für ihr Heil. Ueberzeugt, daß weder bloße Ueberredung, noch gar Schwerdt und Feuer das Christenthum empfehlen könnten, gebrauchte er vielmehr solche Mittel, die allein zum Zwek führen, Unterricht und Erziehungsanstalten. Er legte zwei neue Bisthümer an, stellte die alten wieder her, errichtete mehrere Schulen, und ließ einige Geistliche aus den christlichen Ländern kommen. Mit allen diesen Anstalten noch nicht zufrieden, hielt er's für seine königliche Größe nicht zu niedrig, selbst der Lehrer seines Volks zu werden, selbst die Kanzeln zu besteigen, die lateinischen oder deutschen Reden der Heidenbekehrer, die des Wendischen sehr unkundig waren, in die Landessprache zu übersezzen, und die schweren, oft ganz außer dem Gesichtskreise des gemeinen Menschenverstandes liegenden Ausdrükke der Geistlichen in eine leichtere, verständlichere Vorstellungsart umzubilden. Noch nie hatte das Wendenland einen so erhabnen, so aufgeklärten, so eifrigen Lehrer gehabt; noch nie sahe ein Bekehrer seine Arbeit so herrliche Früchte hervor-
brin-

bringen, aber auch nie war ein Prediger der Tugend und Religion der neuern Zeiten von der äussern und innern Größe eines so unverdienten, schreklichen Todes gestorben. Einstens ward er in seinem heiligen Geschäfte in der Kirche zu Lenzen in der Prigniz von erkauften Bösewichtern überfallen, und zu den Stufen des Altars nebst seinem Hofprediger Ippo in Gegenwart der versamleten Gemeine in Stükken zerhauen. Schreklich ist's, daß sich sein eigner Schwager Blusso zu dem Werkzeuge dieser Schandthat brauchen ließ. Doch er erntete, was er gesäet hatte, er ward in einem plözlichen Auflaufe bald drauf todt zu Boden gestoßen. Der Anstifter dieser Empörung war unstreitig der Rügische Fürst Krukko gewesen; der, ein heftiger Feind des Christenthums, nun alle heidnische Wenden aufbot, die Christen zu verfolgen, und eine Lehre auszurotten, die schon ziemliche Wurzeln geschlagen hatte. Er stellte sich an die Spizze der Aufrührer, trat mit ehernem Fuß alles zu Boden, was sich ihm widersezte, ward bald allgemein anerkannter Krole der Wenden, und befestigte seinen Thron durch Leichen und Aschenhaufen. Die von Gotschalk errichteten Bisthümer äscherte er ein, und marterte ihre Vorsteher grausam zu Tode; so ließ er den Meklenburgischen Bischof Johann den Schotten, im Lande herumschleppen, mit Knitteln und Zaunpfählen an jedem Ort bewillkommen, ihm zulezt den Kopf abschneiden, und dem Gözzen Radegast opfern. Seine Tirannei breitete sich bald auch über die königliche Familie des Gotschalk aus.

aus. Des leztern Gemalin, Namens Syrit, Tochter des Königs von Dännemark Svend III, wurde öffentlich mit Ruthen gepeitscht und schimpflich zum Lande hinaus gejagt. Sie flohe mit ihrem jüngsten Sohne Heinrich nach Dännemark zu ihrem Vater, der damals in wichtigere Angelegenheiten verwikkelt, diese Beschimpfungen ungerochen laßen mußte. Der älteste Prinz Buthue wolte sein Recht auf die Thronfolge nicht so gleichgültig fahren laßen: er nahm seine Zuflucht zum sächsischen Herzoge Ordulf, durch deßen Hülfe er zwar einige seiner Länder wieder eroberte, sich aber nicht lange erhalten konnte. Ordulf's Unentschloßenheit und Mangel an Muth mußte der Macht und der Wuth des Krukko stets unterliegen: bis endlich Buthue durch des Tirannen Treulosigkeit fiel, und leztrer im ungestöhrten Besiz seiner unrechtmäßiger Weise an sich gerißnen Herrschaft blieb.

Die Wenden hatten jezt von Seiten der Deutschen wenig zu befürchten; diese waren mit ihren eignen Angelegenheiten zu sehr beschäftiget, als daß sie an fremder Nazionen Unruhen denken konnten. Der Kaiser Heinrich IV. machte sich den Sachsen so verdächtig und verhaßt, daß sie ihre und mehrerer andrer Fürsten Macht aufboten, um sich seinen Unternehmungen, die ihrer Freiheit gefährlich zu sein schienen, zu widersezzen. Udo II. von deßen in der Grafschaft Stade gelegenen Gütern der Kaiser einige einmal an den Hamburgischen Erzbischof hatte verschenken wollen, sahe diesen Feldzug als eine gute

Gele-

Gelegenheit, sich zu rächen, an: er rükte nicht bloß mit ins Feld, er focht auch 1075 in der Schlacht an der Unstrut so muthig, daß er dem schwäbischen Herzog Rudolph von Rheinfelden, seinem nahen Vetter, dem nachher so berühmten Gegenkaiser, jezt dem Freunde Heinrichs, den Kopf gespaltet hätte, wenn nicht der Stahl von seines Gegners starken Helme zurükgestoßen worden wäre. Die Schlacht ging für die Sachsen verloren; und Markgraf Udo gerieth selbst in die Gefangenschaft. Sein zweiter Sohn Udo, der sich für ihn als Geißel stellte, verschafte ihm die Freiheit wieder. Wenige Jahre drauf, 1082 starb er und hinterließ vier Söhne und drei Töchter. Die erstern hießen Heinrich, Udo, Rudolph, die alle an der Markgräflichen Regierung Anteil genommen haben, und Siegfried, der in den geistlichen Stand trat, und als Kanonikus des Magdeburgischen Domkapitels starb.

9. Heinrich I. der Lange.
1083 — 1087.

Heinrich ward nach seines Vaters Tode als der älteste Prinz Markgraf, und erwählte sich bei den deutschen Verwirrungen wo nicht die glänzendste, doch die sicherste Parthie. Er brachte die wenigen Jahre seiner Regierung im Schooße der Ruhe zu, und zog den Genuß stiller Freuden dem Ruhme großer Thaten vor. Er endigte 1087 sein Leben, und

und hinterließ zwar eine Witwe, aber keine Kinder. Diese hieß Eupraxie, oder Adelheid, war eine rußische Prinzeßin, und von einer so blendenden Schönheit, daß sich der Kaiser Heinrich IV. in sie verliebte und sich mit ihr 1089 vermählte. Ihre Reize konnten ihre Ehe nicht glüklich machen; Heinrich ward ihrer schon nach vier Jahren so überdrüßig, daß er sie in ein Gefängniß einschloß, und den niedrigen Lüsten seiner Bedienten Preiß gab. Sie entfloh der Tirannei ihres Gemals, und eilte zum Pabst Urban II. warf sich weinend zu seinen Füßen und klagte ihm ihre Leiden. Auf einer Kirchenversamlung sprach man sie von ihren Fehltritten, zu denen sie gezwungen worden, los, trennte ihre Ehe förmlich und sprach über den Kaiser den Bannfluch aus. Sie kehrte drauf in ihr Vaterland, Rußland zurük, brachte ihr übriges Leben in der Klosterstille zu und starb daselbst als Aebtißin.

10. Udo III.
1087 — 1106.

Udo III. dachte in seiner Jugend edel genung, statt seines Vaters Udo II. in die Gefangenschaft zu gehen, von welcher ihn aber seine Entschloßenheit bald befreite. Der Kaiser hatte ihn so wie noch einige andre Prinzen der Aufsicht eines gewissen Grafen Eberhard, dessen Güter ohnweit dem Main lagen, übergeben, doch mit dem ausdrüklichen Befehl, ihnen so viel Freiheit, als nur möglich sei, zu laßen. Sie erhielten hier einen ihrem Alter angemeßnen Unterricht, und genoßen alle jugendliche Vergnügungen. Oefters wohnten sie auch der Jagd bei, und diese Ergözlichkeit war's, wo Udo den Plan zu seiner Befreiung einigen von den Gefährten seines Schiksals mitteilte und ausführte. Sie entfernten sich vom Jagdgefolge, verloren sich im dikken Gebüsch, irrten zwar an zwei Tage in unbekannten Gegenden umher, kamen aber endlich nach Mainz, wurden von Eberharden erreicht, aber vom Erzbischof und der Bürgerschaft geschüzt und ihren Eltern wieder überliefert.

Als er zur Regierung gelangte, scheint er wo nicht ein Freund des unglüklichen Kaisers Heinrichs IV. gewesen zu sein, doch wenigstens mehr die Bahn seines Bruders, des vorigen Markgrafen, als die seines Vaters in Absicht der deutschen Unruhen betreten zu haben. Er überließ den Kaiser seinem Schiksale, und sorgte für das, wofür ihn seine Würde zu sorgen verpflichtete. Er hatte ein wachsames Auge auf die Wilzen, jagte ihre streifenden Haufen von den Grenzen zurük, und verfolgte sie bis an ihre Hauptstadt Brandenburg. Er schloß den Ort ein, und eroberte ihn nach einer vierwöchentlichen Belagerung. So kam diese schon so vielmal von den Deutschen eroberte Stadt von neuem durch Udo's Tapferkeit im Jahre 1001 in ihre Hände; ging aber auch von neuem nach wenigen Jahren verloren, es sei nun, daß sie Udo freiwillig oder gezwungen wieder abtrat, welches die

Ge-

Geſchichtſchreiber nicht melden, ſondern nur ſo viel verſichern, daß ſie in der Folge wieder in der Wenden Hände gekommen ſei.

Unter ihm ging endlich des gefürchteten Tirannen Krukko Herrſchaft zu Ende. Beinahe vierzig Jahre genoß er die Früchte ſeiner Gewaltthätigkeiten, und ſchien im Schooße des Glüks eingeſchlummert zu ſein. Bald wekte ihn ein gewaltiger Stoß, und raubte ihm Krone und Leben. Gotſchalks jüngſter Prinz, Heinrich kam mit däniſchen Truppen begleitet aus ſeinem Zufluchtsorte 1103 zurük, landete in ſeinem Vaterlande, und eroberte, durch mehrere Haufen mißvergnügter Unterthanen verſtärkt, einige ſeiner väterlichen Länder. Der alte, kraftloſe Krukko mußte dem jungen, muthigen Heinrich nachgeben, und ſeine Eroberungen in einem Vergleiche beſtätigen. Beide lebten ſeit dem äußerlich in einem freundſchaftlichen Vernehmen, ſahen ſich öfters, baten ſich zu Gaſte, trauten ſich aber im Herzen nicht. Krukko's junge, reizende Gemalin Slavine ward endlich ein Fallſtrik für den Tirann, durch welchen er Glük und Leben verlohr. Sie fand an dem muntern, blühenden Heinrich mehr Gefallen, als an ihrem abgelebten welkenden Unholde, und Heinrich war nicht weniger von ihrer Schönheit eingenommen. Beide verabredeten einen grauſamen Plan, um ihre Wünſche, ſich vermählen zu können, zu erlangen. Heinrich lud einſt im Jahre 1105 ſeinen Gegner zu einem Gaſtmahl zu ſich, und bewirthete ihn in einer Sommerlaube.

Laube. Krukko, von starken Getränke berauscht, wolte, um frische Luft zu schöpfen, aus der Laube gehen. Wegen der niedrigen Thüre bükte er sich; und in eben dem Augenblikke war's, wo er von einem schon dazu bestellten Dänen mit einem Beile den Todesstreich empfing. Heinrich vermählte sich gleich darauf mit der Slavine, erstürmte die vornehmsten Festungen, und ließ sich zum Krole aller Wenden ausrufen. Doch dafür erkannten sie ihn noch nicht ohne Ausnahme. Viele lehnten sich gegen ihn auf, brachten ein starkes Heer zusammen und beschloßen Krukko's Ermordung nachdrüklich zu ahnden. In dieser Bedrängniß nahm Heinrich zu dem sächsischen mächtigen Herzog Magnus seine Zuflucht, erklärte sich für seinen Vasall, und schwor ihm den Eid der Treue. Magnus kam, traf die feindlichen Truppen bei Ratzeburg, und lieferte ihnen des Abends ein blutiges Treffen. Die untergehende Sonne, welche den Wenden grade in die Augen schien, blendete sie, und half dem sächsischen Herzoge einen glorreichen Sieg erkämpfen. Nun unterwarfen sich alle Wenden bis an die Oder der Herrschaft des Königs Heinrichs, die er auch durch seine Tapferkeit, Klugheit und Muth bis an seinen Tod 1125 glüklich behauptete.

Wie großen oder geringen Anteil Markgraf Udo an diesen Unruhen genommen habe, sagt die Geschichte nicht; sie meldet überhaupt nichts Bedeutendes mehr von ihm, als daß er zu Rosenfeld ein Kloster gestiftet habe, woselbst er auch den 2. Jun. 1106

1106 starb. Außer zwo Töchtern hinterließ er nur einen einzigen, unmündigen Sohn, Namens Heinrich, der ihm in seiner Würde folgte.

11. Heinrich II.
1106 — 1128.

Unter der Vormundschaft seines Oheims Rudolph, nach den Rechten von 1106—1114, in der That aber bis 1124.

Heinrich war bei seines Vaters Tode noch zu jung, um selbst regieren zu können. Seines Vaters Bruder, Rudolph, des Markgrafen Udo II. dritter Sohn, wurde ihm daher auf acht Jahr zum Vormund gesezt; ein Mann voll Herrschsucht, Entschloßenheit, und Muth, der in mancherlei Streitigkeiten verwikkelt wurde, in manche sich selbst verwikkelte.

Anfangs wolte er seine Macht gegen die Wenden richten; er ließ die Grenzstadt Arneburg befestigen und sein Heer verstärken. Aber bald rief ihn eine inre Angelegenheit seines Hauses auf eine andre Seite; ein Teil von seiner und seines Mündels Erbgütern wurden von einem Fremden in Anspruch genommen. Unter seinem Bruder Udo III. hatte einst eine engländische Frau mit ihrer Tochter und vier Enkelkindern bei Stade Schifbruch gelitten. Die damaligen Strandgeseze sprachen sie demjenigen Herrn als Leibeigne zu, an deßen Gütern sie gelandet waren. Markgraf Udo bekam das Eigenthumsrecht

recht über sie, deßen er sich mit Mäßigung bediente. Sie wurden von ihm mehr mit der Güte eines Freundes, als mit der Habsucht eines Herrn aufgenommen; und seine Liebe zu ihnen ging so weit, daß er den einen von den Brüdern, Namens Friedrich zum Aufseher und Statthalter seiner Grafschaft Stade machte. Dieser Undankbare vergaß seines Herrn Wohlthaten, und wolte sich während Heinrich's II. Minderjährigkeit nicht bloß frei machen, sondern sogar die Stadischen Güter eigenthümlich zueignen. Er suchte des damaligen Kaisers Heinrich V. Einwilligung; und vierzig Mark Silber verschaften sie ihm. Rudolph's Zorn entbrannte über die unedle Denkungsart des Friedrich's, und die niedrige Habsucht des Kaisers; und seine Hizze ließ ihn nicht die Entscheidung der Reichsstände abwarten; er beschloß, sich selbst Recht zu verschaffen. Er verband sich mit dem sächsischen, gegen den Kaiser feindselig gesinnten Herzog Lothar, bemächtigte sich durch deßen Hülfe des treulosen Statthalters, und sezte ihn in ein hartes Gefängniß. Diese Selbstrache hätte bald für ihn sowol, als für Lothar'n gefährliche Folgen gehabt. Auf einem Reichstage zu Goßlar erklärte der Kaiser beide in die Acht und entsezte sie ihrer Würden und Aemter. Das Herzogthum Sachsen sprach er dem Grafen Otto von Ballenstädt, und die Nordmark dem Grafen Hilverik von Plözkau zu. Er ließ es nicht bei bloßen Erklärungen und Worten bewenden; ein Heer solte seine Aussprüche gültig machen. Er rükte im Jahre 1112 vor Soltwedel

webel, den Hauptsiz der nördlichen Mark, und
schloß die Stadt eng ein. Doch Rudolph und
Lothar eilten zum Entsaz herbei, und nöthigten
den Kaiser nicht blos zum Rükzuge, sondern selbst
zu einem Vergleiche, nach welchem die Acht aufgehoben, und sie im ruhigen Besizze ihrer Länder und
Würden gelaßen wurden.

Rudolphs unruhiger, gegen den Kaiser erbitterter Geist, ward bald zu neuen Streitigkeiten
fortgerißen. Heinrich V. benuzte jede Gelegenheit,
wo er die unter seines Vaters gewirrevollen Regierung entschöpfte Schazkammer wieder füllen konnte.
Jezt fand er eine. Der Graf Ulrich von Weimar, Besizzer der Grafschaft Orlamünde war
ohne Nachkommen gestorben. Der Kaiser hielt seine
Länder für erledigt, und zog sie als ein Reichslehn
nach dem Ausspruch einiger Reichsfürsten ein. Ein
gewißer Pfalzgraf am Rhein Siegfried, der mit
dem ausgestorbnen Weimarschen Hause verwandt
war, behauptete das nächste Recht zur Erbfolge zu
haben, erhob laut seine Klagen gegen die kaiserliche
Anmaßung, und brachte mehrere sächsische Fürsten
auf seine Seite, unter andern seinen Schwager Lothar und den Markgraf Rudolph. Unterdeßen
gingen 1114 die acht Jahre seiner Vormundschaft
zu Ende; der Kaiser freute sich, durch seine förmliche Absezzung und Lossprechung von seiner bisherigen Verwaltung einen hizzigen Gegner zu verlieren.
Aber Rudolph fragte weder nach den Rechten,
noch nach den kaiserlichen Machtsprüchen. Er behielt

hielt das Ruder in den Händen; und sein Mündel konnte nur erst nach seinem Tode eigenmächtiger Herrscher werden. Der Krieg wegen der Orlamünder Erbschaft brach aus; er wurde mit gegenseitigem Verlust mehrere Jahre fortgeführt, Schlachten wurden gewonnen und Schlachten verloren, Quedlinburg und Heimburg von Rudolphen erobert; bis endlich 1121 ein Landfriede zu Stande kam, nach welchem jeder seine Besitzungen und Rechte behielt, und dem Grafen Rudolph von neuem die Grafschaft Stade zugesichert wurde. Doch seine rastlose Seele suchte immer neue Gegenstände der Thätigkeit, nahm an jeder Streitigkeit Anteil, so entfernt sie ihn auch anging, und legte das Schwerdt nicht eher aus den Händen, als bis der Tod 1124 ihn auf immer zur Ruhe brachte. Seine Söhne waren folgende: Udo, nachheriger Markgraf; Rudolph Graf zu Ditmarsen im Holsteinischen, und zu Stade, der von seinen eignen Unterthanen 1144 erschlagen wurde, nachdem er einige Jahr die Nordmark verwaltet hatte; Hartwich, der in den geistlichen Stand trat, 1148 Erzbischof zu Bremen ward und mit dem das ganze Stadische Haus ausstarb. Außerdem hinterließ er noch eine einzige Tochter Luitgard, die zuerst an den sächsischen Pfalzgrafen Friedrich verehlicht, bald aber von ihm geschieden, hernach die Gemalin des dänischen Königs Erik III, des Lammes oder Schafes, und nach dessen Tode des Grafen Herrmann von Winzenburg ward, mit welchem sie 1152 in ihrem eignen Hause ermordet wurde.

Erst

Erst nach Rudolphs Tode gelangte Markgraf Heinrich zur Regierung der Nordmark. Er brachte die wenigen übrigen Jahre seines Lebens in Ruhe zu, und starb 1128, ohne mit seiner Gemalin Adelheide, einer Schwester des berühmten Albrechts, des Bärs, Kinder gezeugt zu haben. Daher folgte ihm seines Oheims Rudolphs ältester Sohn

12. Udo IV.
1128 — 1130.

Udo's IV. Regierung war zu kurz, als daß er große Thaten hätte verrichten können. Unruhig, wie sein Vater, mischte er sich in fremde Händel, und opferte sein eignes Wohl der Sicherheit Anbrer auf. Der Graf Herrmann von Winzenburg, Landgraf von Thüringen, deßen Schwester Udo's Gemalin war, hatte einen friesischen Grafen erschlagen, ward deswegen vom Kaiser in die Acht erklärt, in seinem Schloße Winzenburg belagert, und nach deßen Einäscherung in ein Gefängniß zu Blankenburg gebracht. Udo nahm sich seines Schwagers nachdrüklich an, und wagte es, selbst gegen den Kaiser in's Feld zu rükken. Dieser Widersezlichkeit wegen wurde er ebenfalls geächtet, und seiner Würden entsezt. Der Markgraf überlebte dies Unglük nicht lange. Als er immer noch Gewalt mit Gewalt vertreiben wolte, und deswegen in des kaiserlichen Freundes, Albrecht's Land gefallen war, so ermordeten ihn deßen Leute ohnweit Aschersleben den 13. Merz 1130. Er hinterließ keine Erben.

Die Wenden waren von den mit andern Streitigkeiten beschäftigten nördlichen Markgrafen nicht beunruhiget worden; und inre Zerrüttungen verhinderten sie selbst, Deutschland's Ruhe zu stöhren. Es wird nicht unschiklich sein, das Wichtigste, was bei ihnen unterdeßen vorfiel, hier nachzuholen. Daß der König Heinrich, Gotschalks Sohn 1125 oder nach andern 1126 gestorben sei, ist schon oben erinnert worden. Seine beiden noch übrigen Söhne, Sventepolk und Kanut teilten sich in die väterliche Verlaßenschaft. Sventepolk, der lieber einziger Herr der Wenden zu sein wünschte, ließ seinem jüngern Bruder Kanut nachstellen und im Jahr 1127 ermorden, erfuhr aber zwei Jahr drauf das nämliche Schiksal, wo er durch die Hinterlist eines reichen Holsteiners Daso, eines treuen Anhängers des Kanut, fiel. Heinrich's Stamm war nun erloschen; aber von seinem Bruder Buthue lebten noch zwei Nachkommen, Namens Pribislav und Niklot, denen die Erbfolge wol nicht bestritten werden konnte. Aber wie so oft das Recht der Gewalt weichen, die gute Sache der Uebermacht unterliegen muß, so mußten auch hier diese Prinzen einem Mächtigern nachgeben. Der damalige Kaiser Lothar behauptete, daß das wendische Reich ein deutsches Reichslehn wäre, und er es nach Sventepolk's Tode nach Gutdünken ver-

vergeben könne. Er überließ es einem dänischen Prinzen, Knud Laward, Königs Erik I. Sohn, der von seinem Oheim Niels oder Nikolaus von der Thronfolge ausgeschloßen, und mit dem Herzogthum Schleßwig beliehen worden war. Der stärkste Bewegungsgrund, der Lothar'n grade auf diese Seite lenkte, war eine große von Knud erlegte Summe Geldes. Pribislav und Niklot machten zwar hiergegen viele und auch thätliche Einwendungen, wurden aber vom neuen wendischen Könige gefangen genommen, in Ketten gelegt, und zu Schleßwig so lange verwahrt, bis sie Knuden den Eid der Treue und der Ergebenheit schworen, ein ansehnliches Lösegeld entrichteten und zur Sicherheit Geißeln stellten.

So bestieg Knud einen fremden Thron, da er von dem seinigen verdrängt worden; und wenn jederzeit Verdienste und große Eigenschaften allein zu Kronen ein Recht geben könnten, so war er der Wendischen gewiß nicht unwürdig. Durch seine Tapferkeit erwarb er sich Ansehn, und durch seine Güte zog er seiner Unterthanen Herzen an sich. Er suchte die rauhen Sitten der Seinigen in mildere umzuschaffen, ihre Seelen zu veredlen, ihren Geschmak zu verfeinern, und sie die Annehmlichkeiten des Lebens fühlen zu laßen. Er umzog die Städte mit Mauern, verschönerte sie mit Thürmen, verzierte die Häuser, und gab ihnen statt Felle und groben Tuch weichere und feinere Kleider, berief Handwerker und Künstler in sein Land, und Gelehrte und

Ken-

Kenner der Wißenschaften an seinen Hof. Er selbst ahmte die sächsischen Gebräuche nach und führte einen glänzenden Hofstaat. Alles Einrichtungen, wodurch er die Achtung und Zuneigung seines Volks erhielt, aber auch den Neid der Großen erregte. Man suchte ihn zu stürzen. Aus Furcht vor'm Volk, das ihn allgemein schäzte, wagte man keinen öffentlichen Aufstand. Es ward ein listiger, sonderbarer Plan entworfen. Heinrich der Hinkende, ein dänischer Prinz, hatte zu wenig Reize, um seiner schönen Gemalin Liebe auf immer an sich zu fesseln; treulos verließ sie ihn. Heinrich sahe diesen Vorfall, als eine geschikte Gelegenheit den König Knud zu stürzen an; er fand keine Schwierigkeit, einen großen Anhang unter den Mißvergnügten zu erlangen, und durch diesen den König Niels zu bewegen, einen Reichstag auszuschreiben, und auf selbigen den Knud, obgleich den König der Wenden, doch als einen Vasall von Dännemark wegen Schleßwig, vorzufodern. Er erschien, und auf die Beschuldigung, daß er durch seine Nachahmung fremder Sitten den Volkskarakter verdürbe, und an der Untreue der Gemalin des Heinrichs auf die Art allein Schuld sei, wußte er sich so gut zu vertheidigen, daß seine Ankläger beschämt da stunden, und als niedrige Verläumder, die nicht wußten, was sie redeten, befunden wurden. Doch dieser Sieg der Unschuld beschleunigte nur die Anschläge der Bosheit. Heinrich der Hinkende stellte des Niels Sohne, dem Erbprinzen Magnus die Gefahr vor, in der er sich wegen der Thronfolge

befän-

befände. Knub würde sich des Reichs, zu deßen Besiz ihn seine Geburt berechtige, bemächtigen, sobald Niels stürbe: es wäre also kein andres Mittel, eines so gefährlichen Nebenbuhlers los zu werden, übrig, als, ihn aus dem Wege zu räumen. Sodann eröfnete er ihm seinen Entwurf. Nach demselben bewarb sich Magnus um Knud's Freundschaft, erklärte in einer öffentlichen Volksversamlung, daß er nach Palestine zu walfahrten Willens sei; und den wendischen König bat er, unterdeß die Aufsicht über seine Familie und Güter über sich zu nehmen. Er ersuchte ihn, zu einer ausführlichern Unterredung in einem gewißen Walde mit ihm zusammenzutreffen. Der Warnungen seiner eignen Gemalin ungeachtet ging Knud dennoch zum bestimmten Orte, wo Magnus seiner schon wartete. Kaum aber hatten sie sich in ein vertrautes Gespräch eingelaßen, als verstekte Verräther hinter den Bäumen vorsprangen, und Magnus unter entsezlichen Verwünschungen dem edlen Knud den Kopf spaltete. Das Volk war über die Nachricht dieses Meuchelmords so innigst gerührt, daß sie ihre öffentlichen Lustbarkeiten — es war bald nach dem Neujahr 1131 — einstellten und ihren geliebten Fürsten tief betrauerten.

Zwar zog der Kaiser Lothar mit 6000 Mann an die dänische Grenze, um durch einen Einfall in Schleßwig Knud's Tod zu rächen. Aber eine starke Gegenmacht des Magnus, und ein Geschenk von 4000 Mark Silber flößten ihm bald sanftere Gesin-

Gesinnungen ein. Er machte Friede, und übertrug dem Mörder Knud's sogar das Wendenland zur Lehn. Doch die Strafe wandte sich vom Prinzen Magnus nicht zurük, sie folgte ihm mit zögernden Schritt, und erreichte ihn einige Jahre später. Er wurde 1134 nebst seinem Vater Niels zu Schleßwig von den Bürgern ermordet, ohne daß er von Lothar's Belehnung hatte Vorteil ziehen können. Denn die rechtmäßigen Erben des wendischen Reichs, die Prinzen Pribislav und Niklot bemächtigten sich nach Knud's Tode ihres Eigenthums, und teilten es so unter sich, daß der lezte das Obotritenland oder Meklinburg, Pribislav aber das Uebrige bekam. Dieser lezte Fürst der Brandenburgischen Wenden wird bald eine weitere Erwähnung verdienen.

Markgrafen aus verschiednen Häusern.

13. Konrad von Plözkau, Saßenblome.
1130 — 1132.

Schon seinem Vater Hilperik von Plözkau hatte der Kaiser Heinrich V. unter des unruhigen Rudolph's Vormundschaft die Nordmark überlaßen wollen. Mit desto mehr Recht glaubte daher der Kaiser Lothar dem Sohne die Würde nun wirklich zur Lehn reichen zu können, wozu der Vater bloß Hofnung gehabt hatte. Die Stadische Familie war noch nicht völlig erloschen; den abgesezten Udo IV. überlebten noch zwei Brüder;

jedoch

jedoch den jüngsten, Hartwich schloß der geistliche Stand, in den er getreten war, und den ältern, Rudolph, der Haß, welchen er sich bei'm Kaiser zugezogen hatte, von der Nachfolge aus. Der Kaiser wählte den Grafen Konrad, deßen Schönheit und edles Betragen ihm den ehrenvollen Beinamen: Sassenblome oder Sachsenblume erworben hatte. Aber ein frühzeitiger Sturm zerknifte die Blume, ehe sie zu vollen Früchten reifte. Konrad begleitete den Kaiser auf einem Feldzuge nach Italien, wo er 1132 bei der Belagerung von Monza im Mailändischen kurz vor Weinachten von einem feindlichen Pfeil erschoßen ward. Er starb unvermält. Zwar hatte er sich mit einer polnischen Prinzeßin verlobt, aber die Ehe noch nicht vollzogen. Sein einziger Bruder Bernhard wurde bei Vergebung der Nordmark übergangen, und wieder ein fremdes Haus damit belehnt.

14. Albrecht der Bär oder der Schöne.
1133 — 1144.

Wir nähern uns dem merkwürdigen Zeitpunkt, wo das Wilzische von den Deutschen oft erschütterte Reich endlich sinkt, um unter seinen Trümmern schöner, und fester gegründet hervorzusteigen; nähern uns der Geschichte des Mannes, der in wenigen Jahren das glüklich durchsezte, was Kaiser und Könige seit mehrern Jahrhunderten vergeblich versuchten, der das Wendenland seinem Scepter unterwirft, und es durch seine Weisheit, seine Standhaftigkeit

und

und Fürsorge zu einem der mächtigsten Staaten Deutschland's umschaft, sich von einem geringen Grafen bis zum wichtigsten Reichsfürsten emporschwingt, und in den Jahrbüchern der Geschichte ein immerwährendes Denkmal sezt. Die Wichtigkeit dieses Mannes erfodert es, ausführlicher von ihm zu handeln. Wir erzählen in diesem Abschnitte seine Geschichte bis auf die Zeit, wo er zum ungestörten Besiz der Nordmark gelangt, den Titel: **Markgraf von Brandenburg**, annimmt, und Beherrscher der überelbischen Länder zu werden anfängt.

Albrecht ward, wie man glaubt, denn erwiesen ist es noch nicht, im Jahre 1106 geboren. Er stammte von den Grafen von **Ballenstädt**, die nachher wegen ihres Hauptsizzes **Aschersleben**, lateinisch: Ascania, **Askanier** benennt wurden; einer Familie, welche schon seit Jahrhunderten als eine der edelsten und vorzüglichsten in Sachsen blühte. Albrecht's Vater war Otto **der Reiche**, und seine Mutter **Eilke**, die älteste Tochter des lezten sächsischen Herzogs vom **Billungschen** Stamme, **Magnus**, wegen welcher unser Markgraf nachher auf das Herzogthum Sachsen Ansprüche machte, und in unglükliche Kriege verwikkelt wurde. Die Annehmlichkeit seiner Leibesgestalt zog ihm den Beinamen des **Schönen**; und seine Tapferkeit, und die Unerschrokkenheit seines Geistes den des **Bären** zu, so sonderbar auch diese Namen gegen einander abstehen. Andre leiten zwar diese Benennung von einer andern Ursach her, und bemühen sich, ihre Erklärung weitläuftig zu rechtfertigen.

Allein

Allein die ganze Sache scheint nicht von der Wichtigkeit zu sein, lange Untersuchungen über den Ursprung eines Namens anzustellen, den die Schmeichelei der damaligen Zeiten auf der einen und ihr Kleinigkeitsgeist auf der andern Seite oft von dem unbedeutendsten Umstande hernahm; oft von einem, der den Ruhm großer Männer mehr zu erniedrigen, als zu erhöhen fähig war. Manche laßen Albrechten einen großen Liebhaber der Bärenjagd sein, andre ihn vom lateinischen Geschlecht der Ursiner, das heißt, der Bärmänner abstammen. Die obige Erläuterung möchte wol aber immer noch die natürlichste bleiben: man wolte seinen Muth durch jenen Beinamen ehren, und seinem unversöhnlichen Gegner, dem Löwen Herzog Heinrich von Sachsen auch einen Bär entgegen stellen. Von den Jahren seiner Jugend, seiner Erziehung, seinen frühern, friedlichen Beschäftigungen schweigt die Geschichte seiner Zeit, die nur auffallende, wichtige Begebenheiten, Kriege und Eroberungen aufschrieb, nur die Wirkungen erzählte, und sich nicht die Mühe gab, oder es derselben nicht werth hielt, die Ursachen aufzusuchen. Sie stellt uns daher sogleich den Fürsten, den Krieger, den Staatenbeherrscher auf, ohne uns in die stille Behausung des lernenden Prinzen, des werdenden Helden, des sich bildenden Regenten zu führen.

Albrecht, der einzige männliche Nachkomme seines Vaters, erbte nach dessen Tode, im Jahre 1123 als ein achtzehnjähriger Jüngling die väterlichen Güter, und vermehrte sie bald durch ein ansehnsehnliches Land, die Markgraffchaft Lausiz. Der Kaiser Heinrich V. hatte diese erledigte Mark dem Grafen Wikbert von Groitsch übergeben. Der sächsische Herzog Lothar, welchen der Kaiser vor der Belehnung nicht um seine Meinung befragt hatte, bezeigte über deßelben eigenmächtiges Verfahren sowol, als auch über die Wahl selbst sein Mißfallen. Er wünschte die Lausiz lieber in den Händen Albrecht's, und wolte ihn eben mit den Waffen in der Hand in den Besiz dieses Landes sezzen, als ihm des Markgrafen Wikbert's plözlicher Tod Plaz machte.

Das Glük schien unsern Albrecht schnell von Stufe zu Stufe empor zu führen, als sein Freund Lothar im Jahre 1125 den Kaiserthron bestieg. Aber es schien auch nur so. Statt, daß man hätte vermuthen sollen, sein Ansehn würde mit seines Freundes Ansehn, seine Macht mit des Kaisers Macht wachsen, ward Lothar's Erhebung grade eine der stärksten Hindernisse für ihn, die ihn wol nicht völlig auf seiner glorreichen Laufbahn zu Größe und Ruhm aufhielt, aber doch langsamer, und auf einem rauhern Wege hinan führte. Durch Lothar's Erwählung zum deutschen Kaiser ward sein Herzogthum Sachsen entledigt. Albrecht bemühte sich, die Belehnung über dieses in der Nähe seiner Güter liegende Land zu erlangen. Er war der Enkel des ohne männliche Erben verstorbenen Herzog's Magnus; und glaubte das nähere Recht zum Herzogthum zu haben, da seine Mutter Elike die älteste von den zwo Töchtern des Magnus war. Doch weit mehr gründete er seine Anfoderungen auf das

Ver-

Versprechen, was schon sein Vater Otto der Reiche ehemals vom Kaiser Heinrich V. in Absicht auf dies Land bekommen hatte, und vorzüglich auch auf die Freundschaft Lothar's. Allein der Kaiser hatte jezt einen nähern Freund, den Herzog von Baiern, Heinrich den Großmüthigen, seinen Schwiegersohn, deßen Mutter die jüngste Prinzeßin des eben erwähnten Magnus war. Ihm übertrug Lothar das mächtige Herzogthum Sachsen, und schlug auf einmal Albrecht's Hofnungen nieder. Unser Markgraf wolte indeß nicht ganz leer ausgehen; er verlangte wenigstens einige Erbgüter von mütterlicher Seite, und da ihm auch diese verweigert wurden, bemächtigte er sich ihrer mit Gewalt. Des Kaisers Zorn brach nun über Albrechten aus; er wolte ihn völlig bemüthigen, um vor einem so entschloßnen Helden nicht selbst unterzuliegen. Er benahm ihm 1130 die Mark Lausitz, und erteilte sie Witbert's Sohne, dem Grafen Heinrich von Groitsch. So war Albrecht wieder, was er und seine Vorfahren vorher gewesen, Besitzer einiger gräflichen Güter, und alle seine weitaussehenden Entwürfe scheiterten.

Doch seine Klugheit zog ihn aus seiner Verlegenheit; überzeugt, daß der Troz eines Schwachen gegen die Gewalt des Mächtigern nichts ausrichte, entschloß er sich, nachzugeben, und des Kaisers Gunst wieder zu suchen. Er begleitete ihn 1132 auf einem Feldzuge nach Italien, und bahnte sich durch sein edles Betragen, und seinen unerschrotenen Muth von neuem den Weg zum Herzen des Kaisers.

sers. Bald empfand er die glüklichen Folgen seiner veränderten Gesinnungen. Als der nördliche Markgraf Konrad von Plözkau vor Monza erschossen worden, so erhob ihn der Kaiser 1133 zum Markgrafen von Soltwedel, und ersezte ihm hierdurch den Verlust der Lausiz.

Albrecht erfuhr im Besiz der Mark, durch die er einst einer der merkwürdigsten Männer seines Jahrhunderts werden sollte, eben das Schiksal, was ihm vorher mit der Ostmark begegnet war; er verlor sie, und das grade zu einer Zeit, wo er am Ziele seiner Wünsche stand, wo er das längst begehrte Herzogthum Sachsen erhalten hatte. Des im Jahre 1137 verstorbenen Kaisers Lothar's Tod entflammte Albrecht's heißestes Verlangen von neuem. Laut erhob sich jezt die Stimme des Mißvergnügens von allen Seiten, daß Lothar seinen Schwiegersohn, der schon das nicht unbedeutende Herzogthum Baiern beherrschte, noch mit Sachsen beliehen hatte; es wäre, versicherten sie, gegen der Deutschen Herkommen, daß ein Fürst zugleich Herr zweier mächtiger Herzogthümer würde. Noch lauter ertönte ihre Klage, als man erfuhr, daß ihm sein Schwiegervater die Reichskleinodien übergeben, und ihn, den Kaiserthron zu besteigen, bestimmt habe. Dieses allgemeine Murren machte sich Albrecht zu Nuzze; er unterhielt es, und vereitelte jede Bemühung Heinrich's, des Großmüthigen, der Reichsfürsten Zuneigung zu erhalten, hintertrieb den Reichstag, den die kaiserliche Witwe Richenza zu Quedlinburg ausgeschrieben hatte, und behauptete, daß

daß er, und nicht ein Weib in Abwesenheit des sächsischen, damals sich in Baiern aufhaltenden, Herzogs Reichsversamlungen ausschreiben könne, besezte Quedlinburg mit seinen Truppen, und hinderte den ganzen Fürstentag. Albrecht gab seine Zustimmung vielmehr zur Wahl des schwäbischen Herzogs Konrad von Hohenstaufen, verwendete sich eifrig für ihn, und sahe seine Bemühungen mit dem glüklichsten Erfolge gekrönt. Albrecht erwarb sich an Konraden einen treuern, standhaftern Freund, als er an Lothar'n gehabt hatte. Natürlich war's denn, daß der neue Kaiser seine Klage gegen den Herzog Heinrich gerecht, und seine Ansprüche auf Sachsen gegründet fand. Heinrich zog sich Konrad's Unwillen noch mehr dadurch zu, daß er die Reichskleinodien lange Zeit nicht hatte ausliefern, und auf einer zur Untersuchung seiner Streitigkeiten angesezten Reichsversamlung nicht erscheinen wollen. Sein Ungehorsam wurde mit der Acht, und dem Verluste aller seiner Länder bestraft, und das Herzogthum Sachsen dem Soltwedelschen Markgrafen zuerkannt. Doch immer noch schien Albrecht des Glüks Spiel zu sein, immer noch konnte er keinen festen Fuß faßen. Sachsen war ihm nur gegeben, ihm bald wieder benommen zu werden, seine Geduld, seine Standhaftigkeit von neuem zu prüfen und ihn durch Widerwärtigkeiten zu bewähren. Heinrich fand noch viele treue Anhänger unter den Sachsen, und zog einige Fürsten, die auf Albrecht's wachsende Größe eifersüchtig zu werden anfingen, auf seine Seite. Von ihnen unterstüzt

stüzt behauptete er sich, verdrängte seinen Gegner
nicht blos aus Sachsen, er fiel selbst in seine eignen
Länder ein, erstürmte mehrere Städte und verwan-
delte seine Festungen in Steinhaufen. Zwar eilte
der Kaiser Konrad mit einem starken Heere herbei,
um Albrecht's Ansprüche vollkommen rechtskräftig
zu machen. Aber eine eben so starke Gegenmacht
und die Ueberredungen einiger Bischöfe bewogen ihn
zu einem Vergleiche, nach welchem Albrecht dem
Besiz des Herzogthums Sachsens entsagen und mit
der Nordmark zufrieden sein mußte.

Heinrich der Großmüthige starb bald hierauf
im Jahre 1139 und zwar, wenn einem alten Verse
auf seinem Grabe zu trauen ist, an beigebrachtem
Gifte. Sein einziger Sohn Heinrich, bekannt
unter dem Beinamen des Löwen, war erst zehn
Jahr alt. Diese Umstände schienen Albrechten gün-
stig genung zu sein, seine Rechte auf Sachsen von
neuem geltend zu machen. Er suchte sich der Haupt-
plätze zu bemächtigen. Damals gehörte der größte
Teil des jezzigen Niedersachsen's zum sächsischen Herzogthum; daher machte er den Anfang mit
der Eroberung Bremen's. Weil hier eben ein
Jahrmarkt gehalten wurde, so kostete es ihm und
seinen Anhängern wenig Mühe, in die Stadt zu
kommen. Aber erobert war sie deswegen noch nicht.
Der Ausgang entsprach seinen Erwartungen schlecht.
Sein Anschlag, während des Getümmels, der Zer-
streuungen, und Unruhen, womit dergleichen Han-
delstage begleitet zu sein pflegen, die Bürger zu
überraschen, wandte sich fast zu seinem eignen Verderben. Die ungeheure Menge, die der Jahrmarkt
herbeigezogen hatte, umringte ihn, und stürmte so
heftig auf ihn zu, daß er noch kaum durch seiner
Freunde Beistand der Wuth des tobenden Pöbels
entging. Des unmündigen Heinrich's Jugend,
und die dringendsten Bitten seiner Vormünder rühr-
ten die Herzen der sächsischen Fürsten. Mit verein-
ter

ter Kraft widersezten sie sich den Unternehmungen Albrecht's, verfolgten ihn bis in's Innerste seiner Länder, entrißen ihm Stadt nach Stadt und verjagten ihn aus allen seinen Besizungen, übergaben seine Nordmark dem Stadischen Grafen Rudolph und ließen ihm selbst seine erblichen Güter nicht. So hart hatte das Unglük unsern Markgrafen noch nicht getroffen, so weit vom Ziel seiner Wünsche noch nicht abgeführt, so gänzlich seine Hofnungen noch nicht scheitern gemacht. Vertrieben von seinem Eigenthum, verlaßen von seinen Unterthanen, beraubt seiner Macht irrte Albrecht in fremdem Gebiet, und nahm seine Zuflucht zu dem einzigen Freunde, der ihn noch retten zu können schien, dem Kaiser Konrad III. Seine Hofnung schlug ihm wol nicht fehl, doch floßen Jahre dahin, ehe er Land und Leute wieder erhielt. Den Kaiser beschäftigten so viel eigne Angelegenheiten, bestürmten so viel eigne Unruhen, daß er Albrechten mit fast nichts als seinem guten Willen beistehen konnte. Gütliche Unterhandlungen, die nicht durch Macht unterstüzt werden, sind gewöhnlich fruchtlos. Dies erfuhren Konrad und Albrecht. Endlich brachte der Tod einiger Hauptfeinde unsers Markgrafen einen Vergleich zu Frankfurt am Main 1143 zu Stande, wodurch Albrecht seine Erbländer so wie die Nordmark zurük erhielt, und die erledigte Ostmark zur Schadloshaltung bekam. Die wirkliche Vollziehung dieses Traktats verzog sich bis auf's folgende Jahr, in welchem Albrecht jene große Laufbahn beginnt, in der wir ihn im folgenden Teile dieser Geschichte zum vorgestekten Ziele mit unverwelklichem Ruhme werden eilen sehen.

———

Bran-

Brandenburgische Geschichte.

Zweeter Hauptteil.

Geschichte der Mark vom ersten Markgrafen von Brandenburg, Albrecht dem Bär, bis auf die Regierung des Hohenzollerischen Hauses; vom Jahre 1144 bis 1417.

Brandenburgische Geschichte.

Zweiter Band.

I. Abschnitt.

Brandenburgische Markgrafen und Kurfürsten aus dem Askanischen oder Anhaltischen Geschlecht.
1144 — 1320.

1. Albrecht I. der Bär oder der Schöne.
1144 — 1170.

Durch den Frankfurter Vergleich gelangte Albrecht wieder zum ungestörten Besitz seiner Länder, und seit dieser Zeit nannte er sich: Markgraf von Brandenburg; einer Zeit, mit der Brandenburg's schöne Morgenröthe, die den hellsten Tag verkündiget, anbricht. Denn von jedem Patrioten wird Albrecht stets als der Stifter des Brandenburgischen Staats verehrt, als der Gründer seiner nachmaligen Größe und seines Wohlstandes geschätzt, und bei manchen seiner Fehler wegen seiner vielen Verdienste geachtet werden. Daß das Heidenthum nicht mehr den Verstand mit dem ungereimtesten Aberglauben erfüllt, das Herz nicht mehr zu den verabscheuungswürdigsten Gräueln verführt; daß volkreiche Städte emporsteigen, Künstler und Handwerker eine ruhige Werkstätte, und unglükliche Fremdlinge einen sichern Zufluchtsort finden; daß

durch

durch deutsche Gesetze wendische Sitten verdrängt, wilde Rauhigkeit doch in etwas verfeinert und der Geist des Jahrhunderts umgeformt wird — wem anders als ihm verdankt dies die Mark? Und wem anders, als der verkehrten Denkungsart seiner Zeit, und der Schwäche, der allgemein die menschliche Natur erliegt, schreibt's der Unparteiische zu, daß er, zu hartnäckig in seinem Haße gegen das Welfische Haus beharrt; daß er ein fremdes Land durch Gewalt an sein Haus bringt; daß er, um Heiden zum ewigen Leben zu führen, sie zu Hunderten mordet; daß er, um des Himmels gewißer zu werden, sich mit dem heiligen Kreuze bewafnet, und in Pilgergestalt zum gelobten Lande wallfahrtet?

Noch war Albrecht nicht eigentlicher Herr des Landes, wovon er nach den Urkunden jezt schon den Titel führte. Er eroberte es erst nach und nach mit den Waffen in der Hand, und bemächtigte sich deßelben nach dem Recht des Stärkern. Zwar läßt ihm eine andre Erzählung die Mark Brandenburg durch ein Testament des lezten wendischen Königs zufallen. Aber so gern auch der Freund des Vaterlandes eine Nachricht unterschreiben möchte, welche dem Stifter der Mark ein unbezweifeltes Recht zum Besiz eines fremden Landes giebt; so wenig kann doch auch seine Wahrheitsliebe eine Erzählung annehmen, welche nicht erwiesen werden kann. Es ist schon oben der König Pribislav als Beherrscher der Wenden angeführt worden. "Er sahe, so lautet jene Nachricht, endlich des Gözzendienstes Unsinn

Unsinn ein, wendete sich zum Christenthum und nahm den Namen H einrich an. Als er sich seinem Alter, und seines Lebens Ende näherte, und selbst keine Kinder hatte, befürchtete er, daß das Reich nach seinem Tode in eines heidnischen Königs Hände fallen, und das Christenthum wieder unterdrükt werden möchte. Aus Liebe zu Gott, und von dem Wunsche, seiner Unterthanen ewige Seligkeit zu sichern, belebt, entschloß er sich, seine Länder einem christlichen Prinzen zu überlaßen. Er machte daher ein förmliches Testament, worin er seinen guten Freund, Albrecht den Bär, zum Erben seiner Güter und seines Staats bestimmte. Er vertrat selbst bei seinem ältesten Sohne, Otto, Patenstelle, hob ihn aus der Taufe, und gab ihm den Zauchischen Kreis zum Patengeschenk. Bald drauf starb er. Seine Gemalin Petrusse verheimlichte seinen Tod drei Tage hindurch, meldete ihn aber sogleich dem Markgrafen Albrecht, damit er unverzüglich kommen und das Wendenland übernehmen möchte, ehe das Volk noch wüßte, daß Pribislav nicht mehr lebe." Diese Geschichte würde nur dann erst glaubwürdig sein, wenn sie bei den Zeitgenoßen gefunden würde, und weder innre noch chronologische Widersprüche enthielte.

Ist nun gleich das Testament des Pribislav's eine Erdichtung spätrer Zeiten, läßt auch schon die nachherige starke Entvölkerung des Wendenlandes offenbar auf eine gewaltthätige Eroberung schlüßen; so wird die Beschuldigung, als ob

Albrecht

Albrecht blos von Raubbegierde getrieben sich Länder angemaßt habe, worauf kein Vergleich, keine Erbfolge ihm ein Recht gegeben habe, wenn zwar nicht völlig widerlegt, doch nach den Zeitumständen gemildert werden können. Denn er that, was die sächsischen Könige und Kaiser längst zu thun Willens, aber immer zu ohnmächtig waren. Lange schon waren sie gewohnt, das Wendenland als ihr Eigenthum zu betrachten, Tribut und Abgaben von ihnen zu fodern, und Bischöfe zu ihren geistlichen Vorstehern zu machen. Oefters hatten sie auch die Lehnsherrschaft über sie bewiesen. Es war daher kein unnatürlicher Gedanke von Albrecht, daß er die Zeitumstände benuzte, und grade jezt, wo der wilzische König keine Erben hinterließ, von Alter entkräftet nur schwachen Widerstand leisten konnte, und sein Reich ohnedem in andrer Hände gefallen sein würde, einen neuen Versuch zur Unterjochung dieses Landes machte. Man sehe übrigens Albrecht's Verfahren an, aus welchem Gesichtspunkte man wolle, so ist doch dies unleugbar, daß er das zerüttete Wendenland in einen blühenden, gesunden Staatskörper umgeschaffen, und sich um Zeitgenossen und Nachkommen verdient gemacht habe. Doch ehe wir seine Anordnungen genauer ausführen, sind noch ein paar vorhergehende Begebenheiten zu erzählen: sein wendischer Kreuzzug und seine Uneinigkeit mit Herzog Heinrich dem Löwen.

Mönchische Schwärmerei erzeugte, und päpstliche Staatsklugheit verbreitete jenen Schwindelgeist
unter

unter den europäischen Mächten, der sie in der Ungläubigen Länder stromweise hintrieb, das gelobte Land den Händen der Unbekehrten wieder zu entreissen, damit die Erde, welche der Fuß des Heiligsten unter den Menschen betreten hätte, nicht länger von Sündern entweiht würde. Man nennt dieses die Kreuzzüge, weil sich alle Krieger ein aus Tuch oder Zeuge bestehendes Kreuz auf die Schulter geheftet hatten. Der Kaiser Konrad III. ließ sich im Jahre 1147 zu einem solchen Kreuzzuge gegen die Sarazenen bereden. Durch des Papstes Verheißungen ansehnlicher geistlicher Belohnungen, die er mit Befehlen begleitete, wurden die dänischen und sächsischen Fürsten zu einem ähnlichen heiligen Zuge gegen die an der Ostsee gelegenen Wenden bewogen. Albrecht der Bär und Heinrich der Löwe waren die Hauptanführer der Kreuzfahrer. Dieser stand an der Spizze eines Haufens von 40,000 Mann. Jener rükte mit 20,000 Soldaten in's Pommersche und Meklenburgische, und eine von zween dänischen Königen ausgerüstete Flotte solte an der Wiswarschen Küste landen. Einem so furchtbaren, von falschem Religionseifer erhizten Haufen hätten, dächte man, Länder unterliegen, und Nazionen weichen müssen. Und doch widerstund ihnen ein einziger Prinz und ein einziges Volk. Der oben erwähnte Krole Niklot, der Regent des Obotritischen oder Meklenburgischen Landes erfuhr's frühzeitig, daß diese gefährlichen Zurüstungen gegen ihn gemacht würden. Er zitterte nicht als furchtsamer Weichling; mit dem festen Vorsatz, wenigstens nicht ungerochen zu fallen,

Gallus Br.Gesch.1.Th.   K

len, sprach er seinen Unterthanen auf einer Reichsversamlung Herzhaftigkeit ein und versezte sie in die äußerste Kriegswuth, verstärkte seine Festungen und rüstete seine Flotte aus. Wie's möglich war, daß das große Heer der Deutschen von Feldherrn von so ausgezeichneter Tapferkeit angeführt, gegen eine kleinre Schaar der Wenden dennoch nichts vermochte, sieht man dann vollkommen ein, wenn man ganz die Entschloßenheit des feindlichen Fürsten kennt; und folgender Zug stellt sie in hellres Licht. Niklot stund mit dem Grafen von Schaumburg Adolph II, Herrn von Holstein und Wagrien, * im Schuzbündniße; zweimal foderte er ihn zu Erfüllung seines Versprechens auf, erhielt aber zweimal abschlägige Antworten, unter dem Vorwande, daß diese Religionssache ihrem Bunde nichts anginge, und er als ein Christ seine Waffen nicht zur Vertheidigung des Gözzendienstes mißbrauchen könne. Stark und edelmüthig antwortete ihm Niklot: "Ich wolte dein „Aug' und Ohr sein in dem Lande der Slaven, das „du dir unterworfen hast, damit dir nicht die alten „Bewohner Wagrien's ein Leid zufügten. Warum „verkennst du deinen Freund zur Zeit der Noth. „Bisher schüzte dich mein Arm gegen der Uebelge- „sinnten Rache; jezt ziehe ich meine Hand von dir „zurük, überlaße dich dir selbst und deinem Schik- „sal. Denn du achtest nicht mehr deines alten
„Freun-

* Das Land, das wir jezt unter dem Namen des Herzogthums Holstein kennen, enthielt in den alten Zeiten vier Landschaften, welche Holstein, Stormarn, Ditmarsen und Wagrien hießen.

„Freundes, nicht mehr der ihm geschwornen Treue, „würdigst ihn nicht einmal, deinen Blik auf ihn im „Unglük zu werfen." Sogleich erfüllte er seine Drohung, er, dem Wort und That eins war. Ehe noch die heilige Schaar der Kreuzfahrer das unheilige Land betrat, erstürmte Niklot die Stadt Lübek, woselbst sich die christlichen Bewohner auf gut Heidnisch zu Ehren des heiligen Paulus und Johannes, deren Todestag sie begingen, voll gesoffen hatten. Die Wenden opferten die Wehrhaften der Schärfe des Schwerdt's auf, machten die übrigen zu Gefangnen und verwandelten die umliegende Gegend in eine Wüstenei. Durch den glüklichen Erfolg dieses Ueberfalls ermuntert eilten sie nun der sich nähernden dänischen Flotte entgegen. Schrekken ging vor ihnen her und verbreitete solche Furcht unter den Feinden, daß ihr Admiral sich im Schifsraum verkroch, viele hunderte nicht einmal den Versuch sich zu wehren machten, und die ganze Flotte von den Wenden erobert ward. Endlich langten die deutschen Kreuzkrieger an, belagerten die Städte Demmin und Dobin, erlitten aber von den Belagerten in einem Ausfall eine große Niederlage, und auch nachher einen fast täglichen Verlust, wozu die Uneinigkeit der verbundnen Anführer sehr viel mit beitrug. Sie wurden über den schlechten Fortgang ihrer heiligen Unternehmung so muthlos, daß sie die Hand zum Frieden boten. Um sich selbst die Schaam über ihren gescheiterten Plan zu verbergen, trösteten sie sich großmüthig mit der Vorstellung: "daß es gegen ihren Vortheil wäre, ihr eignes Land
zu

zu verwüsten. Alles wäre ja ihr Eigenthum; sie
morderen ihre eignen Unterthanen, zerstörten ihre
eignen Fluren, wüteten gegen ihre eignen Eingewei-
de." Sie verglichen sich daher mit den Wenden,
waren mit dem Versprechen, daß sie die christliche
Religion bekennen und die Gefangnen ausliefern
wolten, zufrieden, und zogen mit der schmeichelhaf-
ten Hofnung, des Zweks ihrer Kreuzfahrt nicht ganz
verfehlt zu haben, nach Hause. Die Wenden gaben
nur einige alte schwache Greise zurük, und blieben
ihrem väterlichen Glauben getreu.

Albrecht's Haß gegen das Welfische Haus
wurde wieder angefacht, als der Graf Herrmann
von Winzenburg von einem Edelmann, deßen Frau
er entehrt hatte, im Bette erschlagen worden war.
Der Brandenburgische Markgraf machte so wol als
der sächsische Herzog Heinrich der Löwe Ansprüche
auf seine Verlaßenschaft. Beide suchten ihr Recht
durch die Macht ihrer Waffen zu erweisen; Albrecht
fiel mit 1500 Mann in Sachsen, Heinrich mit 5000
in die Mark ein. Endlich vereinigte sie der neue
Kaiser Friedrich I. der Rothbart auf einem Reichstage zu Wirzburg dadurch, daß er Albrechten die
Güter des unlängst vorher erblos verstorbenen Grafen Bernhard von Plözkau, des Bruders des
obigen Markgrafen Konrad von Plözkau, zum Ersaz anbot, und Heinrichen die Winzenburgische Erbschaft zusprach. Doch wahre Freundschaft verband
ihre Herzen nie; Albrecht konnte den Verlust des
sächsischen Herzogthums nicht vergeßen, und ließ

Hein-

Heinrichen noch oft seine Rache empfinden, deren einzelne Ausbrüche wir desto lieber übergehen, da diese Fehden weder den Leser unterhalten, noch Albrecht's Ruhm vermehren.

Endlich verschwindet auch der Schatten der wendischen Herrschaft. Nach des Königs Pribislav's Tode zeigte sich sein Neffe, ein gewißer Jazko, den einige aus Polen, andre aus Schlesien kommen laßen; unterstüzt von einigen pommerschen Großen entriß er Albrechten seine Besizzungen, und warf sich selbst in die Hauptstadt Brandenburg. Albrecht widersezte sich ihm mit seiner ganzen Macht, und war so glüklich, nach einem harten Widerstande der Wenden, nach einem großen Verlust auf seiner Seite und der tapfersten Gegenwehr des Jazko dennoch den Siz des wilzischen Staats, die Stadt Brandenburg im Jahre 1157 zu erobern, und auf immer zu behaupten. Nun dachte er mit allem Ernst an die Aufführung eines neuen, dauerhaften Staatsgebäudes; und die glükliche Vollendung dieses schwierigen Werks zeigt, daß er sich mehr noch durch seine Einsicht, Kentniß und Güte als seine Tapferkeit vor seinem Zeitalter auszeichnete. Sein erstes Augenmerk war auf die Bevölkerung seines neuen Landes gerichtet. Denn die langen Kriege hatten viele Familien der Wenden hingerafft, mehrere waren aus Abneigung gegen den deutschen Fürsten ausgewandert: ganze Häuser waren wie ausgestorben, und ganze Dörfer und Städte von Bewohnern leer. Dieser Mangel an Menschen wurde de bald wo nicht völlig ersezt, doch ziemlich ergänzt. Die Holländer, Seeländer, Friesländer, Flandrer und Rheinländer hatten durch große Ueberschwemmungen der See und des Rheinstroms den größten Teil ihrer Güter eingebüßt und selbst die Hofnung, ihren Verlust durch neuen Ertrag ihrer Ländereien ersezt zu sehen, auf eine lange Reihe Jahre hinaus verloren; so schrekliche Verwüstungen hatten die Wasserfluten angerichtet. Diese Unglüklichen wusten nicht, wohin sie sich wenden, und weßen Hülfe sie anflehen solten. Blieben sie im Lande, so drohete Hunger und Mangel ihrem Leben, wanderten sie in der Nachbarn Gebiet, so raubten ihnen die Geseze den Rest ihres Vermögens und ihre Freiheit. Denn nach dem damals allgemein üblichem Herkommen fiel alles Hab und Gut der Fremdlinge dem Fürsten oder Eigenthumsherrn zu, in deßen Grenzen sie flüchteten und sie selbst wurden zu Sklaven gemacht. Albrecht zog von diesem traurigen Zufalle und von den elenden Vorurteilen seiner Zeitgenoßen Vorteil für seine Mark; er betrat kühn die Bahn, auf der seine Nachfolger in der Regierung bis auf die spätesten Zeiten eben so glüklich als weise fortgegangen sind, der, daß sie ihr Land zu einer Zuflucht der Unglüklichen, einer Beschüzzerin der Vertriebnen, einer gütigen Pflegemutter der Verlaßnen machten; und es war von je her ein eigner Vorzug des Brandenburgischen Staats, daß seine Bewohner nie die Schlachtopfer der religiösen und politischen Voruteile wurden, daß man nicht Schaaren der nüzlichsten, thätigsten Bürger mit Vorsaz aus ihren stillen

Woh-

Wohnungen von Schwärmerei verblendet, oder von irrigen politischen Grundsäzzen geleitet, in's Ausland trieb, nicht kommenden Fremdlingen die gesuchte Aufnahme versagte. Albrecht lud jene Unglüklichen selbst ein; er schikte Bevollmächtigte zu ihnen, ließ ihnen die stärksten Versicherungen, daß sie den barbarischen Gesezzen der übrigen Länder nicht unterworfen sein solten, geben, und versprach, sie bei ihren Gewohnheiten, Rechten, Freiheiten, deren sie sich in ihrem Vaterlande erfreut hätten, auf's heiligste zu schüzzen. Freudenvoll folgten die Rhein- und Niederländer diesem Rufe, eilten schaarenweise in ihr neues Vaterland, ließen sich besonders an den Ufern der Elbe, Spree, Havel nieder, schufen die sumpfigen Gegenden durch Anlegung mehrerer Deiche in fruchtbare Aekker und Gärten um, verbeßerten den Landbau und die Viehzucht, und verschaften der Mark so vielfachen Nuzzen, als sie selbst davon hatten. Die noch jezt so genannten Holländereien haben ihnen den Ursprung und Namen zu verdanken.

Ehe Albrecht weitre Anstalten zur Aufnahme seiner Länder zu machen fortfuhr, brachte er vorher dem höchsten Wesen für die Eroberung Brandenburg's ein Opfer des Danks und der Frömmigkeit, ganz im Geiste der damaligen Zeiten. Er beschloß eine Wallfahrt zum heiligen Grabe zu thun, in der Ueberzeugung, daß Gott seine an so heiliger Stäte bezeigte Dankbarkeit mit gnädigern Augen, als in seinen Staaten, ansehen würde. Er reiste im Februar des Jahres 1158 mit seiner Gemahlin Sophia

und

und dem Halberstädtischen Bischof Ulrich wirklich ab, erfüllte seine Gelübde, und kehrte das folgende Jahr in seine Länder zurük. Ganz unnüz war indeßen diese Reise nicht gewesen; sie hatte einige wohlthätige Folgen für die Mark: sie gab Gelegenheit, daß die ersten Johanniterritter nach Brandenburg kamen; eine Begebenheit, die wichtig genung scheint, sich einige Augenblikke bei ihr zu verweilen. Seit dem frommer Aberglaube die Christen auf die Vorstellung brachte, daß die Gegenden, wo Christus einst wandelte, etwas Heiliges an sich hätten, daß ihr Besuch ein gutes, verdienstliches Werk sei, dem Sünder Vergebung auch der größten Verbrechen, und eine höhere Stufe der Seligkeit erwerbe: seit dem wallfahrteten jährlich eine Menge andächtiger, bußfertiger Seelen zum Grabe Christi und zu andern heiligen Orten. Die Weite des Weges, die Unsicherheit in jenen Gegenden, die Armuth vieler Pilgrimme, der Ueberfall von Räubern, und andre Gefahren verursachten den heiligen Wandrern manche Widerwärtigkeiten. Von Krankheiten befallen, von streifenden Rotten verwundet, vom äußersten Mangel gedrükt seufzten die Unglüklichen in einem fremden Lande unter unbekannten Menschen vergebens nach Hülfe, und verschmachteten ohne Rettung. Ihrer erbarmten sich endlich einige Kaufleute aus Amalfi in Neapolis, welche im Jahre 1048 ein dem Täufer Johannes geweihtes Hospital zu Jerusalem erbauten, worin die Schwachen und Kranken von gewißen, durch sie dazu bestellten Mönchen, die man Hospitaliter oder Johan-

nitter

niter nannte, verpflegt werden sollten. Im Jahre 1092 oder 1099 bildete sich hiervon ein ganzer Ritterorden, der vom Papste förmlich bestätiget wurde, und dessen Glieder sich verpflichteten, die Pilgrimme auf den Landstraßen gegen Räuberbanden zu schützen, gegen die Ungläubigen zu kämpfen, die Verwundeten zu verbinden, die Kranken zu heilen, und die Armen zu unterstützen. Albrecht lernte diesen Orden während seines Aufenthalts zu Jerusalem kennen; und einige Edelleute von seinem Gefolge waren selbst in ihn getreten. Stets auf die Erhöhung des Wohlstandes seiner Unterthanen bedacht, glaubte er, daß die Errichtung einer solchen Brüderschaft in seinem Lande eine der nüzlichsten Anstalten werden könnte. Er ersuchte daher einige Ritter, ihn auf der Rükreise zu begleiten, und sich in seinen Staaten niederzulaßen. Hier schenkte er ihnen eine Kirche zu Werben in der Altmark nebst sechs Hufen Aker, erbaute ein Hospital zur Verpflegung Hülfsbedürftiger, und bestimmte sie noch besonders, seine christlichen Unterthanen gegen die Einfälle der benachbarten heidnischen Wenden zu schützen. Durch Freigebigkeit der Fürsten, durch Vermächtniße der im Hospitale Sterbenden, durch Schenkungen der unter ihrer Fürsorge Genesenden, durch Verlaßenschaften mancher Ritter wurde der Orden bald so reich und mächtig, daß er sich im Besiz mehrerer Kommenturien und seit 1426 in dem des noch bestehenden Heermeisterthums Sonnenburg sahe.

Das Reich, in welches Albrecht nun zurükgekehrt war, hatte nur noch einen kleinen Umfangs es bestand bloß in drei Landschaften: in der ganzen Altmark, in dem größten Teile der Prignitz und der Mittelmark. Wie weit Albrecht seine Eroberungen ausgedehnt habe, läßt sich weder bestimmen, noch beweisen. In einer Urkunde von 1234 werden diejenigen Striche, welche jezt den Ruppinschen, Ober- und Niederbarnimschen Kreis ausmachen, neueroberte Länder genannt; Länder, welche Albrecht II. den Wenden abgenommen habe. Hiernach müßte man von Spandow aus die Spree rechts, und die Havel links als die Grenzlinien von den Besizzungen Albrechts I. annehmen. Jedoch wider diese Angabe streitet eine Stelle aus einem päpstlichen Schreiben des nämlichen Jahrs, nach welcher die Einwohner dieser neueroberten Länder nicht des Unglaubens wegen, folglich nicht zum ersten Male, sondern, weil sie sich der Oberherrschaft der Markgrafen entzogen, also nur wiederholentlich bekriegt worden sind. Albrecht I. scheint daher, diese Gaue schon einmal angegriffen und unterjocht zu haben; nach seinem Tode empörten sie sich, und machten sich von neuem unabhängig, bis sie endlich Albrecht II. wieder besiegte.

Daß Albrecht I. viele Städte und Dörfer anlegte, viele vergrößerte, viele herstellte, ist unstreitig. Dies beweiset die Menge neuer Ankömmlinge, welche aus nahen und fernen Gegenden der Mark zuströmten, um der Vorteile zu genüßen, die seine Weisheit ihnen anbot, und seine Güte ihnen verlieh.

Ströme

Ströme von wendischem Blute waren geflossen;
Städte und Flekken und Dörfer zerstöhret worden:
was ist natürlicher, als daß die fremden Kolonisten
neue Wohnungen aufführten? Aber welche Städte
neu erbaut, welche weiter ausgedehnt wurden, läßt
sich historisch nicht angeben. Selbst der Ursprung
Berlin's ist in Dunkelheit gehüllt, so gewiß auch
die mehrsten Schriftsteller versichern, daß es von
Albrecht angelegt worden sei. Denn die Herleitung des Worts Berlin von Albrecht's Beinamen:
der Bär, ist ein sehr schwacher, oder vielmehr gar
kein Beweis. Indeßen die niederländische Sprache,
die vielen holländischen Familien, die anfänglich hier
gefunden wurden, und die großen Vorrechte dieser
Stadt geben zu erkennen, daß sie von den Kolonisten, die auf Albrecht's Ruf aus den Rheinge-
genden und aus den Niederländern kamen, entweder
schon zu seiner, oder doch bald nach seiner Zeit erbaut worden ist. Wahrscheinlich wohnten die Wenden schon vorher an beiden Ufern der Spree. Von
Albrechten gedrängt zogen sie sich hinter diesen Fluß
zwischen Sümpfe und Moräste zurük, und errichteten ihre Gebäude auf Kollne, das heißt: auf
Pfähle; woher der Name Kölln zu rühren scheint.
Die verlaßne Gegend blieb wüste, ward von Ge-
sträuch und Buschwerk überwachsen, und to dem
Berlin genannt; ein Name, der eine buschigte,
öde Gegend bedeutet, und den noch einige andre
Plätze, als zwei zu Halle, führen. Die holländischen Ankömmlinge bauten sich auf dem Berlin,
jener wüsten Strekke an. Diese Erklärungen und

Gründe

Gründe hat Herr Nicolai in seiner "Beschreibung der Residenzstädte Berlin und Potsdam" weitläuftiger ausgeführt und als sehr wahrscheinlich vorgetragen.

Von den Einrichtungen, Gesezzen, und dem sonstigen Zustande des Landes wird das Nöthige am Ende dieses Abschnittes in einem besondern Anhange angemerkt werden.

Eine gewöhnliche, aber durch keine Urkunden zu beweisende Meinung ist die, daß Albrecht im Jahr 1168 die Regierung niedergelegt und seinem ältesten Sohne übergeben habe. Menschen, die die erste Rolle gespielt haben, übernehmen nicht gern die zwote: Menschen, die auf der großen Schaubühne aller Augen auf sich gezogen, steigen nicht leicht zu den Pläzzen der Zuschauer hernieder. So Albrecht; er verließ das Staatsruder erst mit seinem Leben, welches er 1170, man weiß nicht, an welchem Tage, endigte. Ihn und seine kurz vor ihm verstorbne Gemalin Sophie, geborne Gräfin von Reinek, überlebten drei Töchter und sieben Söhne. Von leztern ward der älteste Otto, Markgraf von Brandenburg, und der jüngste Bernhard, Herzog von Sachsen. Zween der übrigen Siegfried und Heinrich traten in den geistlichen Stand, und die andern drei Herrmann, Albrecht und Dietrich erhielten einige kleine Erbgüter.

g. Otto

2. Otto I.
1170 — 1184.

Otto führte seines Vaters Entwürfe weiter aus, wovon uns jedoch die Zeitgenoßen keine einzelne Einrichtungen melden. Sie ermüden uns vielmehr mit ewigen Erzählungen von Kriegen, Streifereien, Befehdungen, die er bald mit den Pommern, bald mit den Sachsen, bald mit diesem oder jenem Bischof, diesem oder jenem Grafen zu führen hatte, und welche uns weiter keinen Zug seines Karakters als den, der Tapferkeit darstellen. Das merkwürdigste in seiner ganzen Regierung, ist unstreitig die erste Verwaltung des Erzkämmereramts, und die erhaltene Belehnung über Pommern.

Nach der Gewohnheit der fränkischen Könige hatten die deutschen Kaiser gewiße Reichsämter, um ihren Hofstaat ansehnlicher zu machen und ihm einen blendenden Außenglanz zu geben, eingeführt, die besonders bei ihrer Krönung verwaltet wurden. Anfangs übertrug man sie willkührlich den vornehmsten Staatsbedienten. In der Folge wurden sie erblich und blos denen Fürsten, die den Kaiser zu wählen das Recht hatten, eigen. Zu diesen Reichsämtern gehört auch die Erzkämmererwürde, welche seit Otto I. stets bei dem Brandenburgischen Hause geblieben ist.

Die häufigen Einfälle der Dänen in die pommerschen Länder, verschaften dem Brandenburgischen Hause den nicht unbedeutenden Vorteil, daß es die

Lehns-

Lehnsherrschaft über Pommern und folglich die nächste Anwartschaft auf den Besitz dieses Landes bekam. Die Gebrüder Bogislav und Kasimir, Herzoge von Pommern, unterwarfen sich dem deutschen Reich als Lehnsleute, um von selbigen gegen die unruhigen Dänen geschützt zu werden. Der Kaiser übertrug unserm Markgrafen Otto die Lehnsherrschaft.

Gegen die Geistlichen bewies Otto seine besondre Milde. Er stiftete mehrere Klöster, unter denen das von ihm zu Lehnin im Zauchischen Kreise errichtete Cisterzienserkloster besonders angemerkt werden muß, weil hier verschiedne Brandenburgische Markgrafen vom Anhaltschen Geschlecht begraben worden sind. Otto, der Stifter desselben, welcher im Jahre 1184 starb, war der erste, der dort zur Erden bestattet wurde. Er hatte sich zweimal vermält: zuerst mit des polnischen Herzogs Boleslaus, des Krummmaul's Tochter Judith, deren Todesjahr unbekannt ist; denn auf ihrem Grabe in der Domkirche zu Brandenburg stehen zwar die Worte: "den 8. Jul. starb die Markgräfin Judith, der Edelstein der Polaken;" aber das Jahr wird nicht genannt. Es ist daher auch ungewiß, wenn er sich mit seiner zwoten Gemalin Adelheide verbunden habe, so wie man selbst nicht sagen kann, von welcher Familie sie gewesen sei. Otto'n überlebten drei Söhne aus der ersten Ehe: Otto, Heinrich und Albrecht.

3. Otto

3. Otto II. 1184 — 1205.
Heinrich I. 1184 — 1192.
Albrecht II. 1184 — 1220.

Diese drei Brüder besorgten die Regierung der Mark Brandenburg gemeinschaftlich; doch aber war Otto II. die Seele von allen, welche den ganzen Staatskörper belebte, und in Bewegung sezte, der Plane entwarf, Anordnungen machte, und von seinen Brüdern nur die Zustimmung erwartete. Von Heinrichen, der von seinem Hauptsizze, gewöhnlich Graf von Gardelegen oder Gardeleben zubenannt wird, konnte er sie gewiß allemal hoffen; denn von Natur zur Ruhe, zur Andacht geneigt, von schwärmerischen Mönchen, von unwißenden Pfaffen seit den frühesten Jahren im Aberglauben bestärkt, zur blinden Ergebenheit an die Kirche gewöhnt, erwählte sich Heinrich die Einsamkeit zu seiner Gefährtin, und vergaß Welt und Geschäfte in ihrem stillen Schooße. Er entsagte den tobenden Freuden dieses Lebens, beschäftigte sich mit geistlichen Betrachtungen, und bahnte sich den Weg zum Himmel durch reiche Geschenke an die Geistlichkeit, und angesehne Stiftungen. Er hätte die ganze Altmark den Klöstern, den Bischöffen, den Mönchen überlaßen, wären's seine Brüder zufrieden gewesen. Ihm hat das Domkloster zu Stendal seinen Ursprung zu danken. Und dies ist das Wichtigste, wodurch er sein Andenken verewigte. Er verließ endlich 1192 diese Erde, um die er sich so wenig beküm-

bekümmert, und ging in jene Welt über, zu der er sich so lange vorbereitet hatte.

Von grade entgegengesezter Denkungsart war sein ältrer Bruder Otto. Er schildert seinen Karakter in dem Bestätigungsbriefe des von Heinrich 1180 errichteten Dom's zu Stendal selbst auf folgende Art: "Ich weiß wol, daß man den Him„mel nur durch reichliches Almosengeben, durch un„ablößiges, andächtiges Beten, durch abmergelndes „Fasten, durch stetes unverdroßnes Wachen, und „andere dergleichen gute Werke erlangen kann. Aber „die Schwäche meiner Natur hat mir die Gabe, „an allem diesem Geschmak zu finden, versagt, und „immer reißt mich der Muthwille, welcher bei jun„gen Männern von feurigem Geist zu Hause zu „sein pflegt, zu entgegenstehenden Handlungen hin. „Ich will indeßen doch in so weit für mein noth„wendiges Seelenheil sorgen, in so weit ich das „durch Fremder Arbeiten erhalten kann, was ich „mit meinen eignen nicht zu erreichen vermag. Ich „halte es daher für beßer, mir andrer heiliger Män„ner Wohlwollen mit allem Eifer zu erwerben, da„mit ihr Gebet, und ihre guten Werke mir einstens „zu Statten kommen —". Diesen Aeußerungen gemäß erdichtete man ein Märchen, deßen Erfindung und deßen Annehmung ein trauriger Beweis von der Zerrüttung des menschlichen Verstandes ist. Otto II. war einstens, so erzählt man, vom Magdeburgischen Erzbischof Ludolph in den Bann gethan worden. Spöttisch sagte der Markgraf über
Tische:

Tische: ich habe oft gehört, von einem, der mit dem Bann belegt worden, nähme auch nicht einmal ein Hund ein Stük Fleisch; laßt uns die Probe machen. Er warf seinem Hunde ein Stük hin; der Hund beroch's und ließ es liegen. Drei Tage schloß er ihn drauf mit dem Fleische ein, und ließ ihm nichts weiter reichen. Der Hund wär' eher vor Hunger gestorben, ehe er das Fleisch berührte. Nun ging Otto in sich, that Buße und ward wieder ein gehorsamer Sohn der Kirche.

Daß Otto jung zur Regierung gelangt sei, läßt sich aus seinen eignen eben angeführten Worten schlüßen; und gewöhnlich glaubt man, daß er bei seines Vaters Tode noch kaum das 20. Jahr zurükgelegt habe. Seine ersten Thaten waren — Kriege in Sachsen und Holstein. Den ersten führte er zum Vorteil seines Oheims Bernhard, der mit dem Herzogthum Sachsen schon längst belehnt worden war, es aber gegen den noch lebenden Heinrich den Löwen nicht behaupten konnte; den andern zur Wiedereinsezzung des von seinen Ländern verdrängten Adolph's III. Grafen von Schaumburg und Holstein. In beiden war er glüklich.

Schon wieder fand's die päpstliche Politik im Jahre 1195 für rathsam, Europa und besonders Deutschland zu entvölkern, und die Fürsten in die Länder der Ungläubigen zu verweisen; sie überzeugte den Kaiser Heinrich VI. von der Nothwendigkeit eines neuen Kreuzzuges in's gelobte Land. Der Kaiser bot die deutschen Fürsten zu diesem Feldzuge auf;

und viele folgten dem Rufe, worunter anfänglich auch Markgraf Otto war. Doch unterwegens besann er sich eines beßern; hielt bei dem Papste um Erlaßung seines Versprechens an, kehrte nach erhaltner Lossprechung von seinem Gelübde in seine Staaten zurük, und unterließ eine unnüze, thörigte Handlung, um bald drauf eine noch schädlichere auszuführen, die Anerkennung der Lehnsherrschaft des Magdeburgischen Erzstifts.

Im November 1196 verschenkte der Markgraf Otto II. mit Einwilligung seines Bruders Albrecht's den größten Teil seiner Güter, beinahe die ganze Altmark, die Pfalzgrafschaft Sommerschenburg, die Graffschaft Groitsch und einiges aus der Mittelmark an den unüberwindlichen und glorreichen Märtirer, den heiligen Moriz und die Kirche zu Magdeburg, und nahm alles von selbigem wieder zur Lehn an. Die Uebergabe geschahe in Gegenwart mehrerer angesehnen Zeugen; worauf der damalige Erzbischof Ludolph diese Güter ein Jahr und sechs Wochen hindurch verwaltete, und nach deren Verlauf die Brandenburgischen Markgrafen von neuem damit belehnte; denn so schrieben es die damaligen Geseze vor, wenn das ganze Verfahren gültig sein solte. Der Kaiser bestätigte das folgende Jahr diese Uebertragung der Lehnsherrschaft an's Magdeburgische Erzstift um desto lieber, da er seine besondren Absichten, die Kaiserwürde erblich zu machen, nun eher ausführen zu können glaubte. Unbegreiflich würde diese Schenkung

kung sein, wenn man nicht an die Macht der Vorurteile und des Aberglaubens dächte, nicht gewiße besondre politische Umstände in Erwägung zöge. Otto hatte selbst keine Erben; die Sorge, daß nach seinem Tode sein Bruder von der Erbfolge ausgeschloßen, und die Mark einer fremden Familie übertragen werden möchte; die Vorstellung, daß durch einen geistlichen Lehnsherrn auch seine Länder einen gewißen Geruch der Heiligkeit bekommen, sie vor feindlichen Einfällen desto sicherer sein und ihre Bekriegung als eine Sache Gottes angesehen werden würde; die Hofnung, eine hohe Stufe der Seligkeit zu erreichen, ohne sein eignes Fleisch nach den Begriffen der damaligen Zeiten kasteien zu dürfen — diese Gründe mögen wol hauptsächlich auf ihn gewirkt und ihn zu einem der seltsamsten Schritte bewogen haben.

Kaum waren diese friedlichen Geschäfte völlig geendiget, als Otto bald wieder in kriegerische Angelegenheiten verwikkelt wurde. Im Jahre 1192 empörte sich der Bischof Waldemar von Schleßwig gegen seinen rechtmäßigen Herrn, Knud IV. König von Dännemark; behauptete nach der Außage seiner Mutter ein natürlicher Sohn des Königs Knud III. zu sein, warf sich zum Herrn des Reichs auf und erhielt von mehrern deutschen Fürsten, unter andern auch von unserm Markgrafen, dem Knud seine Rechte auf Pommern streitig machte, die thätigste Unterstüzzung; dennoch war er unglüklich und fiel in seines Königs Hände. Knud IV. beschloß Rache he an denen, die dem Empörer beigestanden hatten zu nehmen. Er schikte unter der Anführung des Kanzlers und Bischofs von Roschild, Peter's ein starkes Kriegsheer nach Deutschland, um Otto's Länder zu verwüsten. Unser Markgraf ging den Dänen entgegen, empfing sie an der Grenze, und erfocht nicht bloß einen glorreichen Sieg, sondern bekam auch den Feldherrn Peter selbst gefangen. Otto verwahrte ihn auf's genauste in der Hofnung, durch ihn ansehnliche Vorteile zu erlangen, statt des Lösegeldes einige pommersche Plätze zu erhalten, und seine von den Dänen gefangen genommene Unterthanen zurük zu bekommen. Peter's List vernichtete alle diese reizenden Aussichten. Er machte durch Vergrößerungen der Gefährlichkeit seiner Wunden Otto's Mitleiden rege; durfte sich zur Wiederherstellung seiner Gesundheit, nur von einem einzigen Offizier begleitet, alle mögliche Bewegungen machen, entdekte bald die schwache Seite Ludolph's —dies war der Name seines Aufsehers— seinen Heishunger nach Gelde, und bot ihm eine große Summe. Ludolph nahm sie an, und der Bischof entfloh. Die kämpfenden Fürsten ließen nach verunglükten Entwürfen, sich einander zu schaden, den Streit ruhen.

Noch nahm Otto an den Unruhen, welche durch den Tod des im Jahre 1197 verstorbenen Kaisers Heinrich VI. entständen waren und zehn Jahr hindurch Deutschland's Ruhe störten, den lebhaftesten Anteil, und legte einen Beweis seiner Treue und

und der Erfüllung seines einmal gegebnen Versprechens ab. Außer ihm hatten mehrere deutsche Fürsten Heinrich dem VI. im Jahre 1195 die Versicherung gegeben, seinen zweijährigen Sohn Friedrich zum Kaiser zu wählen. Heinrich's Bruder, Philipp, suchte nach seinem Tode jene Fürsten zu Haltung ihres gegebnen Worts zu bewegen; aber nur der Markgraf Otto unterstüzte seine gerechten Foderungen; die übrigen brachten die elende Ausflucht vor, daß der junge Friedrich damals, als sie ihm ihre Stimme gegeben hätten, noch nicht getauft, folglich noch ein Heide gewesen; daß sie daher nicht verpflichtet wären, ihm als einem Ungläubigen ihr Wort zu halten. Philipp sahe nun wol, daß er seines Neffen Friedrich's Rechte nicht behaupten könnte; deswegen beschloß er, selbst um die deutsche Krone zu werben. Er war so glüklich, daß er 1198 erwählt und zu Mainz vom päpstlichen Legaten gekrönt wurde. Viele der deutschen Fürsten waren jedoch mit dieser Wahl unzufrieden, erwählten des Herzog Heinrichs des Löwen zweeten Sohn Otto, unter dem Namen des Vierten, zu Köln zum Gegenkaiser, und legten dadurch den Grund zu den größten Zerrüttungen Deutschlands. Otto von Brandenburg blieb dem schwäbischen Hause eifrigst ergeben, zog zur Unterstützung Philipp's selbst zu Felde, und hörte nicht eher als mit dem Tode auf, der treuste Anhänger des einmal mit seiner Zustimmung erwählten Kaisers zu sein. Er erlebte das Ende dieser Unruhen nicht; denn während derselben starb er im Jahre 1205 und ward im Kloster

ffer Lehn in neben seines Vaters Asche beigesetzt. Man streitet sich noch, ob er vermählt gewesen sei oder nicht; aber darüber ist man eins, daß er keine Erben hinterlaßen hat.

Albrecht II, der sich bei seines Bruders Lebzeiten gewöhnlich zu Arneburg in der Altmark aufgehalten hatte und deswegen Graf von Arneburg genennt worden war, führte nun die Regierung über die Mark allein, und erwarb sich durch seine Redlichkeit, seine Treue und Tapferkeit die Liebe seiner Freunde, und die Achtung seiner Feinde. Er trat in Absicht der deutschen Kaiserstreitigkeiten in seines Bruders Fußstapfen, vertheidigte Philipp's Rechte, welche endlich von den mehresten Fürsten und selbst von dem Papste anerkannt wurden. Philipp würde gänzlich über seinen Gegner gesiegt, würde die deutsche Krone behauptet haben, wäre er nicht durch das Schwerdt des berühmten Otto's von Wittelsbach 1208 gefallen. Die sächsischen Fürsten erklärten nun zu Halberstadt, und die übrigen zu Frankfurt, Otto den Vierten für den einzigen rechtmäßigen Kaiser; und Markgraf Albrecht von Brandenburg vergaß seiner Abneigung gegen ihn, suchte Otto's Freundschaft, hing ihm von jetzt mit eben der Standhaftigkeit an, mit welcher er vorher gegen ihn das Schwerdt geführt hatte, unterstützte ihn auch da noch, als schon die mehresten Fürsten seinem neuen Gegner ergeben waren, und verließ ihn nicht eher, als bis Otto selbst seine Aussöhnung mit dem Gegenkaiser billigen mußte.

Des

Des neuen Kaisers Thron blieb nicht lange unerschüttert. Otto's Zwistigkeiten mit dem Papste gaben bald zu neuen Verwirrungen in Deutschland Anlaß, verschaften unserm Markgrafen aber auch eine neue Gelegenheit, seine Bravheit, seinen Edelmuth in Haltung seiner Treue zu zeigen. Anfangs schienen Kaiser und Papst im besten Vernehmen zu bleiben; und dieser krönte Otto'n mit aller möglichen Pracht in Italien. Als aber der Kaiser die Rechte Deutschlands aufrecht erhalten, und die verlornen zum Reiche gehörenden Güter, von denen sich der Papst mehrerer bemächtigt hatte, wieder an selbiges bringen wolte; so entbrante des Papstes Zorn so heftig, daß er Otto'n nebst allen seinen Anhängern feierlich in den Bann that, und den oben erwähnten Friedrich, Heinrich's VI. Sohn zum Gegenkaiser vorschlug. Viele Fürsten Deutschland's wurden wankend, erkannten Friedrich II. und verliesßen Otto's IV. Parthei. Nur Markgraf Albrecht hielt, was er einmal versprochen hatte; opferte sich für Otto'n auf und errichtete im Jahre 1212 ein Schutz- und Trutzbündniß mit ihm, nach welchem der Kaiser seine Streitigkeiten mit Dännemark wegen der pommerschen Lehnsherrschaft entweder gütlich beizulegen oder mit gewafneter Hand zu Ende zu bringen gelobte, wogegen Albrecht dem Kaiser die Versicherung gab, ihm mit Gut und Blut wider seine Feinde beizustehen, und auf dem Throne zu erhalten. Ein Handschlag und zwanzig adeliche Bürgen bestätigten den Vergleich.

Albrecht

Albrecht hielt Wort. Er vertheidigte Otto's Gerechtsame so lange, als er noch die mindeste Wahrscheinlichkeit, ihm das Uebergewicht zu verschaffen, vor sich sahe; und züchtigte den Magdeburgischen Erzbischof, der die Kühnheit gehabt hatte, den päpstlichen Bannfluch gegen ihn selbst bekannt zu machen. Als aber die Gegenmacht zu groß, und Friedrich II. von neuem 1215 zu Aachen gekrönt ward, als Otto an der Behauptung seiner Kaiserwürde selbst zu zweifeln, und zu Braunschweig, dem Hauptorte seiner Erbgüter, beinahe gleich einem Privatmanne in der Stille zu leben anfing, als längrer Widerstand Unbesonnenheit gewesen wäre, und weitres Anhängen an Otto'n unausbleibliches Verderben nach sich gezogen hätte: da unterwarf sich erst Albrecht dem siegenden Gegenkaiser, der ihn mit Freuden unter die Zahl seiner Freunde aufnahm. Denn seine Beständigkeit und seine unerschütterliche Treue gegen Otto'n flößte ihm Hochachtung und Zutrauen gegen ihn ein. Albrecht hatte von dieser Aussöhnung den Vorteil, daß seine Rechte auf Pommern vom Kaiser Friedrich bestätiget wurden.

Wenige Jahre nach seiner Aussöhnung mit dem Kaiser, Friedrich II. starb Albrecht 1220 und wurde ebenfals zu Lehnin begraben. Von seiner Gemalin Mechtild, einer Tochter Konrad's, Markgrafens von Meißen und der Lausiz, hinterließ er nebst drei Töchtern zween Söhne, Namens: Johannes und Otto, die ihm in der Regierung folgten.

4. Johann I. 1220 — 1266.
Otto III. der Gütige oder Fromme.
1220 — 1268.

Beide Prinzen waren noch zu jung, um selbst regieren zu können. Ihre Mutter Mechtild führte daher so wie ihr Vetter Graf Heinrich von Anhalt, des sächsischen Herzogs Bernhard's Sohn, sechs Jahre hindurch die Vormundschaft über sie. Mechtild erhielt die Ruhe des Landes, sorgte für eine anständige Erziehung ihrer Söhne und verglich sich mit dem Magdeburgischen Erzbischof wegen der Angefälle. Der Kaiser behauptete damals über alle Reichslehne die oberste Schuzgerechtigkeit und die damit verbundenen Einkünfte, wenn ein Fürst minderjährige Erben verließ. Friedrich II. schenkte jezt die Brandenburgischen Angefälle an den Erzbischof Albert von Magdeburg, um seine Anhänglichkeit, die er stets gegen ihn bewiesen, zu belohnen, und den Schaden, den er deswegen von der Ottonischen Parthei erlitten hatte, zu ersezzen. Die Markgräfin Mechtild befürchtete gefährliche Folgen für ihr Land, wenn der Erzbischof im Besiz der Schuzgerechtigkeit bliebe; sie kaufte sie ihm für 1900 Mark Silbers ab, und verpflichtete ihn zu der Bedingung, daß er die jungen Markgrafen auf seine Kosten zum Kaiser, sobald er nach Deutschland zurükgekommen sein würde, bringen, ihm desselben Belehnung über alle Länder, die ihr Vater Albrecht beherrscht hatte, verschaffen, und überhaupt stets für

die

die Aufrechthaltung ihrer Rechte sorgen wolle, und dies auch dann noch, wenn sie bei streitigen Kaiserwahlen eine andre Parthei, als er, ergreifen solten.

Im Jahre 1226 übernahmen die Prinzen Johann I. und Otto III. die Regierung selbst, welche sich durch abermalige Vergrößerungen ihrer Länder, durch Anlegung neuer Städte, Austroknung vieler Moräste, Unterdrükkung der Befehdungen, Führung verschiedner Kriege, und besonders noch durch die merkwürdige Länderteilung auszeichnet. Unzufriedenheit mit der Magdeburgischen Lehnsherrschaft, Mißvergnügen über die zu große Summe, womit ihre Mutter die Schuzgerechtigkeit abgekauft hatte, Empfindlichkeit wegen gewisser Kränkungen die dem Gemal ihrer Schwester, Otto, dem Herzoge von Lüneburg, vom Erzbischof Albert widerfahren waren, und jugendliche Hizze riß sie bald im Anfange ihrer Regierung zu einem Kriege mit diesem mächtigen, vom Halberstädtischen Bischof Ludolph unterstüzten Priester hin. Sie boten ihre gesamten Lehnsleute und Schaaren wendischer Völker auf und fingen große Verwüstungen im Erzstift an. Aber die Nachricht von der Annäherung des feindlichen Heers bewog sie, sich über die Plaue unterhalb Brandenburg zurükzuziehen. Ihre eigne Unvorsichtigkeit stürzte sie hier in die äußerste Gefahr. Sie hatten einen Damm, den sie nicht vorbeigehen konnten, so sehr mit dem Heergeräthe und den Patwagen verrammelt, daß der Vorderzug von dem hintern völlig abgeschnitten ward, und dieser von jenem

nicht

nicht unterstüzt werden konnte. Der gleich nacheilende Erzbischof grif den Hinterzug muthig an, hieb viele der Brandenburger in Stükken, jagte mehrere in's Waßer, zerstreute die übrigen und eilte bis an die Mauern Brandenburg's. Der Befehlshaber verriegelte die Thore, und ließ weder Freund noch Feind hinein; so geriethen zwar viele in des Erzbischofs Gefangenschaft, doch aber gewannen die Markgrafen Zeit, sich nach Spandow zu retten, und Albert konnte nicht mit den Fliehenden zugleich in die Stadt dringen. Des leztern Feldherrn riethen ihm, einen Sturm zu wagen; allein er antwortete ihnen, daß die Markgrafen seine Lehnsleute und noch Kinder wären, daß sie einstens seiner Kirche großen Nuzzen bringen, und ihre jezzigen Beleidigungen durch künftige Dienste gut machen könnten. Er begnügte sich an der reichen Beute und den Gefangnen, und zog sich in sein Erzbisthum zurük.

Die Ruhe wurde nach wenigen Jahren wieder unterbrochen. Treulosigkeit und Beeinträchtigungen foderten die Markgrafen 1238 zu neuen Kriegen auf; in benen sie sich Ehre und Ruhm erfochten, und ihre Rechte behaupteten. Der Markgraf Heinrich von Meißen foderte die beiden Städte Köpenik und Mittenwalde in der Mittelmark, als solche, die zur Niederlausiz gehörten, zurük: und sogleich unterstüzte ein Kriegsheer seine vermeinten Ansprüche. Die Brandenburgischen Markgrafen wünschten aus Abscheu vor den Verwüstungen des Krieges den Streit in Güte beizulegen. Sie übergaben jene beiden

beiden Städte dem Magdeburgischen Erzbischof Wil-
librand, daß er sie als ein Partheiloser besezzen,
und bis zu Ende der Untersuchung gegen beider et-
wanige Angriffe schüzzen möchte. Der treulose Priester spielte sie dem Meißenschen Markgrafen in die
Hände, und verursachte einen Krieg, der für Brandenburg desto gefährlicher zu werden schien, da Wil-
librand selbst mit dem Halberstädtischen Bischof
Ludolph und dem Grafen von Anhalt in einer
andern Gegend Unruhen anfing. Der Graf von
Hadmersleben war erblos verstorben; und ob
gleich seine Güter als ein Brandenburgisches Lehn
den Markgrafen von Brandenburg hätten zufallen
sollen, so bemächtigten sich doch jene Verbündeten
derselben. Otto III. eilte herbei, war aber unglüklich genung, vom Halberstädtischen Bischof gefangen
zu werden. 1600 Mark Silbers verschaften ihm
seine Freiheit nach einer halbjährigen Gefangenschaft
wieder. Kaum hatte er sich in die Mittelmark begeben, um den Plünderungen und Verwüstungen
Heinrich's von Meißen Einhalt zu thun, als
die geistlichen Krieger von Magdeburg und Halberstadt von neuem in die Altmark einfielen, und einige
Tage und Nächte hindurch die Gegenden vor sich
mit einer Grausamkeit, die eher der rohesten Barbaren, als geistlicher Seelenhirten würdig war, zerstörten, und hinter sich Schutt und Aschenhaufen und
Wüsteneien zurükließen. Der Untergang der Markgrafen schien unvermeidlich. Von aller äußern Unterstüzzung verlaßen, konnten sie nicht einmal für
die größten Geldsummen fremde Hülfstruppen erlangen.

gen. Einen desto größern Eindruk machte aber auch ihre Unerschrokkenheit, die keiner Gefahr wich, als sie alle ihre Feinde glüklich besiegten. Otto rükte mit der Hauptmacht gegen Heinrich von Meissen an, und erfocht bei Mittenwalde den glorreichsten Sieg. Der Markgraf Johann bot Bürger, Bauern und was nur Waffen zu führen fähig war, auf, und sezte Tag und Nacht seinen Zug nach der Altmark fort. Den dritten Tag drauf, seit dem die Bischöfe mit Mordbrennerwuth in derselben hauseten, überfiel sie Johann mit seinem ungeübten, aber muthigem Haufen, von dem die mehrsten mit Prügeln, Stangen, Knütteln und wenige nur mit Bogen bewafnet waren. Plözlich war ihr Angrif, und schreklich die Niederlage, die sie anrichteten. Die sichern Plündrer lagen zu Boden gestrekt, oder in dem Bieseflus ersäuft, ehe sie noch wusten, daß sich der Feind nähere. Der Magdeburgische Erzbischof entging mit schweren Wunden bedekt noch kaum den feindlichen Händen; der Bischof von Halberstadt gerieth nebst sechzig Rittern in die Gefangenschaft, mußte eben die Summe, die er vorher vom Otto gefodert hatte, für seine Befreiung erlegen, und die eroberten Besizzungen wieder herausgeben. Der Ruf von dieser Tapferkeit der Brandenburger verbreitete sich bald in die benachbarten Länder, und Schaaren fremder Soldaten eilten nun zu den beiden bewunderten Markgrafen, um sich unter ihrer Anführung zu erfahrnen Kriegern zu bilden. Um desto unbesonnener war der nachmalige Versuch der Magdeburger, Brandenburg's Ruhe zu stöhren. Sie erlitten

litten dafür einen noch schreklichern Verlust, der sie auf immer demüthigte. Auch Heinrich von Meissen machte keine Anfoderungen mehr an jene beiden Städte in der Mittelmark.

Die Brandenburgischen Markgrafen, welche ihrem Lande den Frieden wieder gegeben hatten, wünschten auch andre Reiche damit beglükken zu können. Seit vielen Jahren schon zerrütteten die zween Brüder der Sophie, der Gemalin des Markgrafen Johann, Erik IV. Plogpfennig oder der Heilige, König von Dännemark, und Abel Herzog von Schleßwig, der jenem die Krone mißgönnte, ihr und ihrer Länder Glük. Der Markgrafen Ermahnungen, Gesandschaften, Bitten — alles war bisher vergeblich gewesen, bis endlich im Jahre 1248 der streitenden Fürsten Schwester, Sophie, ihrer hohen Schwangerschaft und der rauhen Jahreszeit ungeachtet sich entschloß, selbst nach Dännemark zu reisen und die Unzufriednen auszusöhnen. Eine zu frühe Niederkunft verhinderte sie, ihre Reise weiter als bis Flensburg in Schleßwig fortzusezzen. Hier ward sie die Martirerin ihrer schwesterlichen Liebe; sie starb nebst ihrem Kinde. Die Markgräflichen Gesandten stifteten bald darauf zwischen den feindseligen Brüdern, die über ihrer Schwester Tod, und mehr noch über die Ursache desselben gerührt waren, die gewünschte Vereinigung.

Eben diese dänische Prinzeßin Sophie trug viel zur Vermehrung der Brandenburgischer Länder, und zur Vergrößerung des Markgräflichen Hauses bei.

bei. Sie brachte das pommersche Land Wolgast, dessen sich die Dänen bemächtiget hatten, als Brautschaz an Brandenburg. Nach ihrem Tode hätten es ihre Söhne erben sollen. Aber der Herzog von Stettin Barnim I. sezte sich in den Besiz desselben. Aus Furcht vor der Brandenburgischen Markgrafen Rache, trat er ihnen 1250 zum Ersaz die ganze Ukermark und einen Teil des Fürstenthums Kamin ab, gesteht in der darüber ausgestellten Urkunde, daß er das Schloß und Land Wolgast, welches durch Erbrecht an die Söhne seines Herrn, des Markgrafen Johann gefallen sei, unrechtmäßiger Weise eingenommen, und sich daher seiner beiden Herren, der Markgrafen von Brandenburg Ungnade zugezogen habe; versichert hiermit, daß er dafür das Ukerland mit dem Zehnten und allem Zubehör freiwillig von der Welse bis in die Mitte des Randowischen Bruchs, von da bis an die Lökeniz — in der Prigniz — und wieder bis an den Ukerfluß und die Zarow an sie abtrete; bekennt es, daß er alle seine Länder so wie Wolgast für Brandenburgische Lehne halte; und verspricht zulezt, den Markgrafen alle mögliche Hülfe gegen ihre Feinde zu leisten.

Die Brandenburgischen Fürsten hatten sich durch ihre Macht und Verdienste ein so großes Ansehen bei'm ganzen Reiche erworben, daß man nach dem 1256 erfolgten unglüklichen Tode des deutschen Königs Wilhelm's von Holland die Kaiserkrone an ihr Haus bringen wolte. Otto III. schlug aber

aus

aus unbekannten Gründen die ihm angebotne Würde aus. Vielleicht schrekte ihn das traurige Schiksal der leztern Kaiser; vielleicht hielten ihn die grossen Schwierigkeiten, die er kaum zu übersteigen hoffte, zurük. Denn die allgewaltige Beherrscherin der Menschen, die Geldsucht mischte sich in's Spiel; man fing an die Stimmen zu erkaufen. Und da würden freilich alle Verdienste der Welt, wenn sie Otto gehabt hätte, nichts gegen die Bestechungen seiner Gegner haben ausrichten können. Der eine der Kronbewerber Richard von Kornwallis, Bruder des englischen Königs Heinrich III. brachte, erzählt ein Schriftsteller, 32 Wagen, jeden mit acht Pferden bespannt, mit bloßem Gelde beladen, mit sich nach Deutschland, um sich dadurch den Weg zum deutschen Throne zu ebnen. Diese neue Kaiserwahl ist noch besonders deswegen merkwürdig, weil sich jezt die ersten unverkennbaren Spuren von sieben Kurfürsten zeigen. In den ersten Zeiten hatte der gesamte Adel Deutschland's das Recht, seine Stimme zur Erwählung ihres Königs oder Kaisers zu geben. Seit der leztern Hälfte des vorigen zwölften Jahrhunderts aber fing man an, einen Unterschied zwischen den angesehensten Fürsten, als den Vorzüglich Wählenden, und den minder mächtigen Großen, den Nicht vorzüglich Wählenden zu machen. Jene gaben eigentlich ihre Stimme zur Ernennung des deutschen Oberhaupts; diese billigten und genehmigten blos, was erstre beschloßen hatten. Viele von den Nicht vorzüglich Wählenden blieben wegen der Kosten, die

ihre

ihre Güter nicht tragen könnten, wegen des wenigen
Anschus, das sie gegen die hohen Fürsten, und wegen des unbedeutenden Einflußes, den sie in die
Wahl hatten, von den Wahlversamlungen weg; und
sie wurden am Ende nur besonders von denen regierenden Großen besucht, die wegen Verwaltung
ihrer Erzämter nicht ausbleiben konnten. So schränk-
te sich nach und nach die Zahl der Wählenden blos
auf die sieben Fürsten ein, welche die Erzämter
verwalteten. Und eben um diese Zeit erwähnt der
Papst Urban IV. in einem Briefe an den deutschen König Richard "derer Fürsten, welche eine
Stimme bei den Kaiserwahlen haben, und deren es
sieben giebt." Man nennt sie von dem altdeut-
schen Worte kuren oder küren, so viel als Wählen, — wovon die Wörter: Willkühr und aus-
erkohren noch gewöhnlich sind — Kurfürsten.
Da aber diese Benennung jetzt noch selten gebraucht,
und noch nicht allgemein üblich war, so haben wir
uns bisher derselben völlig enthalten, obgleich die
Brandenburgischen Markgrafen um diese Zeit gewiß
schon vorzüglich zu den Wahl- oder Kurfürsten gehörten. Seit dem hingegen der Kaiser Karl IV.
jenes berühmte, noch gültige Reichsgesez, welches
von seinem goldnen Siegel die goldne Bulle genannt wird, im Jahre 1356 entwarf und einführte,
und darin die Rechte des deutschen Oberhauptes bestimmte, die bisherigen Streitigkeiten wegen der
Kurstimmen beilegte, die Vorzüge der Wählenden
festsezte und bestätigte: so fing man erst durchgängig
an, den Wahlprinzen den Titel: Kurfürsten bei-

Gallus Br. Gesch. 1.Th. M zule-

zulegen, und eine hohe Idee mit selbigem zu verbinden.

Die beiden Brüder Johann und Otto gehören unstreitig unter die thätigsten, rastlosesten und vortreflichsten Regenten des Askanischen Stammes. Ihnen lag die Ehre ihres Hauses, die Erweitrung ihres Landes, die Aufnahme der Städte, die Beförderung des Handels, und jedes Wohl der Unterthanen am Herzen. Sie hatten durch Erwerbung der Ukermark ihre Herrschaft vergrößert. Nach und nach dehnten sie ihre Besizzungen bis über die Oder hinaus. Die Provinz, welche wir jezt unter dem Namen der Neumark kennen, hieß damals das Land über der Oder; ein Land, voll ungeheurer Wälder, oder Wüsteneien, tiefer Sümpfe, großer Seen, von den Wenden und Slaven bewohnt. Die Nachbarn, die Polen und Pommern rißen Stükke davon an sich: durch ihr Beispiel ermuntert, und durch eignen Ehrgeiz entflammt thaten die Brandenburgischen Markgrafen ein Gleiches: um so mehr, da sie als Grenzbeschüzzer des deutschen Reichs vom Kaiser zu Unterjochung des Wendenvolks berechtigt zu sein glaubten. Andre Stükke erwarben sie von den Pommern durch Kauf, und gütliche Verträge, bis sie und ihre nächste Nachkommen endlich Herren der ganzen Provinz wurden. So viel wißen wir im Allgemeinen: die nähern Umstände sind unbekannt. Endlich brachten sie noch die Länder Görliz, Bauzen und Kamenz von ihrem Besizzer, dem Böhmischen Könige Ottokar, an ihr Haus.

Aber

Aber nicht bloß für die äußere, sondern auch für die innere Vergrößerung ihres Staates waren sie besorgt. Sie schufen die Wüsten zu blühenden Ländereien, die Sümpfe zu fruchttragenden Feldern, die Waldungen zu bewohnbaren Plätzen um. Unter den vielen Städten welche sie neu erbauten, oder mehr erweiterten, sind Frankfurt an der Oder, Landsberg an der Warte, und Königsberg in der Neumark die vornehmsten. Frankfurt wurde 1253 durch Veranstaltung eines Herrn von Hertzberg, und Landsberg 1257 unter Aufsicht eines Herrn von Luge oder Luk gegründet. Es war damals gewöhnlich, daß benachbarte Edelleute den Anbau neuer Städte besorgten und übernahmen, wofür sie verschiedne Vorrechte und Freiheiten erhielten. Von den Belohnungen, die der Erbauer Frankfurt's bekam, schweigt die Urkunde; dem Stifter von Landsberg hingegen versprach der Markgraf Johann zur Vergütigung den dritten Teil des Schoßes oder der Abgabe der Bürger von den Hausstellen und Hufen, so wie ein Drittel der Gerichtssporteln. Beide Städte wurden mit ansehnlichen Freiheiten beschenkt. Den Einwohnern Frankfurt's wies der Landesherr 134 Hufen Acker und Hutung an, wofür sie den vierten Teil des Ertrags für jede Hufe erlegen sollten. Für Küchengewächse, Eier, Käse, Butter, Heringe und andre Fische durften sie keinen Zoll oder sonstige Abgabe bezahlen: alle Güter, die nicht mehr als zwei Schillinge kosteten, waren ebenfals zollfrei. Die Niederlage der Waaren, die Fisch- und Jagdgerechtigkeit mach-

machten keinen unbedeutenden Teil ihrer Vorrechte aus.

Auch auf die alten Städte erstrekte sich die Freigebigkeit der Markgrafen. Viele erhielten die Zollfreiheit, viele wenigstens eine Herabsezzung der Abgaben; andre Erleichterung vom Joche der Burggrafen, oder fürstlichen Beamten; diese, beßere Einrichtung der Gerichtspflege, jene, Innungs- und Handwerksprivilegien: alle, mehr Sicherheit auf den Landstraßen und Schuz gegen die Befehdungen des Adels und der Räuber. Unter ihnen blühete der Handel ganz vorzüglich; Salzwedel war die erste und reichste aller Märkischen Handelsstädte; es trieb einen Verkehr, der unglaublich scheint. Mehr hiervon am Schluße dieses Abschnittes.

Der beiden Markgrafen herannahendes Alter, ihre zahlreiche Nachkommenschaft, die Besorgniß, daß unter ihr wegen der Regierung Uneinigkeiten entstehen und die Furcht, daß die Mark durch ihre eigne Herrscher zerrüttet werden möchte, bewogen sie um das Jahr 1258 und 1260, ihre Länder unter sich zu teilen, zwo besondre Linien, die der Johannischen und Ottonischen zu errichten und jeder ihre besondern Güter anzuweisen. Sie zogen den Bischof Heinrich von Havelberg, und sonstige sachkundige Männer zu Rathe, entwarfen sogleich die Bedingung, daß derjenige von ihnen, welcher bei einer ungleichen Teilung Schaden gelitten hätte, von dem andern einen gehörigen Ersaz bekommen solte,

und

und sonderten ihre Länder nicht nach Provinzen, sondern nach Städten und Dörfern von einander ab, so daß der einen Linie Gebiet das von der andern unzähligemal durchkreuzte. Wegen Mangel an Urkunden kann der Anteil, welcher einer jeden zufiel, nicht mehr genau bestimmt werden. Nach mühsamen Untersuchen glaubt Herr Gerken folgendes bestimmen zu können: die Johannische Linie besaß in der Altmark eins von den zwo Hauptschlössern und Vogteien, nämlich Tangermünde, ausser dem Stenbal, und Osterburg; in der Mittelmark Rhatenow, Kremmen, Wusterhausen, Münchberg, Treuenbrießen, Chorin, das Havelland und das Land Bellin; Brandenburg scheint gemeinschaftlich geblieben zu sein; in der Prignitz Havelberg; und wahrscheinlich die ganze Ukermark. Zum Anteil der Ottonischen Linie gehörten: in der Altmark das zwote Hauptschloß Salzwedel, Diſtorff, Arendsee, die so genannten Wische oder die Vogtei Arneburg, der beste und fruchtbarste Teil dieser Provinz; in der Mittelmark Berlin, Lehnin, Beeliz, die Zauche, Spandow, Fehrbellin, Eberswalde, Fürstenwalde, Frankfurt, Mühlrose; in der Prignitz Perleberg, Lenzen, Prizwalk, Wittstack, Grabou im Meklenburgischen; in der Ukermark aber scheint sie gar keine Besizzungen gehabt zu haben; wenigstens ist keine Urkunde dafür vorzuweisen.

Die Einkünfte, die jeder Teil nach Absonderung der Länder hatte, betrugen an 1200 Frusten oder

Mark

Mark Silbers, das heißt 16800 Thaler nach unsrer Münze. Hierin waren beide Brüder gleich. Aber an Holzungen und an Hutungen schien Otto's Eigenthum schlechter, so wie er auch hundert Lehnsleute weniger hatte. Johann vergütigte ihm seinen Verlust durch Ueberlaßung des Landes Lebus und der vom Halberstädtischen Bischof gekauften Grafschaft Oelwensleben.

Die bisherige Teilung betraf bloß die jezzige Kurmark. Im Junius 1266 verglichen sich beide Brüder zur Scheidung der noch übrigen Besizzungen. Sie verabredeten, die Länder über der Oder, und die Marken Görliz und Bauzen also zu teilen, daß bei erstern Otto, und bei leztern Johann nach Gutdünken einen Teil wählen solte. Johann starb aber vor Beendigung dieses Geschäftes; Otto verglich sich unterm 1. Mai 1268 von neuem mit den Söhnen des Verstorbnen nach eben den Grundsäzzen; worauf die Teilung wirklich vor sich ging.

Noch ist ein Zug Otto's III. nachzuholen, den er nach Preußen unternahm, um den deutschen Ordensrittern gegen die heidnischen Eingebornen Hülfe zu leisten. Allein, die vielen Sümpfe, Moräste, Seen, welche bei dem damaligen gelinden Winter offen blieben, verhinderten ihn, große Thaten auszuführen. Denn die dortigen Kriege konnten nur den Winter hindurch, wenn der Frost die Gegenden zugänglich machte, am vorteilhafte-
sten

sten geführt werden. Um eine so weite Reise doch nicht ganz vergeblich gethan zu haben, erbaute Otto im Jahre 1266 ein Schloß am frischen Haf und der Huntau, und gab ihm zum Andenken seines Landes, den Namen Brandenburg. Nach seinem Rückzuge zerstörten es die Preußen wieder; und dies veranlaßte ihn, das folgende Jahr von neuem in jene Gegenden zu eilen, um das Schloß Brandenburg wieder herzustellen.

Doch nicht bloße Kriege, auswärtige Feldzüge, und Länderteilungen allein waren es, durch welche sich die Markgrafen Johann und Otto einen Namen machten; sie erwarben sich auch durch ihre Fürsorge, Wachsamkeit, neue Einrichtungen, wirkliche, bleibendere Verdienste um die Mark. Außerdem, was schon vorher von ihren Bemühungen für die Aufnahme der Städte angeführt worden ist, bemerken wir hier noch eins ihrer Verdienste um den Staat, das in jenen Zeiten der Unwißenheit sehr selten zu sein pflegt: sie legten die ersten Klosterbibliotheken an, und suchten dem trägen Mönchsgeiste doch einige Nahrung, und einige Beschäftigung zu geben. Freilich bewies sich ihre Güte zu verschwenderisch gegen die heiligen Müßiggänger; dies zeugen die vielen Klöster, die sie stifteten; wie Zehdenick und Chorin in der Ukermark, der Begräbnisort vieler Markgrafen; von Otto'n zeugt es noch besonders der Beiname des Gütigen; zugleich wurde er wegen seiner Achtung für die Religion der Fromme genannt. Natürlich war seine Fröm-
mig-

migkeit nur den Lehrsätzen der damaligen Zeiten, den Glaubensvorstellungen unwißender, herrschsüchtiger Mönche angemeßen. Alle Freitage feierte er Christi Todestag mit Fasten, Wachen, Knien, Beten und Geißelungen mit Ruthen, so daß öfters das Blut stromweise aus seinem zerpeitschten Körper herab rann. Von beider Markgrafen Frömmigkeit oder — nach unsrer Zeiten Aufklärung zu reden — von ihrem Aberglauben ist ihre große Ehrfurcht gegen das Wunderblut zu Zehdenik ein neuer Beweis. Eine Bierschenkin vergrub eine geweihte Hostie unter eine Tonne in ihrem Keller, um desto beßern Abgang zu haben. Ihr zartes Gewissen machte ihr bald die empfindlichsten Vorwürfe; sich ihrer zu entledigen, entdekte sie einem Priester ihr schweres Verbrechen. Der Priester kam, grub nach, fand keine Hostie, sahe aber statt deßen einen Blutstrom aus der Erde hervorquellen. Dies Wunder verbreitete sich in der ganzen Nachbarschaft, erfüllte alle, die von ihm hörten, mit solchem heiligem Erstaunen, daß jährlich eine große Menge andächtiger Christen nach Zehdenik wallfahrteten. Die Markgrafen selbst zeigten die größte Hochachtung für diesen heiligen Betrug.

Der 4. April des 1266ten Jahres war Johann's I. Todestag. Er ward zu Chorin begraben. Er hatte sich zuerst mit des dänischen Königs Waldemar's II. Tochter, Sophia, deren Tod oben angeführt worden ist, vermält. Als seine zwote Gemalin nennen Einige die Hedwig, die
Soch

Tochter Barnim's, Herzog's von Stettin; Andre die Judith, Tochter des sächsischen Herzog's Albrecht's; und noch Andre zweifeln, ob er gar wieder verheirathet gewesen sei. Seine Kinder waren außer einigen Töchtern folgende sechs Söhne: Johann II, Otto IV, Konrad, welche ihm in der Regierung folgten, Erich, nachheriger Erzbischof von Magdeburg, Johann, Bischof von Havelberg und Heinrich mit dem Beinamen: ohne Land.

Otto III. überlebte seinen Bruder noch über zwei Jahre. Gewöhnlich geben die Geschichtschreiber einen, sie wißen nicht, welchen Oktobertag von 1267 als die Zeit seines Todes an. Da er aber noch am 1. Mai 1268 eine Urkunde ausgestellt hat, so ist jene Angabe offenbar unrichtig, und er kann also nicht eher, als nach dem 1. Mai des genannten Jahres gestorben sein. Er ward im Kloster zu Strausberg, das er selbst gestiftet hatte, begraben, und hinterließ von seiner Gemalin Beatrix, einer Tochter des Königs Wenzeslaus von Böhmen, zwo Töchter und diese vier Söhne: Johann III, Otto V, Albrecht III, und Otto VI.

5. Leste

5. Lezte Markgrafen Brandenburg's aus dem Anhaltschen Geschlecht.
1266 — 1320.

I. Von der Johannischen Linie:

Johann II. 1266-1282. ⎫
Otto IV. mit dem Pfeil
  1266-1308.   ⎬ Söhne
Konrad 1266-1304.   ⎪ Johann's I.
Heinrich II. ohne Land
  st. 1317.   ⎭

Johann IV. st. 1306.   ⎫ Söhne
Waldemar 1304-1319.   ⎬ Konrad's

Heinrich III. st. 1320. ⎫ Sohn
                        ⎬ Heinrich's II.

II. Von der Ottonischen Linie:

Johann III. der Prager ⎫
  1268.   ⎪
Otto V. der Lange   ⎬ Söhne
  1268-1298.   ⎪ Otto's III.
Albrecht III. 1273-1300.⎪
Otto VI. der Kleine   ⎪
  1280-1303.   ⎭

Herrmann der Lange, Otto's V. Sohn
  st. 1308.
Johann V. der Erlauchte, Herrmann's
  Sohn st. 1317.

Die Verwirrungen, welche die Menge der regierenden Fürsten, ihre geteilten, sich so oft durchkreuzenden Güter, die Uneinigkeit der Geschichtschreiber bei
der

der Zahlbestimmung der Regenten von einerlei Namen, und die oft sich widersprechenden Nachrichten grade in diesem Teil der Brandenburgischen Geschichte so leicht verursachen können, erfodern eine desto strengere Ordnung, und eine genauere Auswahl der wichtigern Begebenheiten. Jene zu befodern, zählen wir bloß die wirklich regierenden Markgrafen; nennen z. B. den so genannten Heinrich ohne Land, den Zweeten, wenn ihm auch Andre schon den Namen des Dritten beilegen. Denn er ist doch in der That der Zweete dieses Namens, der als regierender Fürst vorkomt. Zu diesen, den wichtigern Vorfällen rechnen wir nur diejenigen, welche in der Mark selbst und den zu ihnen gehörenden Ländern Veränderungen hervorbrachten, welche Ursachen künftiger Begebenheiten, Ländererwerbungen späterer Zeiten enthalten, welche Sittengemälde der damaligen Einwohner, besondre Karakterzüge der in jenem Jahrhunderte lebenden Menschen, vorzüglich auch der regierenden Häupter darstellen. Die erste merkwürdige Ereigniß unter der Herrschaft der leztern Anhältischen Markgrafen scheint uns nach dieser Bestimmung die erlangte Lehnsherrschaft über Pommerellen zu sein; eines Landes, worauf das Brandenburgische Haus erst in unsern Tagen im Jahre 1772 seine Ansprüche geltend machen konnte. Doch ehe wir vom Ursprunge der Brandenburgischen Anfoderungen auf selbiges eine kurze Nachricht liefern, möchte es nicht unschiklich sein, zuvor über die Regierung der leztern Anhaltischen Markgrafen ein paar Worte zu sagen.

Gleich

Gleich nach ihres Vaters Johann's II. Tode regierten von der Johannischen Linie die drei ältesten Brüder: Johann II, Otto IV, und Konrad. Der jüngre Bruder Heinrich II. nahm an der eigentlichen Verwaltung der Staatsgeschäfte keinen Anteil. Daß er aber den Beinamen: ohne Land mit Unrecht führt, beweisen die Länder, welche er wirklich im Besitz, und worüber er sich mit seinen Brüdern abgefunden hatte, als das Havelland, das jetzt unbekannte Ländgen Gelicz, und das ihm in der Folge zugefallne Landsberg und Sangershausen. Es scheint die Erklärung eines neuern Schriftstellers nicht ungegründet zu sein, welcher sich vorstellt, daß man das in alten Handschriften, statt Havelland, vorkommende Aveland, ane Land, ohne Land gelesen haben möge. In der Ottonischen Linie riß ein früher Tod den ältesten Prinzen Johann III. von der Welt. Am dritten Ostertage 1268 ward er auf einem Turnier zu Merseburg, auf welchem er sich, den Dank oder Preiß zu gewinnen, eingefunden hatte, so schwer verwundet, daß er den folgenden Tag starb. Er war unvermält. Die Jahre seiner Jugend brachte er am Hofe seines Großvaters und Onkels zu Prag zu. Daher rührt es, daß man ihm den Beinamen des Prager's gab. Von seinen Brüdern waren die jüngern Albrecht III. und Otto IV. noch unmündig; jener kommt im Jahre 1273, dieser erst 1280 als Mitregent vor. Bis dahin sorgte Otto V. allein für das Wohl seiner Staaten.

Mit

Mit Uebergehung einiger unwichtigern Vorfälle wenden wir uns sogleich zu der ersten Hauptbegebenheit unter der Gesamtregierung der eben angezeigten Markgrafen ihrer nähern Verbindung mit dem Pommerelltischen Herzoge. Pommerellen oder Kleinpommern, welches jezt zu Westpreussen gehört, war ehedem nicht in so enge Grenzen eingeschlossen. Es erstrekte sich von der Persante bis zur Weichsel, von der Ostsee bis zur Netze. In den ältesten Zeiten war es mit Pommern verbunden, ward mit diesem von einem Fürsten beherrscht, nach einerlei Gesezzen regiert. Der erste unbezweifelte Regent beider Länder hieß Sambor oder Svantibor I. welcher 1107 starb. Zween von seinen vier Söhnen teilten die väterlichen Länder, und errichteten zwo Hauptlinien; die vom eigentlichen Pommern, und die von Pommerellen. Da das Brandenburgische Haus nach Erlöschung der ersten Linie im Jahre 1637 Pommern erbte, so hatte es auch daher schon das nächste Recht auf Pommerellen, welches in einem der folgenden Teile dieser Geschichte genauer dargestellt werden wird. Jezt im Jahre 1269. erhielten die Brandenburger aus einem andern Grunde die Anwartschaft auf dies Land. Es lebten zween fürstliche Brüder in Pommerellen, wovon der älteste Mestwin II. Herr des ganzen Landes, der jüngere Wratislaw Besizzer einiger Landgüter war. Mestwin wurde teils von seinem Bruder, der nach dem Herzogthum strebte, beunruhigt, teils mit dem deutschen Orden in Preußen in Streitigkeiten verwikkelt.

Beides

Beides bewog ihn, sich einen mächtigen, und treuen Bundesgenossen zu suchen; er wandte sich an die Brandenburgischen Markgrafen Johann II, Otto IV, und Konrad, trug ihnen 1269 die Lehnsherrschaft über alle seine Länder auf, legte ihnen den Lehnseid ab, und bestimmte, daß sie gleich nach seinem Todt ohne Rüksicht auf seine Erben das an der Persante gelegne Schloß Belgard in Besiz nehmen, aber seiner Witwe jährlich hundert Mark Silbers auszahlen, und einiges Getreide abliefern solten. — Wratislaw nahm zwei Jahr drauf den Mestwin gefangen, legte ihn in Fesseln, und ließ ihn nicht eher los, als bis er von ihm das Versprechen erhielt, er wolle ihm die Hauptstadt Danzig und die umliegende Gegend abtreten. Um diese Beleidigung zu rächen, um seine Rechte wieder zu erlangen, flehte nun Mestwin der Brandenburgischen Markgrafen Hülfe an, erinnerte sie an ihre Lehnsherrschaft, bittet sie um der Liebe Christi und aller Heiligen willen, und verspricht endlich, ihnen die Stadt Danzig zu überlassen, wenn sie nur seinen treulosen Bruder verdrängten. Die Markgrafen kamen, eroberten Danzig, und verjagten den Wratislaw. Der leztre starb eben, da er sich zur Wiedereroberung der Stadt rüstete. Mestwin änderte jezt seine Gesinnungen gegen das Brandenburgische Haus, als der Gegenstand seiner Furcht dahin war. Er foderte Danzig wieder. Die Markgrafen zeigten sich unter der Bedingung, daß er ihnen die Kriegskosten erstattete, zur Zurükgabe bereit. Mestwin drang, ohne den mindesten Ersaz geben zu wollen,

len, auf die Räumung der Stadt. Und da sie, wie natürlich, nicht erfolgte, rief er den polnischen Herzog Boleslav den Frommen, mit dem er Geschwisterkind war, zur Hülfe. Boleslav warf Feuer in die Stadt, welches heftig um sich grif, und die Brandenburgische Besazzung das Schloß zu verlassen, und sich auf einen hohen, feuerfesten Thurm zu retten, nöthigte. Der polnische Herzog eroberte wider aller Vermuther die Stadt, tödtete alle Deutschen, die er hier fand, und drängte die, welche auf den Thurm geflohen waren, so sehr, daß sie sich aus Mangel ergeben mußten. Der Krieg wurde mit äußerster Wuth einige Jahre fortgesezt, Pommerellen von den Markgrafen gedrükt, die Neumark von den Feinden unmenschlich verwüstet. Endlich erkannte Mestwin die Gerechtigkeit der Brandenburgischen Foderungen, schlüßt aus manchen Vorfällen, daß er sich mehr auf sie, als den Boleslav verlaßen könne, vergleicht sich mit ihnen 1273, und räumt ihnen die Städte Stolpe und Schlawe ein.

Die Wahl eines neuen Erzbischofs zu Magdeburg im Jahre 1278 verursachte einen langwierigen, verderblichen Krieg. Das Domkapitel hatte einen gewißen Grafen Buzo von Querfurt im Vorschlage; die Brandenburgischen Markgrafen wünschten ihren Bruder Erich, der sich dem geistlichen Stande gewidmet hatte, zu dieser Würde erhoben zu sehen. Jeder von den Wahlkandidaten hatte seinen Anhang, wobei es sogar zu Thätlichkeiten kam. Das Kapitel glaubte, sich am besten aus der Verlegenlegenheit zu ziehen, wenn es jedem 2000 Mark Silber auszahlte, und eine neue Wahl veranstaltete. Dies geschahe, und Graf Günther von Schwalenberg ward Erzbischof. Erich's Brüder fühlten sich mehr noch durch den Schimpf, daß man ihr Ansehn so wenig achte, als durch die Wahl selbst, die auf Günthern gefallen war, beleidigt. Sie zogen ihre Kriegsvölker zusammen, schloßen mit dem sächsischen Herzoge Albrecht II. und andern Fürsten ein Bündniß, fielen ins Magdeburgische ein, und eroberten die kleine Stadt Aken an der Elbe. Durch diesen glüklichen Anfang aufgemuntert, drang Otto IV. weiter vor, versamlete bei Frose die neuen aus Polen, Böhmen, Pommern und der Mark ankommenden Truppen, und bestimmte schon den Tag, an welchem er seine Pferde in der Domkirche zu Magdeburg füttern wolle. Ein allgemeines Schrekken verbreitete sich unter den Magdeburgern, und rettungslos gaben sie sich verloren. Aber Günther's Gegenwart des Geistes und entschloßner Muth befreite sie von der gefürchteten Gefahr. Er ergrif die Fahne des heiligen Moriz, des Schuzpatrons des Erzstifts, zog in einer feierlichen Prozeßion mit klingender Feldmusik auf den Markt, redete zu den Bürgern von der wunderthätigen Kraft der Fahne, und sprach ihnen solchen Muth ein, daß sie von der größten Furcht zur äußersten Herzhaftigkeit übergingen, daß sie bis auf's verzweifelteste sich zu wehren, und die Ehre des Heiligen zu retten beschloßen. Eine natürliche Erscheinung bei Leuten, die keinen festen Grundsäzzen folgen, sich stets am

Gängel-

Gängelbande des Ansehns, des Aberglaubens, der Vorurteile führen laßen, die öfters zu den nüzlichsten, edelsten Unternehmungen bewogen, noch leichter aber zu den wildesten, verabscheuungswürdigsten Thaten hingerißen werden. Diesmal war ihr Enthusiasmus ein wohlthätiger für ihre Stadt. Mit der kühnsten Wuth griffen sie Otto's IV. Heer bei Frose an, warfen es hizzig über den Haufen, und waren glüklich genung, den Markgrafen selbst in ihre Hände zu bekommen. Die bescheidnen oder religiösen Magdeburger schrieben ihren Sieg allein der Morizfahne zu; und der Erzbischof glaubte einen Mann, der so freventlich aus der Kirche einen Pferdestall zu machen gedrohet, und Gottes heilige Stadt zu bestürmen gewagt hatte, nicht zu hart zu bestrafen, wenn er ihn in einen großen, aus hölzernen Bohlen verfertigten Kefig einsperrte. Otto mußte diese einem Fürsten so unangemeßne Wohnung beziehen. Auf einer andern Seite brachten die Markgrafen Johann II. und Konrad zwar den Verlust dieser Schlacht wieder ein, sezten ihre Plünderungen im Stift fort, und eroberten Hunoldsburg und Debisfeld; aber alles dies konnte ihren Bruder aus seinem Gefängniße nicht befreien.

Durch die Treue eines alten Dieners erhielt endlich Otto IV. seine Freiheit wieder. Ein gewisser Johann von Buch war ungeachtet der vielen Dienste, die er seinem Vater Johann I. als geheimer Rath erzeigt hatte, bei ihm in Ungnade gefallen, weil er ihm die Wahrheit, deren ernste Stimme schon der Privatmann nicht gern hören mag, bei jeder Gelegenheit sagte. In der Noth lernt man den Freund kennen. Otto ließ seine Gemalin ersuchen, sich bei Buchen Raths zu erholen, wie sie seine Befreiung bewirken könnte. Buch wolte Anfangs von nichts wißen, und er, deßen Vorschläge man so oft verachtet hatte, ließ sich nur erst durch der Markgräfin dringende Bitten, durch die bittersten Thränen, die sie vergoß, bewegen, ihr ein Mittel an die Hand zu geben, das den glüklichsten Erfolg hatte. Sie reiste selbst nach Magdeburg, sprach jeden der Domherrn allein, und versicherte sich die Zuneigung von diesem durch hundert Mark Silbers, von jenem durch sechzig, und so von allen durch kleinre oder größre Summen nach Verhältniß ihres Ansehns. Als sie drauf mit dem Erzbischof unterhandelte, und dieser seine Räthe um ihre Meinung fragte, wußten sie viel von christlicher Liebe, von Mitleiden zu reden, wußten ihn durch die Vorstellung, wie viel der Markgraf dem Erzstift noch nuzzen könnte, von seiner Härte zu sanftern Gesinnungen herabzustimmen, wußten ihn so weit zu bringen, daß er selbst ihre Foderung von 7000 Mark zum Lösegeld zu hoch fand, und, um noch billiger zu scheinen, mit 4000 zufrieden zu sein versprach. Er erlaubte dem Markgrafen, auf vier Wochen in seine Länder zurükzugehen, und nach deren Verlauf bei seinem Ehrenworte entweder die verlangte Summe zu überschiffen, und bei seinen Brüdern die Räumung von Hunoldsburg und Oebisfeld zu bewirken, oder sich selbst wieder in die Gefangenschaft zu begeben. Otto sahe sich nun

wol

wol auf freien Fuß gestellt; aber die 4000 Mark Silbers, oder 56000 Thaler nach unserm Gelde, die er in so kurzer Zeit aufbringen solte, machten schon eine Summe aus, deren Herbeischaffung ihm die größten Sorgen erwekte. Denn die Märkischen Länder waren geteilt, die gesamten Einkünfte einer Linie betrugen nicht viel über einige tausend Mark, und mehrere Brüder hatten Ansprüche an dies Geld. In dieser Verlegenheit meinte Otto, daß es nicht Unrecht sein könne, den unnüzzen Kirchenpomp so wie die heiligen goldnen und silbernen Gefäße zu Bezahlung jenes Lösegeldes anzuwenden. Buch mißbilligte diesen Vorschlag nicht; er versprach jedoch, ihm einen beßern, kürzern Weg zu zeigen, sobald er ihn in seine vorigen Würden wieder einsezte. Otto gab ihm alle mögliche Versicherungen seiner Gnade und Liebe; und Buch führte den Markgrafen in die Sakristei zu Angermünde, öfnete einen mit starkem Eisen beschlagnen, mit Gold und Silber angefüllten Kirchenstok, und sagte: "Euer Vater vertraute mir dies Geld einstens an; ich mußte ihm versprechen, es Euch nur dann zu übergeben, wenn die äußerste Noth Euch drükte, und Ihr meinen Rath suchen würdet. Nehmt den Schaz, er wird zum Lösegeld zureichen." Otto erstaunte mehr noch über die Treue seines verkannten Dieners, als über die große Summe des gefundnen Geldes, das auf einmal seinem Kummer ein Ende machte. Er eilte sogleich nach Magdeburg, überlieferte das Geld, versicherte den Erzbischof von der Zurükgabe der beiden eroberten Oerter und frug ihn, ob er nun völlig

lig frei sei? Der Erzbischof sagte: ja. "Ihr wißt noch nicht, erwiederte jener, wie ihr von einem Markgrafen Gelder erpreßen solt: ich glaubte, ihr würdet mich mit einer Lanze in der aufgehobnen Hand zu Pferde sizzen laßen, würdet dann so viel Geld von mir fodern, daß in dem aufgeschütteten Haufen meiner Lanze Spizze nicht mehr zu sehen gewesen wäre. Da hätte sich's doch der Mühe verlohnt, mich gefangen zu haben." Diese Spottrede, und die Treulosigkeit der Domherrn, welche der Erzbischof Günther bald drauf erfuhr, kränkte ihn im Innersten der Seele. Er legte aus Verdruß sogar seine Würde 1279 nieder, und veranlaßte eine neue Wahl und neue Unruhen, die wir hier sogleich des Zusammenhanges wegen bis zu ihrer Endigung erzählen.

Der Domdechant Graf Bernhard von Wölpe erhielt die Mehrheit der Stimmen, fand an einigen Bischöfen, Fürsten, Grafen und selbst dem Brandenburgischen Markgrafen Albrecht III. aus der jüngern Linie standhafte Vertheidiger seiner Rechte, und konnte Gewalt mit Gewalt vertreiben. Die Markgrafen Johann II, Otto IV. und Konrad machten einen neuen Versuch, ihrem Bruder die erzbischöfliche Würde zu erwerben; und da sie ihre Absichten nicht mit Güte erlangen konnten, suchten sie ihren Zwek wieder mit Gewalt zu erreichen. Sie rükten vor die Stadt Stasfurt im Erzstift, um sie zu erobern, und ihrem Bruder über Leichen und Schutthaufen den Weg zum erzbischöflichen Stuhl

zu

zu bahnen. Hier erfuhr Otto IV. ein eignes Unglük. Einstens wagte er sich in der Hizze des Angriffs zu nahe an die Stadt und wurde mit einem Pfeile in den Kopf getroffen, welcher ein ganzes Jahr drin stekken blieb, endlich von selbst ausschwor, und herausfiel. Dieser Zufall veranlaßte seinen Beinamen: mit dem Pfeil. Niemand wird diese Ereigniß unglaublich finden, der den Mangel an Wundärzten damaliger Zeit bedenkt, ihre Ungeschiklichkeit kennt, und aus den Geschichtschreibern weiß, daß sich Fürsten und Könige auch in andern Fällen lieber der Hülfe der Natur, als den Händen unerfahrner Wundärzte überließen, daß man Beispiele aufstellen kann, wo Pfeile fünf, zehn und noch mehrere Jahre im Körper geblieben sind. — Bald wurden die Markgrafen durch einen Entsaz der Magdeburger die ganze Belagerung aufzuheben genöthigt. Noch einige Jahre sezten sie den Krieg fort, schlugen und erhielten Wunden, gewonnen und verloren Treffen und verglichen sich zulezt, daß sowol Bernhard als Erich dem Erzbisthum entsagen solte. Bernhard's Tod stellte endlich die Ruhe gänzlich wieder her, und erfüllte der Markgrafen sehnlichste Wünsche. Das Domkapitel sahe, daß bei Uebergehung Erich's neues Blut fließen, neue Zerrüttungen entstehen würden; es wählte ihn daher im Jahre 1283 einstimmig. Zwar war das Volk, das so viele Drangsale Erich's wegen erlitten hatte, mit dieser Wahl sehr unzufrieden, zwar drohte es, sich bis auf den lezten Blutstropfen zu wehren, ehe es ihn als Erzbischof anerkennte, zwar

mußte

mußte sich Erich durch einen heimlichen Gang, oder gar, wie Andre sagen, durch ein geheimes Gemach aus der Kapitelstube entfernen, in einem kleinen Kahn über die Elbe fahren, und zu seinem Bruder Otto nach Wolmirstädt, seine Zuflucht nehmen. Da aber das Domkapitel fest auf seiner Wahl beharrte, und Erich die unruhigen Herzen mit Güte zu besänftigen suchte, so gaben die Magdeburger endlich nach, und nahmen ihn als Erzbischof an. Erich erwarb sich nachher durch sein edles Betragen, durch seine Sanftmuth und Güte die Zuneigung des Volks in einem so hohen Grade, daß sie für ihn, als er bei einem Kriege mit seinen Lehnsleuten gefangen worden war, freiwillig das Lösegeld bezahlten.

Wir haben noch einige Begebenheiten nachzuholen, die wir, um die über der Magdeburgischen Erzbischofswahl entstandne Streitigkeiten nicht zu unterbrechen, bis hieher verschoben; die eine ist der Tod des Markgrafen Johann II, die andre, Otto's V. vormundschaftliche Regierung in Böhmen.

Johann II. erlebte die Freude nicht, seinen Bruder Erich zur erzbischöflichen Würde erhoben zu sehen. Denn im Mai des Jahrs 1282 starb er mit dem Ruhme eines würdigen Fürsten, eines zärtlichen Bruders, eines tapfern Kriegers. Er ward zu Chorin begraben und hinterließ keine Erben.

Otto V. von der Ottonischen Linie erwarb sich um Böhmen mannigfaltige Verdienste, die aber wenig erkannt, schlecht belohnt, vielmehr noch durch unge-

ungerechte und vergrößerte Beschuldigungen verunglimpft wurden. Sein Onkel Ottokar, König von Böhmen, brachte durch seine Unbiegsamkeit, und seine Widersezlichkeit gegen den deutschen König das Land fast bis an den Rand des Verderbens. Da dieser Habsburgische Graf, der Stammvater der jezzigen österreichischen Familie wider Ottokar's Willen und Zustimmung zum Kaiser erwählt worden war, so wolte ihn lezterer nie für das deutsche Oberhaupt erkennen, wolte eben so wenig die Belehnung über die zum deutschen Reich gehörenden österreichischen Herzogthümer von ihm annehmen. Hierüber brach der Krieg aus; Ottokar unterwarf sich, trat einen großen Teil seiner Länder an Rudolphen ab; ergrif die Waffen von neuem, verlohr sein Leben in einer Schlacht auf dem Marchfelde 1278, und ganz Oesterreich. Rudolph rükte nun weiter vor, eroberte Mähren, einen Teil von Böhmen und drohte der Hauptstadt Prag mit einem Sturm. Schon wolte sich die Witwe Kunigund mit ihrem achtjährigen Prinzen Wenzel dem Sieger ergeben; als Böhmen's Schuzengel, der Markgraf Otto V. mit einer ansehnlichen Kriegsmacht herbei eilt, die haltbarsten Städte besezt, den Staatsschaz in Sicherheit bringt, dem König muthig entgegen geht, und endlich einen Vergleich zu Stande bringt, nach welchem der König zur Erstattung der Kriegskosten Mähren noch fünf Jahre behält, die böhmischen Länder weiter nicht zu beunruhigen verspricht, und Otto V. als Vormund über den jungen Wenzel bestätigt wird.

Eine

Eine dreifache Vermälung sichert die Friedensbedingungen. Otto's Bruder, Otto VI. vermält sich mit der ihm längst versprochnen königlichen Prinzeßin Hedwig; des Königs Sohn Rudolph mit der böhmischen Prinzeßin Agnes; und Wenzel wird mit der königlichen Tochter Jutta verlobt. — Otto V. wolte nicht bloß der Retter des Reichs, er wolte auch der Wiederhersteller der Ordnung sein. Ueppigkeit und Schwelgerei hatten vom Hofe der Königin an, bis zur Wohnung des Privatmanns herunter, überhand genommen. Eines ausschweifenden Lebens unter der prachtvollen Regierung des Ottokar's gewohnt, wolte die Witwe diese Lebensart nun desto ungestörter fortsezzen; unzufrieden mit eines auswärtigen Prinzen vormundschaftlicher Regierung wünschte sie selbst das Staatsruder zu führen; beredete die Großen zu Empörungen, die Geistlichen zu Widersezlichkeiten gegen Otto'n, und machte ihren Liebling, einen gewißen Zavisius von Rosenberg, mit dem sie einen Bastard gezeugt hatte, zu ihrem ersten Staatsrath. Otto V. suchte allen diesen Unordnungen Einhalt zu thun, bemächtigte sich der Königin und des Prinzen, nahm leztern mit sich, um ihn nicht durch einer schändlichen Mutter Beispiel zum Laster hinreißen zu laßen, unterdrükte die Empörer, verfolgte sie selbst in den Kirchen, die man längst zu Zufluchtsörtern der Bosheit zu machen gewohnt war, bestrafte die Geistlichen, und verbot die kirchlichen Zusammenkünfte, die man zu neuen Verschwörungen mißbrauchte, auf einige Zeit. Die Königin entging

der

der Wachsamkeit Otto's, entwischte seinen Händen, ließ sich öffentlich mit ihrem Zavisius verbinden und sezte ihr lustiges Leben fort. Inre Angelegenheiten der Mark riefen Otto'n in seine eignen Staaten zurük; er schikte den Brandenburgischen Bischof Gebhard, einen rechtschafnen, würdigen Mann, nach Böhmen, der seine angefangnen Versuche zu Erhaltung der Ruhe und Ordnung weiter fortsezte, und sich durch tausend gelegte Hindernisse glüklich hindurch arbeitete. Endlich legte Otto V. im Jahre 1283 seine mit so vielen Unannehmlichkeiten verknüpfte Vormundschaft nieder, und bedung sich vom Prinzen Wenzel 5000 Mark Silbers für seine aufgewandten Kosten, und ausgestandne Mühseligkeiten aus, erhielt sie aber nicht, weil der König Rudolph den Prinzen von der Verbindlichkeit, dies erzwungne Versprechen zu erfüllen, lossprach. Statt aller Belohnungen überhäufte man ihn vielmehr mit den unbilligsten und schwärzesten Beschuldigungen, warf ihm vor, daß er den böhmischen Adel auszurotten und die Krone sich selbst aufzusezzen Willens gewesen wäre; daß er den Gottesdienst untersagt, die Kirchen, Gräber, Kapellen entheiligt, und Soldaten in die Klöster und Gotteshäuser geschikt habe; daß die heiligen Schäzze geplündert, die Priester mit Schlägen gemißhandelt, und fortgejagt, ihre Kleidung mit Füßen getreten, ein Rauchfaß von einem deutschen Teufelskinde gestohlen, und die Kirchthüren mit Wachen besezt worden wären; daß er selbst die Rache des Himmels über Böhmen gebracht habe, nach welcher das Land mit Hunger geplagt worden,

durch

durch Ueberschwemmungen Häuser eingestürzt und Felder verwüstet, durch Sturmwinde 24 Thürme niedergesunken, mehrere Berge und die Schloßmauern eingefallen wären; daß er dem Brandenburgischen Bischofe, einem noch härtern Tirannen, statt seiner die Regierung übergeben hätte; und was dergleichen Beschuldigungen mehr sind. Der Unparteiische entdekt wol bald die Quellen, aus denen sie geflossen, bedauert den menschlichen Verstand, oder erstaunt über die Bosheit des Herzens, die gewöhnliche Naturerscheinungen auf die Rechnung unschuldiger Menschen schreibt, und bekennt, daß jene Vorwürfe, wo nicht durchgängig grundlos, doch entsezlich übertrieben sind.

Nach Johann's II. Tode regierten die Markgrafen Otto mit dem Pfeil und Konrad allein, bewiesen in mancherlei Streitigkeiten ihre Tapferkeit, bei manchen politischen Vorfällen ihre Klugheit, sorgten für die Aufnahme ihrer Länder und erweiterten ihre Besizzungen. So erkauften sie ums Jahr 1291 die Markgrafschaft Landsberg, wozu außer dem jezt verwüsteten, auf einem Berge neben Landsberg gelegenen Schloße die Oerter: Delitsch, Reudeburg, Lauchstädt, Sangerhausen, Schraplau, und einige andre nebst dem Petersberge gehörten, von dem Meißenschen Markgrafen Albrecht dem Unartigen. Unbekannt ist die Summe, die sie dafür erlegten, und selbst die eigentliche Zeit, wenn sie diese Güter an sich brachten. Sie nannten sich zwar seit dieser Er-

wer-

werbung: Markgrafen von Landsberg, überließen aber in der Folge das Land ihrem jüngern Bruder Heinrich, der daher mit Unrecht durch den Beisaz: ohne Land, kenntlich gemacht wird. Auf einer andern Seite waren sie in Vergrößerung ihrer Länder nicht glüklich; der Herzog Mestwin II. von Pommerellen starb 1295 ohne männliche Nachkommen; die Markgrafen konnten ihre Rechte als Oberlehnsherrn jezt nicht durchsezzen, sie mußten es einem ihrer Nachfolger überlaßen, sie geltend zu machen. Mestwin hatte sich durch die Kunstgriffe des polnischen Herzogs Primislav verleiten laßen, ihn in einem Testamente zum Erben seiner Länder einzusezzen. Sogleich nahm Primislav Besiz von Pommerellen, und nannte sich, was seit langen Zeiten kein polnischer Herzog gethan hatte, König. Die Markgrafen fanden es der Zeitumstände wegen nicht für rathsam, sich in einen förmlichen Krieg einzulaßen. Sie suchten sich des neuen Königs mit List zu bemächtigen, um ihn zu Abtretung Pommerellen's zu nöthigen. Sie erfuhren, daß er zu Rogoszno die Fastnacht feire, und sich allen rauschenden Lustbarkeiten überließe. Sie hoften, ihn zu überraschen. Aber Primislav sezte sich zur Gegenwehr, erlag zwar der Uebermacht der Brandenburgischen Soldaten, hatte sie aber ihren Sieg theuer erkaufen laßen. Sein Tod brachte den Markgrafen keine sonstigen Vorteile, als daß sie einige Orte der südlichen Neumark einnahmen. Pommerellen blieb in den Händen des Nachfolgers von Primislav.

In

In der Ottonischen Linie erfolgte in wenigen Jahren hintereinander ein dreifacher Todesfall. Otto V. der entweder wegen seiner Leibesgröße, oder in Rüksicht seines jüngern Bruders Otto's VI. des Kleinen den Namen des Langen führt, starb 1198 und ward zu Lehnin begraben. Er besorgte während Wenzels Minderjährigkeit die böhmische Staatsangelegenheiten, unterstüzte die Markgrafen der ältern Linie in vielen ihrer Kriege, zeigte sich bei einer Kaiserwahl geschäftig und bewieß durch die Stiftung des Nonnenklosters zum Heiligen Grabe in der Prigniz bei dem Dorfe Techow ohnweit der Stadt Prizwalk, welche Macht der Aberglaube auch über die treflichsten Köpfe habe. Ein Jude, so erzählt's die heilige Einfalt der damaligen Zeiten, entwandte eine Hostie aus der Kirche zu Techow, konnte vor Schrekken nicht weiter kommen, vergrub sie unter'm dortigen Galgen, und ward zu Prizwalk wegen des sogleich auf ihn gefallnen Verdachts gefangen genommen. Listig entlokt man ihm das Geständniß seiner Frevelthat, bestraft ihn mit dem Tode, gräbt nach und findet, wie ehemals zu Zehdenik — einen Blutstrom. Bald drauf ritt der Havelbergische Bischof hier vorbei, ward plözlich krank, und plözlich wieder gesund, als er abstieg und unterm Galgen seine Andacht verrichtete. Nun beredet er Otto'n V. ein Kloster zu erbauen; der Markgraf verachtet die Wundergeschichte, und will lieber ein Schloß dort aufführen. Aber siehe da! seine Speisen verwandeln sich in Blut; nun erkennt er Gottes Finger, stiftet

1289

1289 ein Cisterzienserkloster für zwölf Nonnen, und nennt es von dem Grabsteine, den man über das Loch, wo die Hostie vergraben worden, gelegt hatte, Heilig Grab. Jezt ist es ein Stift für eine Aebtissin und dreißig Fräulein, und besizt neunzehn Dörfer. Den Markgrafen Otto V. überlebte von drei Söhnen nur ein einziger, Herrmann der Lange, der nach ihm die Regierung übernahm.

Bald folgten ihm seine beiden Brüder Albrecht III. und Otto VI. der Kleine im Tode nach; jener starb im Jahre 1300, dieser 1303. Albrecht scheint mit seinen Brüdern eben so wenig, als mit seinen Vettern, den Markgrafen der ältern Linie in gutem Vernehmen gelebt zu haben. Das Leztre beweiset der Beistand, den er den Feinden Erich's bei den Magdeburgischen Zwistigkeiten leistete; das erstre die Absonderung und Teilung seiner Länder, worauf er bei seinen Brüdern drang. Ob er selbst die Ursache dieser Uneinigkeiten gewesen, oder zu jener Lauigkeit gegen sein eignes Haus gereizt worden sei, ist unentschieden. Seine Kinder waren schon vor ihm gestorben. Es fielen daher alle Länder der Ottonischen Linie an Otto's V. Sohn, Herrmann den Langen. Denn Otto VI. hatte der Regierung entsagt, und war nach seiner Gemalin Tode in's Lehnische Kloster gegangen, woselbst er auch als Mönch sein Leben endigte.

Die Johannischen Markgrafen Otto mit dem Pfeil und Konrad zeigten bei Entstehung eines innern Sturms, der wol sonst die mächtigsten Reiche

che erschütterte, und die größten Prinzen niederwarf, eine seltne Standhaftigkeit und eine nicht gewöhnliche Aufklärung des Geistes. Sie hatten in ihren Kriegen bei einreißendem Geldmangel von den Klöstern, den Bischöfen und den übrigen Geistlichen, die nur das Fette des Landes verzehrten, und dem Staate nichts zurük gaben, die Bede — so nannte man die Abgaben — eingetrieben. Im Jahre 1302 erfrechten sich einige jener heiligen Müßiggänger, die Markgrafen in den Bann zu thun, die Verschließung der Kirchen und die Unterlaßung des Gottesdienstes zu befehlen. Ihrer ungerechten Sache sich bewußt, und mit dem furchtlosen Karakter der Markgrafen bekannt, flohen sie, der verdienten Züchtigung zu entgehen, nach Magdeburg, zufrieden, den Grund zu einer allgemeinen Empörung gelegt zu haben. So weit aber ließ es die Klugheit und der Muth der hellerdenkenden Fürsten nicht kommen; sie sahen alle die fürchterlichen Drohungen für das an, was sie waren, für Ausbrüche der boshaften Scheinheiligkeit, und ohnmächtiger Rachsucht; gaben die strengsten Befehle an die zurükgeliebnen Geistlichen und Mönche, den Gottesdienst ununterbrochen zu besorgen; sezten die Ungehorsamen ab, zogen ihre Güter ein, und verjagten sie aus dem Lande. Die Vertriebnen brachten drauf ihre Klagen vor den heiligen Stuhl des vermeintlichen Oberhaupts der Christenheit, und hoften von dem damaligen Papste Bonifacius VIII. die sicherste Hülfe, und die vollkommenste Genungthuung; einem Manne, von dem man sagt, daß er den päpstlichen Stuhl als ein listi-

ger

ger Fuchs bestiegen, sein Amt als ein grimmiger Löwe verwaltet, und ein Ende als ein wüthender Hund mit Schrekken genommen habe. Auf seinen Befehl erschien der Kardinal Landulph in der Mark, foderte die Markgrafen vor seinen Richterstuhl, befahl im gebiethrischen Tone des Despoten die Zurükberufung der Verbannten, die Erstattung der von den Geistlichen genommenen Abgaben, die Wiedergabe der eingezognen Güter, und verschloß bis zu Erfüllung aller dieser Foderungen den armen Brandenburgern des Himmels Thür. Sein geistlicher Troz machte mehrere der Flüchtigen kühn genung, zurükzukommen. Die Markgrafen verachteten das elende Pfaffengeschwäz, verjagten die Wiedergekommenen von neuem, und mit ihnen alle die, welche es wagten dem Kardinal zu gehorchen. Der erzürnte Landulph übergab nun die Fürsten in völliger Form dem Teufel, donnerte einen neuen Bannfluch auf sie, verlangte vom Magdeburgischen und Bremischen Erzbischof, dies von Christi Statthalter bestätigte Verdammungsurteil öffentlich von den Kanzeln verkündigen und auf alle mögliche Art bekannt machen zu laßen, und zog wohlbedächtig in seine Heimath. Die Markgrafen behaupteten die Rechte der landesherrlichen Macht, die Aussprüche der gesunden Vernunft und einer aufgeklärten Staatskunst, so nachdrüklich und unbeweglich, daß endlich die heiligen Schwärmer ihren Verstand wiederbekamen, sich eines beßern besannen, den Bann aufhoben, und zufrieden waren, daß sie mit keinen weitern Geldeintreibungen belästiget wurden. Die
Bran-

Brandenburgischen Fürsten standen im ganzen deutschen Reiche in solchem Ansehn, daß ihr Bann wenig geachtet ward, daß Otto mit dem Pfeil vom Kaiser sogar den Auftrag erhielt, alle nachteiligen Folgen zu verhindern, welche wegen des von dem Wernigeroder Grafen neuerbauten Raubschloßes, bei Goßlar für Deutschland entstehen könnten.

Bald nach Aufhebung des Kirchenbannes erlitt die Mark durch den im Jahre 1304 zu Schwed erfolgten Tod des Markgrafen Konrad's einen großen Verlust. Seinem sanften Herzen, seinem durchdringenden Verstande, seinem standhaften Geiste hatte das Land unendlich viel zu verdanken. Ein Freund der Jagd, dem Kriege an und für sich abgeneigt, zeigte er sich dennoch tapfer, wenn die Sicherheit des Landes oder die Lage der Umstände ihn das Schwerdt zu zükken nöthigten. Beispiele von seiner freien Denkungsart, die sich von seiner Zeitgenoßen Vorurteilen ziemlich entfernte, sind eben angeführt worden; und der Schuz, den er nebst seinem Bruder Otto den überall verfolgten und als verworfen angesehnen Juden seit 1297 angedeihen ließ, möchte hiervon wol keins der unbedeutendsten sein. Er gestattete jedem, der zehn Mark oder 140 Thaler im Vermögen hatte, alle bürgerliche Rechte, Freiheiten, Vorzüge so wie sie seine christliche Unterthanen genoßen, verlangte dafür den sechzehnten Teil von ihrem Habe zur Abgabe, und verpflichtete sie, in gerichtlichen Fällen wie jeder andre, einen Eid, wenn es verlangt würde, und zwar in deutscher Sprache,

Sprache, abzulegen. Er ward zu Chorin begraben. Von seinen drei Söhnen trat der älteste, Otto in den Orden der Tempelherrn und starb 1308. Die jüngern Johann IV. und Waldemar regierten nach ihres Vaters Tode mit ihrem Onkel Otto IV. gemeinschäftlich.

Otto's IV. übrige öffentliche Verrichtungen bis an seinen Tod hin, waren: ein neuerLändererwerb, Streitigkeiten mit dem Kaiser, und Geschäftigkeit bei einer neuen Kaiserswahl. Die beiden ersten Punkte scheinen für unsre Absicht allein eine besondre Ausführung zu verdienen. Der Markgraf Tiecemann von Thüringen und der Lausiz, hatte schon im Jahre 1301 die Lausiz, worunter man damals bloß die jezige Niederlausiz verstand, dem Magdeburgischen Erzbischof für 6000 Mark oder 84000 Thaler zum Verkauf angeboten. Sie wurden nicht eins. Geldmangel und Schulden drükten Tiecemannen so sehr, daß er den Markgrafen Otto IV. und Herrmann dem Langen 1304 dies Land käuflich überließ. Seit dem nannten sich die Markgrafen Brandenburg's zugleich: Markgrafen der Lausiz.

Mit dem damaligen Kaiser Albrecht I. zerfiel Otto IV. wegen der Markgraffschaft Meißen. Albrecht bemächtigte sich wärend der innerlichen Zerrüttungen in Meißen und Thüringen, und der Streitigkeiten zwischen dem Meißenschen Markgrafen Albrecht dem Unartigen und seinen eignen Söhnen, dieses Landes; und verpfändete es darauf für 40000 Mark an den böhmischen König Wenzel II. Leztrer lieh sich von Brandenburg eine Summe von 50000 Mark, und überließ ihm dafür Meißen zum Unterpfande. Der Kaiser bezahlte im Jahre 1304 dem böhmischen Könige seine Schuld, und foderte das versezte Meißnerland zurük. Wenzel war aber nicht im Stande, es von den Brandenburgischen Markgrafen einzulösen, und ward durch ihre Ueberredung noch mehr in dem Entschluß bestärkt, es nicht zu thun. Albrecht wolte sich nun seine verpfändeten Länder mit gewafneter Hand wieder zueignen: mit einer großen Macht fiel er in Böhmen ein, drang bis Kuttenberg im jezzigen Tschaslauer Kreise vor, mußte sich aber wegen des Mangels an Lebensmitteln, wegen einreißender Krankheiten und wegen des Einbruchs des Winters zurükziehen. Das folgende Jahr sezten die Brandenburgischen Markgrafen Otto IV, Johann IV, Herrmann der Lange und Waldemar den Krieg fort, und wurden in die Reichsacht erklärt. Doch der unvermuthete Tod des Königs Wenzel's II. machte den Feindseligkeiten ein Ende. Sein Sohn Wenzel III. verglich sich mit dem Kaiser, trat ihm Meißen ab, und befriedigte Brandenburg, man weiß nicht recht, wie? worauf Albrecht die Reichsacht aufhob. Bald nach wiederhergestellter Ruhe starb der Markgraf Johann IV. ohne Kinder zu hinterlaßen.

Wichtiger ist der Tod Otto's IV. mit dem Pfeile. Er starb 1308, ward zu Chorin begraben,

ben, und hatte von seiner Gemalin Hedwig, einer Holsteinischen Prinzeßin, keine Erben. Er ist als Held, als Staatsmann, als Landesvater, als Kenner und Beförderer der Gelehrsamkeit, als eigner Dichter einer der merkwürdigsten Fürsten unter den Markgrafen des Anhaltischen Hauses. Seine Tapferkeit, die keine Gefahren scheute, seine frohe Laune, die bitter spottete, seine brüderliche Liebe gegen die Seinigen, seine stete Aufmerksamkeit auf die Erweiterung und Erhaltung seiner Staaten, seine hellere Denkungsart — alles das wird jeder in den bisher von ihm erzählten Thaten gefunden haben. Von seiner Sorge für das inre Wohl seiner Länder, seiner Bemühung, Handlung, Gewerbe und Handthierungen zu befördern, zeigen die volkreichen Städte, der blühende Nahrungszustand, und die schon einreißende Ueppigkeit. Daß er aber ein Freund der Wißenschaften, ein Gönner der Gelehrten, und selbst ein Liebling der Musen war, muß jedem Bewunderung und Staunen einflößen, der den Geisteszustand und die Lebensart der Geistlichen, des Adels, der Bürger in jenem Jahrhundert kennt. Die Lehrer des Volks waren blinde Führer, waren selbst die unwißendsten, vorurteilvollsten Leute, Feinde der Aufklärung und Kinder der Finsterniß, sahen die Religion nicht als ein Geschenk Gottes an, den Verstand weise, das Herz edel, und die menschliche Glükseligkeit allgemein zu machen, sondern betrachteten sie als ein Erwerbungsmittel, ungeheure Schäzze zu häufen, als einen Dekmantel, unter dem sie die schändlichsten Ausschweifungen begehen, jede niedere

Lust

Luſt ſättigen, jeder thieriſchen Leidenſchaft ungeſtraft fröhnen könnten. Mit der Geige in der Hand eilte der Pfaffe ſelbſt an den erſten Feſttagen in die Schenke, in's Saufgelag, in den Kreis taumelnder Bauren, ſpielte ihnen zum Tanz auf, und nahm an ihren ſittenloſen Freuden Teil. Hier plünderte einer die Schäzze der Kirchen, brach in der Reichern Häuſer ein, und raubte gleich dem ſchamloſeſten Böſewicht. Dort beging ein andrer ungeſcheut Ehebruch und Hurerei, erzeugte Baſtard auf Baſtard, bezahlte ſeinem Biſchof eine Geldbuße, und ſo war ſeine Mißethat zugleich aus dem Schuldbuche des Ewigen gelöſcht. Der Adel glaubte, was die Kirche zu glauben befahl, hielt Kentniße für Entehrung ſeiner Würde, und Dummheit für einen Vorzug ſeines Standes, lag auf den Landſtraßen, errichtete Räuberbanden und fiel Wehrloſe an, ſtreifte in Andrer Gebiet, und übte ſich bloß in Morden, Plündern, Brennen. Der Bürger füllte ſeinen Kopf mit Wunder- und Mirakelgeſchichten an, blieb mit den erſten Gründen aller Kentniße, dem Leſen und Schreiben unbekannt, überließ die Sorge für ſeine Seele ganz den Geiſtlichen, bekümmerte ſich nur um das Leibliche, und hofte durch die Fürbitten der Heiligen, durch die Erfüllung der ungereimteſten Zeremonien, und die guten Werke Andrer doch wol den Himmel zu erben. Wie konnte bei dieſer Verdorbenheit aller Stände, bei dieſer Sittenloſigkeit der Vornehmern, bei dieſer Fühlloſigkeit der Niedern, dieſer allgemeinen Rohheit und Wildheit, die Pflege der Wiſſenſchaften gedeihen, die Ausbreitung nüzlicher Kentniße

nisse befördert werden? Es war unter diesen Umständen gewiß die seltenste Erscheinung, daß Otto IV. der überall verbannten Gelehrsamkeit einen Zufluchtsort an seinem Hofe verschafte, daß er, auser den Minnesängern oder Liebesdichtern, die noch allein ihr Glük bei andern Fürsten machten, auch Mathematiker, Sternkundige, Kriegsbauverständige, Staatsmänner um sich her versamlete. Auf dem Reichstage zu Erfurt 1290 verkündigte einer seiner Astrologen eine Sonnenfinsterniß vorher, bestimmte ihre Dauer, und ward als ein halber Wundersmann verehrt, da sie pünktlich eintraf. Der erste seiner Kriegsbaumeister Gerhard, aus einer adelichen Familie entsproßen, vermehrte nicht blos den Glanz des Markgräflichen Hofes, er verschafte seinem Herrn auch die wichtigsten Vorteile. Man rühmt besonders seine Kunst, Werkzeuge zu leichter Eroberung der Festungen und Städte, zu verfertigen. Den großen Aberglauben dieses verdienstvollen Mannes können wir als einen Beitrag zum Sittengemählde seiner Zeit nicht übergehen. Der Neid fremder Fürsten suchte unserm Markgrafen diesen geschikten Künstler zu rauben. Einstens erschienen vier Männer in Todtenkleidung mit Lichtern in der Hand des Nachts in Gerhard's Schlafzimmer, stellten seine Lebensart als ein Hinderniß der ewigen Seligkeit vor, bestimmten ihm seinen Todestag, ermahnten ihn zur Buße und ließen ein Sterbekleid auf seinem Bette liegen, damit er den ganzen Vorfall nicht etwa für einen Traum hielte. Frühmorgens fiel Gerharden das Todtengewand sogleich

zu

in die Augen, und erregte ihm einen solchen Schrek, daß er sich's anzog, den Hof verließ, nach Preußen ging und in den deutschen Ritterorden trat. — Daß Otto aber nicht blos Gönner der Wißenschaften, sondern selbst Pfleger derselben, und Dichter war, ist schon gesagt worden. Von seinen noch übrigen Liedern, die Freude und Liebe athmen, führen wir nur einige Proben an. Vollständig findet sie der Liebhaber in des Ruedger Manaße Samlung von Minnesingern und in der Mörschelschen Geschichte der Mark Brandenburg. Wir wählen zuvörderst seine Beschreibung des kommenden Maimonats:

Uns kumt aber ein liehter meie,
der machet manig herze fruot.
Er bringet bluomen mangerleie.
Wer gesach je sueßer bluot.
Vogelin doene sint manigvalt,
wol geloubet stet der walt;
des wirt vil trurig herze balt. *

Die Liebe besingt der Dichter in folgenden Versen:

Frowe minne wis min botte alleine;
sage der lieben, die ich von herzen minne,

---

* Nach unsrer jezzigen Mundart würden diese Verse etwa so lauten:

Zu uns komt abermals der helle Mai,
der machet manche Herzen froh.
Er bringet uns der Blumen mancherlei.
Wer sah die süße Blüte jemals so?
Der Vögel Tön sind mannigfalt,
Voll frischen Laubes steht der Wald;
dies füllt manch traurig Herz mit Muth.

sî ist, die ich mit ganzen trûwen meine;
swie sî mir benimt so gar dî sinne.
Sî mag mir wol hohe froide machen:
wil ir roter munt mir lieplich lachen,
seht, so muos mir alles truren swachen.

X. Ich bin verwunt von zweierhande leide;
merkent, ob das froide mir vertribe.
Es valwent liehte bluomen ûf der heide,
so lide ich not von einem reinen wibe.
Dû mag mich wol heilen und krenken;
wolde aber sich dû lîhe baz bedenken,
so weis ich, mir muoste sorge entwenken.

X Ich wil nach ir hulde ringen
alle mine lebenden tage.
Sol mir niht an ir gelingen,
seht, so stirbe ich sender klage,

sî

* Frauenliebe sei mein Wunsch allein!
Sag der Guten, die ich herzlich liebe,
daß ich's ehrlich, treulich mit ihr mein'.
Meine Sinne folgen diesem Triebe.
Sie nur kann mir hohe Freuden machen;
will ihr rother Mund mir lieblich lachen,
seht! so muß mir jede Trauer schwinden.

Wunden fühl' ich durch ein zwiefach Leiden:
glaubt ihr's, daß dies jede Freud' vertreib'?
Wie die lichten Blumen in den Heiden
welken; so zehrt mich der Gram ob einem reinen Weib.
Sie kann Heil, kann Krankheit schenken:
aber wolt die Liebe besser sich bedenken,
so würde jede Sorge mir enteilen!

ſt en trôſte mich zeſtunt.
Jr durlühtig roter munt
hat mich uf den tot verwunt. *

Die jüngere Linie näherte ſich ihrer almähligen
Erlöſchung. In eben dem Jahre 1308 ſtarb der
Markgraf Herrmann, deßen anſehnliche Leibesge-
ſtalt ihm den Beinamen des Langen zuzog. Zwar
hatte er nur wenige Jahre regiert; ſich aber doch
durch ſeine Freigebigkeit, ſeine Herablaßung gegen
Niedre, ſeine Geſelligkeit gegen Höhere, ſeine Tapferkeit, allgemeine Hochachtung und Liebe erworben.
Seine Gemalin Anna, Tochter des Kaiſers Albrecht's I. gebahr ihm einige Töchter, — unter
denen eine Namens Agnes wegen der Folge dieſer
Geſchichte genannt werden muß, — und einen einzigen Sohn Johann V. den Erlauchten, den lezten
Fürſten von der Ottoniſchen Linie, mit deßen Tode
1317 ſie völlig ausſtarb.

Die anfängliche zahlreiche Menge der Anhalti-
ſchen Markgrafen war ſchon ſehr vermindert; jezt
blühten nicht mehr als noch drei Zweige dieſes Hau-
ſes: Heinrich II. ohne Land, der ſich gewöhnlich
zu Sangerhauſen in Thüringen aufhielt, und
an

---

* Ich will nach ihrer Huld ſtets ringen
in allen meinen Lebenstagen.
Doch ſolte mir bei ihr es nicht gelingen,
ſo ſterb' ich unter bittern Klagen:
ſie tröſt mich denn noch jezt zur Stund,
Ihr ſchön durchſicht'ger rother Mund
hat bis zum Sterben mich verwund't.

an der Besorgung der Staatsgeschäfte keinen weitern Anteil nahm; Johann V. der Erlauchte war noch unmündig und stand unter der Vormundschaft Waldemar's; dieser leztre war also jezt als der einzige Herr der gesamten Märkischen Länder anzusehen; und auch nachher, als Johann selbst regierte, war's doch Waldemar, von dem das Schiksal Brandenburg's und der benachbarten Staaten abhing. Er erhob die Mark auf einen so hohen Gipfel der Macht, der äußern und innern Stärke, als sie unter der Herrschaft des Anhaltischen Hauses noch nie gehabt hatte. Klein war zwar sein Körper, aber groß sein Geist, unerschütterlich sein Muth, ohne Grenzen sein Ehrgeiz, prachtliebend seine Seele, und listig genung, jede Gelegenheit zu Erreichung seiner Absichten zu benuzzen. Mit diesen Eigenschaften begabt, eroberte er Länder, züchtigte er Ungehorsame, ging er unerschrocken einer halben Welt feindlicher Völker entgegen. Seine Thaten sind es vorzüglich und beinahe allein, welche der Geschichtschreiber bis zum Abgange der Anhaltischen Markgrafen zu erzählen hat; unter ihnen zeichnet sich die Eroberung Pommerellen's als die erste von Wichtigkeit aus.

Die Ansprüche, welche Brandenburg auf Pommerellen machte, und die unglüklichen Versuche, sie durchzusezzen, sind oben erzählt worden. Der polnische König Wladislav Loktek, oder der Ellenlange, behauptete sich im Besiz dieses Landes, verlohr es aber hernach durch die Treulosigkeit des

Hinter-

Hinterpommerschen Statthalters, Peter's Sven-
ja. Peter hatte zur Beschüzzung des Landes ansehnliche Summen von seinem eignen Vermögen
vorgeschoßen. Der polnische König erfüllte seine
gerechte Foderung, jene Gelder zu ersezzen, nicht nur
nicht, sondern antwortete ihm noch darzu mit dem
Stolze eines Despoten. Diese Undankbarkeit erzeugte den rachsüchtigen Entschluß im Statthalter, die
Brandenburgischen Markgrafen nach Pommerellen zu
rufen, und ihnen ein Land zu verrathen, worauf sie
die gegründetsten Ansprüche machten. Waldemar
folgte nebst seinem Mündel Johann, voller Freuden einem Rufe, der seinen Wünschen so ganz entsprach. Jezt erreichten sie ihre Absicht noch nicht.
Denn Peter's Anschläge wurden entdekt. Der
König Wladislav bemächtigte sich seiner, verwahrte ihn in einem festen Gefängniße, und schenkte
ihm seine Freiheit nicht eher wieder, als bis seine
Brüder sich für ihn als Geißeln stellten. Die Brüder bestachen die Wache und entflohen; und Peter,
welcher sich von neuem beleidigt zu sein glaubte,
beschleunigte seine Rache. Er führte das nun aus,
woran er vorher verhindert ward. Er übergab den
Brandenburgischen Markgrafen ganz Hinterpom-
mern und die Stadt Danzig. Das einzige
Schloß Danzig blieb in polnischen Händen, ward
durch eine starke Besazzung gedekt, und von einem
tapfern Befehlshaber, Bogusky, vertheidigt. Die
Brandenburger aber schloßen es eng ein, schnitten
ihm alle Zufuhr ab, und brachten es bald in solche
Verlegenheit, daß Bogusky kein andres, als ein ver-
zwei-

zweifeltes Mittel zur Rettung übrig sahe. Er wagte es, aus dem Schloße heimlich mitten durch die Belagerer zum polnischen Könige zu eilen. Es glükte ihm. Er rieth dem Wladislav, die deutschen Ordensritter aus Preußen zu Hülfe zu rufen. Die zu große Gefahr ließ den König hierbei nur an seine jezzige Errettung, nicht aber an die künftigen gefährlichen Folgen dieses Schrittes denken. Er folgte seines Feldherrn Rathe. Die dienstwilligen Ritter nahmen die Einladung gern an, kamen, entsezten das Schloß, vertrieben die Brandenburger, und — warfen sich selbst zu Herrn dieser Gegend auf. Hiermit noch nicht zufrieden, sezten sie ihre Eroberungen weiter fort, bemächtigten sich mehrerer Pläzze, und hatten nichts geringers im Sinne, als die Brandenburgischen Markgrafen aus ganz Pommerellen zu verdrängen. Waldemar hielt's nicht für rathsam, sich in einen schwierigen Krieg einzulaßen; er verglich sich daher 1310 mit den Rittern, verkaufte ihnen Pommerellen für 10,000 Mark oder 140,000 Thaler und behielt blos den Strich Landes zwischen den Flüßen Leba und Grabo, worin Lauenburg, Bütow, Stolpe und Slawe liegen. Im folgenden Jahre wurde der Vergleich völlig bestätigt; und Waldemar auf einer andern Seite in neue Streitigkeiten verwikkelt.

Daß Waldemar ein Freund der Pracht, und des äußern Glanzes war, haben wir bei der kurzen Schilderung seines Karakters schon im Allgemeinen gesagt. Die Folge der Geschichte führt uns jezt zu
einem

einem besondern Beispiele seiner Prachtliebe und des
Geschmaks seines Zeitalters überhaupt. Der König
Erik VI. von Dännemark, die Markgrafen von
Brandenburg, die Fürsten von Meklenburg und
andre Länderbeherrscher waren auf die große Macht
der Seestädte eifersüchtig, und wünschten ihre Stärke geschwächt, ihren Stolz gedemüthigt, ihre Reichthümer vermindert zu sehn. Sie beschloßen daher
im Mai 1311 eine Zusammenkunft zu Rostok, um
sich hierüber zu berathschlagen. Bei dieser Gelegenheit wolte Erik seinen ganzen königlichen Pomp
zeigen. Er veranstaltete die glänzendsten Feierlichkeiten, an denen Waldemar um desto lieber Anteil nahm, da er selbst einen prächtigen Hofstaat
unterhielt, und die Reichen und Mächtigen von Adel
aus allen Teilen der Welt um sich versamlete. Zwanzig regierende Fürsten, über 6600 Grafen, Ritter,
Edelleute, viele Bischöfe, und eine große Anzahl der
schönsten Frauenzimmer aus Dännemark, Deutschland, Polen, erschienen auf Erik's und Waldemar's Ersuchen, außer einer zahllosen Menge Zuschauer bei Rostok. Aber die Einwohner dieser
Stadt fürchteten sich vor einer solchen Schaar be-
wafneter Leute, und glaubten, die Absicht des dänischen Königs, unter deßen Schuzze sie standen, wäre,
sie völlig zu unterjochen, und mit mehr Lasten zu
beschweren. Sie verschloßen ihre Thore, und lies-
sen keinen der ankommenden Herren herein. Die
vornehmsten Fürsten beschloßen, die Stadt für diese
Weigerung zu züchtigen. Indeßen unterblieben die
Lustbarkeiten nicht. Sie lagerten sich vor der Stadt

in

in dem sogenannten Rosengarten, woselbst für den
König zwei Gemächer, mit dem feinsten rothen Tuche überzogen, und für die übrigen kostbare Zelte
errichtet wurden. Erik und Waldemar ließen
den Haber für die Pferde wie einen Berg auf ofnem
Felde aufschütten, und zu aller Gebrauch frei geben;
aus zween künstlichen Brunnen flossen Tag und
Nacht Wein und Bier, und der Tisch war für jeden
gedekt. Am ersten Tage der Feierlichkeiten zog der
Brandenburgische Markgraf nebst den deutschen Fürsten mit fröhlichem Jauchzen vor Erik's Gemach,
und ließ sich von ihm zum Ritter schlagen, welches
hernach noch an neunzehn deutschen Fürsten und
achtzig andern Vornehmen von Adel geschahe. Alle
diese hundert Ritter bekamen vom Könige einen scharlachnen Mantel, einen mit Grauwerk gefütterten
Rok, ein Zelterpferd, und Schild und Schwerdt.
Hierauf fingen die Turnierspiele mit Singen, Springen, Ringen an, und Gauklrr, Fechter, Wettläufer,
Spielleute und Abentheurer aller Art ließen ihre
Künste sehen. Diese festlichen Vergnügungen wurden einen ganzen Monat hindurch fortgesetzt.

Erik machte nach Endigung dieser Freudenfeste sogleich Anstalt, mit Hülfe seiner Bundesgenossen, an den Rostokern Rache zu nehmen. Waldemar, sein Bundesgenoße, unterstüzte ihn anfänglich
nicht. Ein Feldzug gegen den Markgrafen von
Meißen, Friedrich mit der gebißnen Wange verhinderte ihn daran. Die Geschichte dieses Streites
ist noch durch keine Urkunden, und durch keine andre
gültige

gültige historische Zeugniße genau entwikkelt. Selbst das weiß man nicht, was die eigentliche Ursache des Krieges, und wer der erste Stöhrer des Friedens gewesen sei. Die mehrsten Geschichtschreiber, freilich fast alle Sächsische, und also der Parteilichkeit verdächtige, machen Waldemar'n zum Angreifer. Sein Ehrgeiz, seine Eroberungssucht und einige Zeitumstände scheinen diese Angabe zu bestätigen. Waldemar brach in Sachsen ein, schlug öffentlich oder überfiel heimlich. — auch dies ist zweifelhaft — im Anfange des Frühlings 1312 seinen Gegner, den Markgrafen Fridrich bei Großenhayn, überwand und machte ihn gefangen. Eben so ungroßmüthig, als unpolitisch sprach er im Tone des stolzen Siegers, und legte ihm harte, unerträgliche Bedingungen vor; Bedingungen, die wol der Gefangne unterschreibt, aber der Freie wieder bricht. Friedrich mußte allen Ansprüchen auf die Lausitz, und auf Landsberg entsagen, die Städte und Schlößer Torgau, Han und Ortrant mit allen Eigenthumsrechten; so wie Grimme, Doebeln, Rochlitz, Leipzig und einige andre zum Unterpfande für 32000 Mark Silbers Kriegskosten und Brautschazgelder an die Markgrafen von Brandenburg abtreten. Friedrich's Tochter solte, es ist nicht bestimmt wen? unstreitig aber Waldemar's Neffen, den Grafen Albrecht von Anhalt-Köthen heirathen: daher wird in dem Vergleiche eines Brautschazes gedacht. Der Friede wurde den 10. August 1312 zu Tangermünde unterzeichnet, worauf der gefangne Markgraf seine Freiheit erhielt.

Die

Die Ruhe dauerte nicht lange. Denn Waldemar's Härte reizte Friedrichen zum Bruch. Im folgenden Jahre wurden die Brandenburger aus den mehrsten sächsischen Besitzungen vertrieben, wärend einer Zeit, wo ihr Regent in Meklenburg beschäftigt war. Im Mai 1313 kam ein allgemeiner Landfrieden zu Stande, deßen einzelne Punkte aber unbekannt sind. Nur das ist gewiß, daß Waldemar Dresden, Meißen, Großenhain und Torgau behielt.

Als Waldemar seinen Zug gegen Meißen im Frühjahr 1312 glüklich geendigt hatte, so eilte er seinem Freunde, dem dänischen Könige Erik zu Hülfe, deren er gar sehr bedürfte. Denn die Rostoker hatten die Dänen geschlagen, ihre Festungswerke bei Warnemünde eingenommen, und einen starken Thurm von Baksteinen daselbst aufgeführt. Erik rükte um Johannis wieder vor Warnemünde, belagerte es mit den verbundnen Fürsten, und eroberte es erst in der zwölften Woche. Die Nachricht hiervon erregte einen Aufruhr der Bürger zu Rostok gegen ihren Rath: diese Verwirrung benuzten die feindlichen Sieger; sie erstiegen die Mauern, und legten der Stadt eine Strafe von 14000 Mark Silbers oder 196,000 Thaler auf; eine Summe, die sie unter sich teilten.

Waldemar's ausgebreitete Macht und sein persönliches Ansehn stieg jezt auf einen so hohen Gipfel, daß die größern Staaten ihn beneideten, und die kleinern seinen Schuz suchten. Das leztre geschahe im Jahre 1314 von den Stralsundern, welche

welche mit ihrem Oberherrn, Wizlav IV, Fürsten der Insel Rügen, in Uneinigkeit gerathen waren. Die Stadt Stralsund ward 1209 von dem Rügischen Fürsten Jaromar I. als eine Grenzfestung gegen die Pommern angelegt, gelangte durch die Handlung und die Verbindung mit den Hanseestädten zu großen Reichthümern, und erhielt von den Rügischen Fürsten, besonders von Wizlav II und III. so viel Freiheiten, Privilegien und Vorrechte, daß sie beinahe einen freien Staat bildete. Wizlav IV. wolte jene Rechte ihnen rauben, ihre Freiheiten unterdrükken, ihren Handel einschränken, ihre Abgaben erhöhen und sich zu ihrem unumschränkten Herrn machen. Hierüber brach der Krieg aus; die Stralsunder streiften im Rügischen Gebiete, wütheten mit Feuer und Schwerdt, und Wizlav betrug sich im feindlichen Lande nicht beßer. Beide sahen sich endlich nach Hülfsgenoßen um. Die Stadt Stralsund wandte sich an den Brandenburgischen Markgraf Waldemar, und den Vorpommerschen Herzog Wratislav V; Wizlav flehte den Beistand seines Lehnsherrn, Erik's VI, Königs von Dännemark, an. Waldemar und Wratislav rükten herbei, eroberten die Rügischen Städte Loyz im Lande Gützkow, Tribbesees und Grimm im jezzigen Fürstenthume Barth, innerhalb zehen Tagen. Der dänische König sandte dem Rügerfürsten zwar eine Flotte zur Hülfe, aber die Brandenburger verhinderte sie an der Landung. Wizlav, den seine Feinde drängten, und seine Freunde nicht unterstüzzen konnten, sahe sich genöthigt,

thigt, um Frieden zu bitten. Er erhielt ihn, und durch denselben die verlornen Schlößer, so wie die Oberherrschaft über Stralsund zurük: dafür wurden die alten Rechte dieser Stadt von neuem bestätiget. Der Vergleich ward gegen Ende des Jahrs 1314 zu Brodersdorf unterzeichnet.

Wizlav hielt nicht Wort; kaum war der Friede geschloßen, so brach er ihn schon wieder, und ließ die Stralsunder seine schwere Hand fühlen. Diese nahmen ihre Zuflucht von neuem zu dem Brandenburgischen Markgraf, und ersuchten ihn, den Rügerfürsten zur Haltung der Friedenspunkte zu bewegen. Waldemar übte sogleich das Wiedervergeltungsrecht aus, sezte Gewalt der Gewalt entgegen, brandschazte im Rügischen Gebiete, und besezte die Städte Tribbesees, Grimme und Lonz. Wizlav ward dennoch nicht zu sanftern Gesinnungen gestimmt; entschloßen, seine Absichten auf Stralsund durchzusezzen, meldete er dem dänischen Könige Erik die jezzige unglükliche Lage seiner Sachen, und bat ihn um schleunigen Beistand. Erik verlangte durch seinen Gesandten Olav eine gehörige Genugthuung von Waldemar'n, bekam aber zur Antwort von ihm, daß er gar keine kriegerischen Absichten habe, sondern bloß auf die Aufrechthaltung des Brodersdorfischen Vergleichs bringe. Diese Erklärung befriedigte weder den König, noch seinen Vasallen; beide wolten einen Fürsten demüthigen, dessen immer höher steigende Macht ihre und vieler andern Staatenbeherrscher Eifersucht erregte. Sie entwarfen einen Plan, Waldemar'n völlig zu stürzen, und errichteten ein furchtbares Bündniß mit halb Europa, wovon nur die neueste Geschichte ein ähnliches Beispiel aufstellt. Die Könige von Dännemark, Schweden, Norwegen und Polen, die Herzoge von Meklenburg, Sachsen-Lauenburg und Braunschweig; der Markgraf von Meißen; der Fürst von Rügen; die Grafen von Holstein, Schwerin und Schaumburg; der Erzbischof von Magdeburg und noch einige andre schloßen im Jahre 1315 einen festen Bund miteinander, um mit vereinigten Kräften einen einzelnen Fürsten, den Markgrafen Waldemar von Brandenburg zu vertilgen. Um die Gefahr zu vergrößern erhuben sich im Innern der Mark selbst neue Feinde. Eine Menge Edelleute, deren Gewerbe in Rauben und Stehlen bestand, und deren Uebermuth der gerechte Fürst im Zaum hielt, schlug sich zur Zahl der auswärtigen Widersacher. Sie warteten bloß auf den ersten Unfall, der ihren Regenten treffen würde, um dann öffentlich das Panier der Empörung und der Verrätherei aufzupflanzen.

Hätte Waldemar dieser zahllosen Schaar aufgebrachter Feinde erlegen, wäre er unter dem Gewicht dieser ungeheuren Last zu Boden gesunken; so würde doch schon seine Unerschrokkenheit des Geistes, mit der er sich einer halben Welt furchtbarer Krieger kühn entgegensezt, die schönste Lobrede auf seinen unerschütterlichen Heldenmuth sein. — Daß er aber anfänglich, nur von dem Pommerschen Herzog

Wra-

Wratislav unterstüzt, jenes Gewitter, das über ihn herzustürzen droht, glüklich auseinander treibt, ist ein klarer Beweiß von seiner äußern und innern Stärke, zeugt noch mehr von seiner Klugheit, Weisheit, und Fähigkeit zu wichtigen Unternehmungen, als von einem bloßen Enthusiasmus für große Thaten. Er sezte eine unerschütterliche Standhaftigkeit allen Uebeln entgegen, die ihm drohten. Sein Verstand überzeugte ihn, daß die ohne Wahl und ohne Klugheit zusammengezoddelte Verbindung bald in Nichts aufgelöset werden müßte. Da, wo entgegengesezte Leidenschaften brausen, wo jeder den Eingebungen des Eigennuzzes folgt, wo keiner das Glük des Andern ohne Neid betrachtet, jeder seine Truppen schont, und den Andern für sich streiten läßt, keiner der gemeinschaftlichen Sache ein Opfer zu bringen Lust hat, da muß bald Uneinigkeit, Widerspruch, Partheigeist alles verwirren und dem Feinde selbst Waffen leihen.

Waldemar erschien zuerst im Felde: noch ehe die Verbündeten ihre Rüstungen vollendet hatten, fiel er zu Ende des Jahrs 1315 in's Meklenburgische. War er gleich nicht völlig glüklich, das heißt, eroberte er gleich das ganze Land nicht, wie er gehoft hatte, so versezte er doch durch die Schnelligkeit seiner Bewegungen den Schauplaz des Krieges in der Feinde Länder, statt, daß sie die Mark zum Tummelplazze des Streites machen wolten. Er trieb ansehnliche Brandschäzzungen ein, belagerte aber einige Städte vergeblich, und verlohr selbst ein

Treffen

Treffen zwischen Streliz und Fürstensee. Dennoch warf er Truppen in Stralsund, und sezte diese Stadt in einen guten Vertheidigungsstand.

Im folgenden Jahre eröfneten die Feinde ihren Feldzug. Die dänischen Geschwader unter Anführung des König's Erik's, und die Landtruppen unter den Befehlen des Herzogs Erich's näherten sich der Stadt Stralsund, und schloßen sie ein. Der Erzbischof von Magdeburg, und der Markgraf von Meißen rükten an die Grenzen Brandenburg's: aber Waldemar hatte solche Vorkehrungen getroffen, daß sie nicht eindringen konnten. Der König von Polen, auf deßen Macht die Verbündeten ganz besonders gerechnet hatten, mußte sein eignes Land gegen die Ordensritter in Preußen vertheidigen: seine Hülfe blieb also ganz aus.

Die Belagerer waren vor Stralsund bei ihren ersten Angriffen unglüklich: die Brandenburger thaten einen Ausfall, zerstreuten Erich's Truppen, und bekamen ihn selbst gefangen. Er mußte in der Folge 16,000 Mark für seine Loslaßung an Waldemar'n bezahlen. Waldemar eilte nun mit seiner Hauptmacht der Stadt Stralsund zu Hülfe: er rükte durch die Prignitz in's Meklenburgische. Der Herzog von Meklenburg und der Graf von Holstein suchten seine Absicht zu vereiteln; sie zogen ihm entgegen. Beide Heere stießen unweit des Dorfes Granzin auf einander: eine blutige Schlacht begann. Beide Partheien stritten mit gleicher Hartnäkkigkeit. Waldemar thet Wunder der Tapfer-

Tapferkeit, er floh in das größte Getümmel der Schlacht, und kam selbst in Gefahr, gefangen oder erschlagen zu werden. Zween Meklenburger erstachen sein Pferd, rißen ihn herab, und frohlokten schon über die schöne Beute, als der Graf Burchard von Mansfeld herbeieilte, und ihn befreite, dafür aber selbst gefangen wurde. Heinrich von Meklenburg hatte fast ein gleiches Schiksal: ein Brandenburger versezte ihm mit einer Keule einen gefährlichen Schlag. Das Treffen selbst blieb unentschieden. Beide Teile, die viel gelitten hatten, verließen das Schlachtfeld und jeder rühmte sich des Sieges. Waldemar hatte den großen Vorteil, daß sich die Feinde, deren beste Truppen erschlagen waren, bis vor Stralsund zurükzogen, und die Mark von allen Sorgen eines Einfalls befreiten.

Der König von Dännemark verließ seine Bundesgenoßen: denn ein einheimischer Krieg, den sein Bruder Christoph erregte, ein Empörer, der nach der dänischen Krone trachtete, nöthigte ihn zum Rükzuge. Viele Verbündeten ruhten noch in ihrer Heimat; die, welche bereits im Felde standen, waren es müde, sich für andre herumzuschlagen, und ihnen, die nichts thaten, gleiche Vorteile im Fall des Sieges zu erringen: sie sehnten sich daher nach Frieden. So geschahe, was Waldemar gleich Anfangs vorausgesehen hatte. Noch kein Jahr hatte der Sturm gewüthet, als er sich schon legte. Die, welche sich in seine Länder, wie in einen Raub teilen wolten, thaten die ersten Vorschläge zum Frieden.

ben. Waldemar nahm ihn an, nicht aus Furcht, nicht aus Noth, sondern aus Mäßigung, aus Ueberlegung. Seine Staaten hatten nicht gelitten, seine Hülfsquellen waren nicht erschöpft. Gelegenheit zur Rache, und zur Vergrößerung bot sich genung dar, da seine Feinde in Zwist, in Geldverlegenheit, ihre Truppen, die nicht bezahlt wurden, in Empörung, und ihre Länder zum Teil verwüstet waren. Aber er zog einen ehrenvollen Frieden blutigen Siegen vor. Die Unterhandlungen mit Dännemark und Meklenburg wurden zu Brodersdorf angefangen, und zu Templin den 25. Nov. 1316 geendigt. Ein jeder behielt seine Länder, und Stralsund ihre Rechte und Freiheiten. Bald darauf wurde auch die Fehde mit Magdeburg, und zulezt den 13. März 1317 die mit Meißen beigelegt. Waldemar gab alle Meißensche Eroberungen an den Markgrafen Friedrich zurük, behielt aber bis zur wirklichen Vollziehung des Friedens Dresden und Großenhain im Besiz. Dafür entsagte Friedrich allen etwanigen Ansprüchen auf die Lausiz. Die Brandenburgischen Bevollmächtigten waren Christian von Gersdorf, und Meister Hans, ein Geistlicher aus Görliz. Denn da außer den Geistlichen nur wenige, und unter ihnen nicht einmal alle schreiben konnten, so war's natürlich, daß man sie zu wichtigen Geschäften brauchte.

So ward denn jezt die Ruhe in Brandenburg auf allen Seiten wieder hergestellt: aber das war die Ruhe, die vor einem schreklichen Sturme vorherhergeht. Die Mark näherte sich mit starken Schritten dem Zeitpunkte, wo sie in das unvermeidlichste Verderben herabstürzen solte. Johann V, der lezte Zweig des Ottonischen Hauses, starb unvermuthet, und wie einige wollen, an beigebrachtem Gifte, den 15. April 1317. Seit dem Jahre 1314 hatte er selbst die Regierung übernommen, und sich, obwol ein Jüngling, durch seines Verstandes Schärfe, und seines Herzens Güte, den Beinamen des Erlauchten erworben. Das verwaisete Land trauerte um ihn mit allgemeinem Wehklagen. Alle Städte, Schlößer, Erbgüter der ausgestorbnen Ottonischen Linie fielen nun an die Johannische zurük. Auch diese war schon fast verblüht. Denn Heinrich II, mit dem unrichtigen Beinamen: ohne Land, starb ebenfalls um diese Zeit, und hinterließ einen jungen, unmündigen Sohn Heinrich III, der nebst Waldemar'n noch der einzige übrige Nachkomme der ganzen, ehemals so zahlreichen Markgräflichen Familie vom Askanischen Geschlecht, war. Waldemar hatte keine Hofnung von seiner Gemalin Erben zu bekommen: der einzige Stammhalter des regierenden Hauses war also Heinrich III. Waldemar nahm ihn an seinen Hof, pflegte ihn mit der Zärtlichkeit eines Vaters, und mit der Fürsorge eines Fürsten, der gern das Glük seines Landes auf eine lange Dauer hinaus gründen möchte, konnte aber dennoch dem Verderben nicht wehren, das schon über Brandenburg's Höhen schwebte. Denn er selbst starb entweder zu Ende des Augustes oder zu Anfange des Septembers 1319 — der Tag ist ungewiß —

nach einer, mit Weisheit, mit Seelenstärke, mit Glanz, geführten Regierung, und ward zu Chorin begraben.

Noch nie war die Mark auf eine so hohe Stufe der Macht, des Wohlstandes, des Ansehens gestiegen, als unter ihm. Denn er war nicht bloß Krieger, sondern auch wahrer Regent, Beschützer, Pfleger, Vater seiner Unterthanen. Die gefährlichsten Feinde des Landes waren eigne Bewohner desselben, nämlich ein großer Teil der Edelleute. Sie hielten sich für freie Herren ihrer Güter, unabhängig von jemandes Befehlen, gehorchten ihrem Fürsten wenn sie wolten, führten Kriege mit den Städten und unter sich selbst, deren Endzwek Rauben und Plündern war, zogen sich in ihre Schlößer, wahre Mordhölen, zurük, und boten jeder Ordnung, jedem Gesezze, jeder Regel der Vernunft und Billigkeit Troz. Die unweise Politik vieler Fürsten, die die Rechte der Städte schmälerte, stärkte jene Räuber in ihren Unthaten. Waldemar schlug einen andern, beßern Weg ein. Er nahm stets die Parthei der Städte, vermehrte ihre Freiheiten, erhöhte ihren Handel, vergrößerte die Bürgerzahl und sezte sie dadurch in Stand, den Uebermuth der Edelleute zu züchtigen. Der Reichthum mancher Städte nahm so sehr zu, daß selbst die Adelichen ihre Schlößer verließen, und Teil an bürgerlichem Gewerbe nahmen, weil sie hier leichter und sicherer zu Schäzen gelangten, als durch die Fehden, in denen sie mächtige Gegner an den Städtern fanden. Außerdem

dem zog Waldemar viele Edelleute an seinen Hof, und führte eine Pracht und einen Glanz, der bei wenig Fürsten seiner Zeit gesehen wurde, auch darum mit, um die Rohheit des Adels abzuschleifen, und Gefühle der Menschlichkeit in ihre eiserne Herzen zu gießen. Seine Bemühungen waren nicht vergeblich; er sahe Wohlstand blühen, Ordnung einkehren, Sicherheit herrschen. Gleiche, aber zu große Güte zeigte er gegen die Geistlichkeit, der er auf Kosten des Staats zu reiche Schenkungen erteilte. Der Orden der Tempelherren, der wie der Johannitische zu Jerusalem entstand, und von dem Versamlungsorte neben dem Tempel, den Namen führt, wurde um diese Zeit unmenschlich verfolgt, und grausam unterdrükt. Er hatte auch in der Mark ansehnliche Güter. Waldemar zeigte sich gerecht und schonend. Er mordete keinen Ritter wegen unerwiesener Verbrechen, wie es andre Fürsten mehr aus Geiz, als aus Ueberzeugung thaten. Er maßte sich keins ihrer Güter an, sondern vereinigte sie mit den Besizzungen der Johannitterritter; und so schmolzen beide Orden in einen zusammen. Kein Wunder war's denn, daß Waldemar von allen Nachbarn gefürchtet, von den Edelleuten geachtet, von den Bürgern geliebt, von allen Ständen verehrt und noch lange nach seinem Tode vermißt wurde. Er war mit Johann's V. Schwester, Agnes, einer Tochter des Markgrafen Herrmann's des Langen, mit dem er Andergeschwisterkind war, vermählt gewesen, hatte aber keine Kinder mit ihr erzeugt. Es wurde nun wol Heinrich III. unter der Vormundschaft

des

des Pommerschen Herzogs Wratislav V. und
des Herzogs Rudolph's I. von Sachsen als
Markgraf von Brandenburg anerkannt, und im folgenden Jahre vom Kaiser Ludwig vor der gewöhnlichen Zeit für mündig erklärt; aber sein im
September des 1320 Jahrs erfolgter Tod, vollendete die schon angegangne Zerrüttung in der Mark.
Die Markgräfliche Familie Anhaltischen Geschlechts,
war völlig erloschen. Weltliche und geistliche Fürsten, Nachbarn und Seitenverwandten, Kaiser und
Vasallen strebten nach dieser nicht unbedeutenden
Erbschaft, rißen Provinzen und Güter an sich und
zersplitterten die seit hundert und sechs und siebenzig Jahren nach und nach zusammengebrachten Länder. Der Geist der Unordnung, der Rotten, der
Partheien erwachte in den Hizköpfen der Eingebornen, stiftete Banden und Räubergesellschaften, die
auch noch unter der neuen endlich festgesezten Regierung des Landes ihre Ruhe störten, und der Unterthanen Glük untergruben.

Ehe wir diesen Abschnitt schließen, wollen wir
noch einen Blik auf das Ganze werfen, und einige
allgemeine Bemerkungen über die

innere Verfaßung und Regierung der
Mark Brandenburg

während der Askanischen Herrschaft hinzufügen. In
dem genannten Zeitraume hatte Brandenburg an
Größe der Länder, an Würdigkeit der Herrscher, an
Menge der Einwohner, an Ausbreitung des Handels, an Wohlstand der Gewerbe eine Stärke, und
eine

eine Macht, die es nur erst nach einigen Jahrhunderten unter den spätern Hohenzollerschen Fürsten wiedererlangt hat. Das Anhaltische Haus beherrschte außer den fünf Marken, deren Grenzen sich noch weiter in die benachbarten Länder hinein, als jetzt, erstrekten, folgende nach und nach erworbne Provinzen: die beiden Laufizze; die Markgrafschaft Landsberg; die Pfalzsachsen, zu welcher die Schlößer Lauchstädt, Altstedt, Kyfhausen, Grellenberg, und Raspenberg gehörten; einen Teil von Pommerellen; einige Städte von der Markgrafschaft Meißen; und die Städte Sagan, Krossen, Sommerfeld, Züllichau, Schwiebus. Zugleich waren ihm als Lehne unterworfen: Pommern; Wernigerode; das Land Kotbus; die Herrschaft Stargard in Meklenburg; die Grafschaft Lüchow; und die Schuzvogtei über die Abtei Quedlinburg. Die Einwohner bestanden aus dreierlei Gattungen: aus Wenden, Sachsen, und Niederländern. In der Altmark waren die Deutschen, in den übrigen Marken die Wenden die herrschenden. In den Wischen an der Elbe um Seehausen und Werben befanden sich die mehrsten Kolonisten aus den Niederlanden.

So weit sich auch der Szepter der Askanischen Markgrafen über Land und Leute erstrekte, so war doch ihre Macht über jenes Land, und über diese Leute weniger ausgedehnt. Sie hingen sehr von der Willkühr ihrer Unterthanen, vorzüglich der Edelleute ab; und dies am mehrsten in drei Dingen:

in

in Kriegsdiensten, im Oefnungsrechte, in den Abgaben. Von allen lag der Grund in der Lehnsverfaßung; einem Worte, deßen schon öfters gedacht, von manchem Leser aber, dem dieses Lesebuch bestimmt ist, vielleicht nicht deutlich genung gedacht worden ist: daher für ihn ein paar Worte zur Erläuterung. Alle Länder und Güter, welche die alten deutschen Völker von ihren Nachbarn und Feinden eroberten, wurden unter die freien Kriegsmänner geteilt: jeder besaß sein Gut frei, konnte es auf Söhne und Töchter vererben, oder an andre verschenken. Solche hießen Allodialgüter. Hiervon gaben sie keine Abgabe, trugen sie keine Last. Sie waren bloß zur Vertheidigung des Landes, und nie auf Befehl des Fürsten, sondern nur nach dem Willen der Volksversamlung verpflichtet. Die Könige und Anführer konnten daher niemals, nach Gefallen Krieg führen: denn keiner durfte ihnen folgen, wenn es nicht aus freiem Entschluße geschahe. Um dieser Unbequemlichkeit abzuhelfen, und sich Kriegsmänner zu verschaffen, die auf ihr Gebot die Waffen ergreifen müßten: verschenkten sie einen Teil derer Güter, die auf ihr Loos gefallen waren, an tapfere und verdienstvolle Männer: dabei behielten sie selbst das Eigenthum, die Kriegsleute aber hatten nur die Einkünfte und die Benuzzung der geschenkten Ländereien; nach ihrem Tode fiel das Gut an den Fürsten zurük. In der Folge blieben dergleichen Schenkungen zwar bei der männlichen Linie eines Hauses erblich: jedoch der Regent war immer der wahre Eigenthümer, und nach Verlöschung einer

ner Familie der einzige Erbe. Solche Güter nannte man Lehne, weil sie dem jedesmaligen Besizzer vom Fürsten statt der Löhnung oder Besoldung, statt der Bezahlung für seine Dienste gegeben wurden. Derjenige, welcher dergleichen Güter benuzte, mußte dagegen seinem Fürsten so oft, und so bald er es verlangte, in den Krieg folgen, oder ihn auch bei Ehrenzügen gerüstet und gewafnet begleiten. Die Lehnsleute oder Vasallen, wie sie auch heißen, waren also die Soldaten, die einem Fürsten immer zu Gebote stunden: und daher sind die Wörter: Soldaten, milites, Ritter, Lehnsträger, Vasallen gleichbedeutend. Die übrigen Landes-Eigenthümer, welche freie Güter besaßen, und die Vasallen, denen außer den Lehnen auch noch Allodien gehörten, trugen ihre freien Erbgüter ihren Fürsten oder andern mächtigen Herren zu Lehngütern auf, erklärten sich für ihre Lehnsleute, schworen ihnen den Eid der Treue, verlangten von ihnen dafür Schuz, Ehre oder andre Vorteile und machten sich dadurch zu Kriegsdiensten verbindlich. Diese Lehnsverfaßung wurde bald allgemein, und verbreitete sich in den mehrsten europäischen Ländern.

Das Lehnssistem erzeugte mit der Zeit eine Menge trauriger Folgen für den Oberherrn sowol, als für die gemeinen Einwohner. Die Ritter oder Lehnsleute entzogen sich dem Gehorsame des Fürsten, und verrichteten die Kriegsdienste nicht mit der Willigkeit, als sie versprochen hatten, und wie sie es schuldig waren: sie gingen in den Krieg, wenn

es

es ihnen gut dünkte, und blieben zu Hause, wenn es ihnen gefiel. Der Regent, der weiter keine Soldaten, als eben diese Lehnsleute, hatte, konnte sie nicht zwingen, weil es ihm an den Mitteln dazu fehlte; und so hing er von der Laune der Güterbesizer und Edelleute ab. Kein Gesez, das dem Adel mißfiel, keine Ordnung, die ihnen zuwider war, konnte eingeführt werden: denn sie waren gewafnet, und der Landesherr nicht: der leztre war ohne sie nichts, mit ihnen alles. Sie hatten wieder ihre Unterlehnsleute, die ihnen als Soldaten dienten: mit diesen führten sie selbst Kriege, schwärmten im Lande herum, mordeten, raubten, stahlen; da fand die wehrlose Unschuld keinen Schuz vor Gerichte, die bildende Kunst keinen ruhigen Wohnplaz die ernste Wißenschaft keine Aufnahme. Solche Mißgeburten entstanden aber nicht überall, und nicht zu allen Zeiten aus der Lehnsverfaßung: sie konnten indeßen stets entstehen, wenn der Fürst nicht verständig und weise genung war, die Zuneigung der Lehnsleute zu erhalten, oder durch andre Mittel, ihren Uebermuth zu brechen. Die Zeit der Askanischen Regenten war auch in dieser Rüksicht eine der glüklichsten für Brandenburg.

Auf eine andre Art sahe sich der Fürst in dem Oefnungsrechte eingeschränkt. Keine Stadt, kein Schloß, keine Burg öfnete ihm und seinem Gefolge das Thor, wenn es nicht durch besondre Verträge bestimmt war. Wolte er durch eine Stadt mit seinem Kriegsheere, und wäre es noch so klein gewe-

gewesen, durchziehen; wolte er nach verlornen Schlachten oder in andern dringenden Fällen in ein Schloß flüchten: so konnten ihm die Bürger und Gutsbesizzer den Eingang verweigern, hatten nicht nöthig, ihm die Thore zu öfnen, wenn nicht vorherige Verabredungen und Beschlüße dem Landesherrn das Oefnungsrecht versichert hatten. Dieses Recht machten die Berliner noch dem Kurfürsten Friedrich II. im Jahre 1440 streitig: er maßte es sich aber mit Gewalt an, und drang mit 600 Reutern zum Spandauer Thore herein.

Bei den Abgaben befand sich eine andre, noch wichtigere Einschränkung. Anfänglich trugen die Unterthanen außer den Kriegsdiensten und freiwilligen Geschenken keine sonstigen Lasten. In der Folge ersuchten die Fürsten ihre Vasallen und Untergebne um Unterstüzzung in Nothfällen: dies wurde bewilligt. Die Regenten wiederholten ihre Bitten so oft, und die Einfoderer solcher Abgaben thaten dies mit so vieler Wilkühr, daß sich die Unterthanen lieber zu einer jährlichen bestimmten Auflage von den Hufen, und andern liegenden Gründen bereitwillig finden ließen. So entstanden gewiße festgesezte Abgaben. In außerordentlichen Fällen verlangten die Fürsten doch noch neue Beiträge: allein hier kam es allemal auf den guten Willen der Stände, das heißt, der Geistlichen, der Adelichen und der Bürger an. Sämtliche Abgaben wurden Beeden genannt; entweder, weil der Landesherr darum bitten mußte, ein Ausdruk, der in den Urkunden wirklich

lich vorkomt; oder von dem niederdeutschen Worte beeden, welches eintreiben, einfodern bedeutet. Im Lateinischen ist sowol das Wort Precaria, Bitte; als auch Exactio, Eintreibung gewöhnlich, wenn von Abgaben geredet wird. Unter den Askaniern waren folgende fünf Steuern festgesezt: 1. die allgemeine Landbeede, welche die Dorfbewohner von den Hufen erlegten; 2. die Orbeede, welche die Städter ebenfalls von den Hufen, Gärten und Wiesen entrichteten; 3. die Lehnbeede, welche adeliche und bürgerliche Lehnsbesizzer von den Lehngütern zahlten; statt deren gaben hernach die Vasallen bei einem neuen Regierungsantritt oder bei Uebernahme der Lehen ein für allemal ein Geschenk, das Lehnwaare genennt wurde; endlich, und zwar vermuthlich nach Erlöschung des Askanischen Hauses, machte sich der Adel von dieser Abgabe völlig frei; die bürgerlichen Lehnsträger mußten sie noch immerfort bezahlen; 4. der Schoß, census seit 1281 von den Markgrafen Otto IV, Johann II. und Konrad eingeführt: dies war eine neue Auflage auf die Hufen, die ausser der Landbeede noch gegeben werden mußte; und 5. zulezt der Grund- und Pfundschoß; den ersten zahlten die Städter von den Hausstellen, die Koßäten aber von den Wordten, das heißt, von den eingezäunten Aekkern; und der leztre bestand in einer Vermögenssteuer der Bürger. Von der ordentlichen Landbeede oder Hufensteuer war in diesem Zeitraume der Adel nicht ganz frei, wie er es jezt ist. Nur von sechs Hufen wurde den Rittern, und von

vier

vier Hufen ihren Knechten, famulis die Abgabe erlaßen: für alle übrigen Aecker mußten sie so gut, wie die Bauern steuern. Erst unter dem Gewirre der Baierschen Regenten erschlichen sich der Adel und die Geistlichkeit eine völlige Steuerfreiheit, die sie auch bis jetzt, ob mit Recht oder Unrecht, mag der Unparteiische entscheiden, zu behaupten gewußt haben. Andre Quellen der landesherrlichen Einkünfte waren die Zölle, Mühlen, Forsten, Juden, Gerichte und Münzstäte.

Alle Abgaben wurden seit der Mitte des dreizehnten Jahrhundertes nach **Frusten**, frustis, **Stükgeld** berechnet. Eine **Fruste**, frustum war so viel als ein **Winspel hart Korn**, das heißt, Waizen, Roggen und Gerste, oder als zwei Winspel Hafer oder als ein Pfund, talentum, Pfennige, oder als eine Mark Silbers. Die ältesten Münzen, die in der Mark geprägt wurden, hießen **Brakteaten**, **Blech-** oder **Hohlpfennige**, deren man verschiedne von **Albrecht dem Bär**, mehrere aber von den **Ottonen** findet. Sie bestanden aus feinem, dünn geschlagnem Silber, auf welchem mit einem unförmlichen Stempel das Bild des Fürsten mit und ohne Namen, stehend oder reitend, doch nur auf einer Seite, eingeprägt war, wodurch sie eingebogen und hohl wurden. Weil diese Münzen leicht zerbrachen, so schlug man im zwölften Jahrhunderte dikkere, aber kleinre Stükke, und nannte sie: **Pfennige** oder **Denarien**, denarios. Die Pfennige wurden nach **Pfunden**, talentis berechnet. Ein Ta-

lent

lent hatte mit einer Mark Silbers gleichen Werth. Schillinge, solidi war keine besonders ausgeprägte, sondern nur eine eingebildete Münze, wie jezt in England die Rechnung nach Pfund Sterlingen ist. Zwölf Pfennige gingen auf einen Schilling. Im dreizehnten Jahrhunderte rechnete man 20 bis 25 Schillinge auf ein Pfund Pfennige oder auf eine Mark Silbers. Da nun jezt die Mark Silbers gewöhnlich zu vierzehn Thalern ausgeprägt wird, so würde ein damaliger Schilling jezzo etwas über 16 Groschen und 9 Pfennige gelten, oder etwa unsern Gulden gleichkommen: ein Pfennig aber mehr als einen Groschen und vier Pfennige werth sein. Zu den ältesten hiesigen Geldsorten gehören endlich noch die Okkelpfennige oder Finkenaugen, vincones, von denen 36 einen Schilling oder Gulden ausmachten. Sie waren dünn, eingebogen, und klein; auf einer Seite befanden sich eingeprägte runde Figuren, die einem Auge, oculo, besonders einem Finkenauge ähnlich zu sein schienen: daher rührt ihr Name.

Die Mark war in Münzkyser oder in besondre Distrikte abgeteilt, von denen ein jeder eine Münzstadt hatte, die für den ganzen Münzkreis Geld prägte. Dergleichen Münzstädte waren: Berlin, Brandenburg, Prenzlow, Königsberg, Kyritz, Stendal, Salzwedel, Besekow und Swet oder Schwedt. Das ausgeprägte Geld enthielt anfangs gar keinen Zusaz von schlechtern Metallen, sondern reines, unvermischtes Silber; weil aber dabei der

Lan-

Landesherr doch noch die Kosten des Ausprägens zu bestreiten hatte, so war die sonderbare Einrichtung getroffen worden, daß die Münzen nur ein einziges Jahr galten. Acht Tage vor Jakobi — den 25. Jul. — wurden in jedem Jahre alle Geldsorten für ungültig erklärt, und die Unterthanen angewiesen, sie in die Münzstädte abzuliefern, wofür sie denn neues, dem Gehalte nach, gleichwichtiges Geld, jedoch in kleinern Summen erhielten. Wer 14 alte Pfennige einhändigte, bekam nur 12 neue zurük. In der Folge mußte man 16, ja 18 Pfennige für 12 neue geben. Eine solche Anordnung hatte zu schädliche Folgen, als daß sie lange bestehen konnte. Bald verfielen die Fürsten auf ein Mittel, das für sie vorteilhaft, und für das Land minder nachteilig ward. Sie erneuerten nicht mehr jährlich den Verlust ihrer Unterthanen durch unaufhörliche Münzveränderungen, sondern vermischten das Geld mit schlechterm Erz, und hielten sich dadurch für ihre Kosten überflüßig schadlos.

Der Landesherr hatte sich damals allein die Pflege der Gerechtigkeit vorbehalten; die Stadtmagisträte durften auch in geringen Dingen nicht Recht sprechen: ihnen war bloß die Sorge für gute Policei überlaßen. Die Fürsten bestellten in ganzen Kreisen und besondern Städten Vögte, advocatos, die in ihrem Namen zu Gerichte saßen: daher teilte man das Land auch in Vogteien, advocatias ein; so bestand die Altmark aus zwei Hauptvogteien, aus der zu Tangermünde, und der zu Salzwedel. Die Vögte urteilten über Lehns-Schulden- und andre Streit-

Streitsachen, und hatten zugleich die Aufsicht über
den Stadtrath. Von ihnen waren noch die Burggrafen oder Oberrichter verschieden: diese übten
die hohe Gerichtsbarkeit aus, machten sich aber durch
Stolz, Uebermuth, und Tirannei so verhaßt, daß sie
auf Bitte der Bürger vom Landesherrn abgesezt
wurden. Dies widerfuhr unter andern 1215 dem
Burggrafen zu Stendal. Die Klagen der Bürgerschaft über seine Bedrükkungen wurden so häufig,
daß der Markgraf Albrecht II. dies Amt für immer in genannter Stadt aufhob. Ueber ganze
Provinzen waren die Landvögte oder Lands-
hauptleute, Capitanei gesezt. Man könnte sie
mit einem jezzigen Minister vergleichen. Denn
der Umfang ihrer Geschäfte, und die Macht ihres
Ansehens war ungemein groß. Sie standen unter
keinem Gerichte, unter ihnen aber alle in der ganzen
Provinz. Sie waren nicht bloß die Pfleger der
Gerechtigkeit, sondern auch die Besorger aller wichtigen Angelegenheiten. Sie machten die fürstlichen
Befehle bekannt, stellten selbst im Namen des Markgrafen Urkunden aus, führten die Oberaufsicht über
Kirchen und Klöster, über Lehngüter, und Grenzen,
zogen als Feldherrn in den Krieg, schloßen Friedens-
verträge, richteten Gesandtschaften aus, saßen dreimal des Jahrs mit den ihnen zugeordneten Land-
richtern öffentlich zu Gericht, sprachen aber auch zu
jeder Zeit in außerordentlichen Fällen für sich selbst
Recht. Bloß Adeliche erhielten diese Stellen. Hans
von Jagow wird um das Jahr 1300 für den
ersten Landshauptmann der Altmark gehalten.

Nach-

Nachdem die Burggrafen ganz abgeschaft, und die Vögte zu Besorgung der Rechtspflege unzureichend waren, so wurden ganze Gerichtskollegia eingesezt, unter denen die Hofgerichte und die Schöppenstühle die vornehmsten sind. Auf den Vorschlag der Kreise belieh der Regent einen Landsaßen mit dem Hofgerichte in einem besondern Distrikte; und so entstunden mehrere Hofgerichte. Das oberste war das Hofgericht des Markgrafen zu Tangermünde, wohin man von den Vogteien appellirte, und wo gewöhnlich der Landesherr selbst den Vorsiz führte: es beschäftigte sich am mehrsten mit Lehnssachen. Zur Aufrechthaltung der Rechte und Statuten der Städte gab es sogenannte Schöppenstühle, unter denen wieder der zu Brandenburg der erste war. Von dem, was hier die Schöppen beschloßen, fand keine Appellation Statt. Seit dem Jahre 1315 nahmen alle Städte bei'm Schöppenstuhle zu Brandenburg Recht. Alle Unterthanen wurden von ebenbürtigen Personen, das heißt, von Leuten ihres Standes gerichtet. Bürger hatten Bürger, Bauern Bauern und Adeliche Andre ihres Gleichen zu Richtern, die als Beisizer zu den genannten Gerichten gezogen wurden. In den Wischen in der Altmark hatten die Bauern ihre eignen Gerichte, welche Botding und Lobding hießen, und zu Seehausen und Werben gehalten wurden. Ding bedeutete bei den alten Deutschen so viel, als Gericht, und Botding also ein gebotnes, auf immer festgesezes, so wie Lobding von dem Worte Leodes, Leute, ein Volksgericht.

Alle

Alle Bauernklagen wurden zuerst vor das Botding gebracht, und hernach im Lobbing gänzlich beendiget. Es scheint, daß diese Gerichte nur den niederländischen Kolonisten als eine besondre Freiheit bei ihrer Ankunft in die Mark gestattet worden sind. Die im Herzogthum Bremen angesezten Niederländer hatten gleiche Gerichte unter gleichem Namen. Die in der Altmark sind erst zu Anfange des jezzigen Jahrhunderts aufgehoben worden.

Viele Städte kauften dem Landesherrn die Ausübung der Gerichtsbarkeit ab: von vielen lieh sich der Fürst Geld, und sezte ihnen dafür die Pflege der Gerechtigkeit zu Pfande. So kamen nach und nach die Magisträte in den Besiz des Richteramtes: einen Besiz, der den Handwerkern und Zünften nicht vorteilhaft war. Bis in's zehnte und eilfte Jahrhundert standen Handwerke und Künste in der tiefsten Verachtung bei den Deutschen. Nur Weiber oder Knechte beschäftigten sich mit dergleichen Handarbeiten. Männer waren nach ihrer Meinung bloß für den Degen, für Krieg, für Morden geboren: darin lag ihr Vorzug, ihre Freiheit, ihr Adel. Ein jeder freie Einwohner einer Stadt ernährte sich von Landgütern, Stadtäkkern, Weinbergen, Wiesen; Handwerke aber hielt er für Schimpf; Sklaven, und Freigelaßne schienen allein gut genung, solche verächtliche Arbeiten zu verrichten. Aber diese Freigelaßnen, und jene Knechte samleten bei ihren Gewerben Reichthümer: der Krieg verminderte die Geschlechter der Freien; nun erhoben die Handwerker ihr

ihr Haupt aus dem Staube. Ihr Vermögen machte sie dem Adel gleich: ihre Klugheit schwang sich empor; und so errungen sie zu Anfange des zwölften Jahrhunderts Ehre und Ansehn. Sie wurden für **freie, ehrliche Bürger** erklärt. Um ihre Rechte zu sichern, und auszudehnen, errichteten sie Gesellschaften, die von Vorstehern beherrscht und wie kleine Staaten regiert wurden: diese nannte man **Zünfte, Gilden, Innungen, Aemter.** Die **Gewandschneider,** das heißt: alle die, welche mit Tuch und andern wollnen Zeugen handelten, errichteten 1153 die erste Zunft. Die Senkler folgten ihrem Beispiele; und die andern Handwerker thaten bald ein Gleiches. Die Askanischen Markgrafen unterstützten die Zünfte nachdrüklichst, befreiten ihre Waaren vom Zoll bei der Ausfuhr, gaben ihnen große Rechte, und beförderten ihr Ansehen. Mit diesen Vorzügen nicht zufrieden strebten die Gilden nach höhern: sie wolten die ganze Stadtregierung an sich reißen. Hieraus entstanden Unruhen; Blut floß ein Jahrhundert hindurch zu Entscheidung der Frage: ob die Handwerker oder die alten freien Kriegsgeschlechter Herren der Städte, und Glieder des Magistrats sein solten. Zehn Altmeister wurden darum 1301 zu Magdeburg auf dem Gerichtsplazze gebraten, eben so viele 1220 zu Braunschweig gehangen: ähnliche Auftritte ereigneten sich an andern Orten Deutschlandes. In **Brandenburg** allein fielen solche Gewaltthätigkeiten nicht vor. Ohne Schwerdtstreich erhielten hier die Gilden die Oberhand. Im 13. und 14. Jahr=

Jahrhunderte genoßen die Handwerker den Vorzug, daß aus ihrer Mitte die Rathsherrn gewählt wurden. Ihrer waren gewöhnlich zwölfe; man nannte sie insgesamt Consules; eine Benennung, die jezt den Burgermeister bezeichnet. Der leztere hieß damals Proconsul. Da die Macht der Stadträthe in der Mark wegen Mangel der Gerichtsbarkeit von keinem großen Umfange war, so überließ der Adel den Zünften ohne Neid die Ehre der Magistrathswürde. Aber als endlich die Rathsherrn auch Richter wurden, so bewarben sich die Edelleute, welche häufig in den Städten wohnten, um Rathsstellen: zu dem Ende ließen sie sich unter die Gilden und Handwerker aufnehmen; durch mancherlei Künste lenkten sie die Wahl auf sich; allmälig verdrängten sie die Zünfte gänzlich, bis sie endlich wieder von den Gelehrten verdrängt wurden.

Die Handhabung der Gerechtigkeit kam sehr auf den guten Willen der Richter an. Hier wurde nach alten Gebräuchen, dort nach schwankenden Gesezzen, jezt nach dem päpstlichen, dann nach dem Sächsischen, und dann wieder nach dem Flämmischen oder Niederländischen, in Handlungssachen nach dem Lübekker Rechte entschieden. Bald trat ein Privilegium, bald ein gewißes Herkommen, bald ein eignes Statut dem Richter in den Weg. Oft gab ein Zweikampf, oft eine Feuer- oft eine Wasserprobe den Ausschlag. Hatte der Richter keinen gesunden Kopf, und kein rechtschafnes Herz, die ihm zum Faden dienten, um ihn aus den Irrgängen einer

ner solchen verworrnen Justiz heraus zu leiten: so ging die Gerechtigkeit zu Grabe.

Aus Haß gegen juristische Weitläuftigkeiten, Grillen und Verdrehungen verschafte man sich lieber auf einem kürzern Wege Recht: man brauchte dazu entweder Gewalt; daher die ewigen Fehden; oder Güte; daher mancherlei sonderbare Verträge. Ein solcher Vertrag, wobei man keines Richters bedurfte, war unter andern das Einlager, obstagium; eine Gewohnheit, die sich bis in's 17. Jahrhundert in der Mark erhalten hat. Wenn sich Jemand Geld lieh, oder in einen andern Vertrag einließ, so versprach er oder sein Bürge, in dem Fall, daß an dem bestimmten Tage die Schuld nicht getilgt, und das Versprechen nicht gehalten würde, mit einer gewißen Anzahl Pferde und Leute in ein Wirthshaus an einem festgesezten Orte einzureiten, und daselbst so lange zu zehren, bis der Gegner befriediget, oder das Einlager durch besondre Güte erlaßen worden sei. Ein Beispiel von der Art findet sich in der Geschichte des Markgrafen Albrecht's II. vom Jahre 1212. Albrecht hatte mit dem Kaiser Otto IV. einen gewißen Vergleich errichtet, der in 6 Wochen erfüllt werden solte. Geschähe dies nicht, so solten zwanzig Brandenburgische Ritter nach Braunschweig reiten, und vor Erfüllung des Vertrags sich nicht ohne kaiserliche Erlaubniß von dort entfernen. Die Stadt, und das Wirthshaus, wohin, und die Zahl der Pferde und Personen, womit der Schuldner oder Bürge einreiten solte, wurde be vorher ausdrüklich bestimmt. Die Ursache, so wie der Nuzzen dieser sonderbaren Gewohnheit war, daß der Schuldner desto eher bezahlen, oder überhaupt sein Versprechen erfüllen solte. Weil er durchaus in ein Wirthshaus, und in keine andre Wohnung, reiten, und für sein Geld mit vielen Leuten und Pferden zehren mußte, so konnten ihn die vielen Kosten wohl bewegen, lieber seinen Gegner zu befriedigen, als durch so großen Aufwand sich in tiefere Schulden zu stürzen. Der Schuldner und sein Bürge, wäre er auch ein Landesfürst gewesen, verpflichtete sich, persönlich in's Einlager zu reiten. Dies that im Jahre 1354 der Kurfürst und Markgraf Ludwig der Römer. Er lieh sich 235 Mark Silbers von einigen Frankfurter Bürgern, und machte sich im Fall der Nichtbezahlung zum persönlichen Einlager nach Frankfurt anheischig. Hiervon waren jedoch die Geistlichen ausgenommen, welche einen Ritter, aber mit einer stärkern Anzahl Pferde, als gewöhnlich, für sich einreiten ließen. Wolte der Schuldner oder Bürge sein Versprechen nicht halten, und in das Einlager nicht reiten: so hatte der Gegner die Freiheit, Schandgemählde und Schmähschriften an Kirchen, Rathhäuser, Galgen und Rad anzuheften, und den, der das Einlagerrecht gebrochen hatte, als einen Mann ohne Ehre mit den schwärzesten Farben, und mit den heftigsten Worten aller Welt zur Warnung, und zum Abscheu zu schildern. Ein späteres Beispiel hiervon ist der Fürst Johann Georg von Anhalt. Er lieh im Jahre 1589 von den Altmärkischen Landständen 30,000

30,000 Thaler. Wenn er die Schuld nicht zu rechter Zeit wiederbezahlte, und auch das Einlager nicht achtete, so erteilte er den Landständen der Altmark "volle Macht und Gewalt, ihn an Kirchen, Klau-"sen, Rathhäusern und andern öffentlichen Orten, "wo es ihnen gefällig wäre, mit Gemählden und "Inschriften anzuschlagen, zu schmähen, zu schelten, "und bei jedermann auf's ärgste auszurufen, wie "solchen Leuten, die ihre ausgesezte Ehre, Brief und "Siegel nicht einlösen, gebühre, daran sie dann "nichts gefrevelt oder Unrecht gethan haben solten." Wegen mancherlei Mißbräuche wurde das Einlager zu Ende des 16. Jahrhunderts auf den Reichstagen verboten. Allein dennoch blieb diese Gewohnheit. Noch im Jahre 1620 wurden viele Schuldverschreibungen in Brandenburg auf diese Art ausgestellt.

Hatte die Verwaltung der Gerechtigkeit große Gebrechen, litt das Land auch sehr unter den Geißelhieben verworner, dikhäutiger, eigennüzziger Richter: so befand es sich desto beßer in Absicht des Nahrungsstandes. Der Handel war unglaublich weit ausgebreitet: der Akkerbau, die Gewerbe, die Manufakturen blühten; überall herrschte Leben, Thätigkeit, Ueberfluß. Daß die alten Bewohner der Mark, die Wenden ein arbeitsames, fleißiges Volk gewesen seien, ist schon oben gezeigt worden. Die neuen Ansiedler, die Niederländer gaben dieser Emsigkeit neuen Schwung: die mehrsten von ihnen hatten sich in der Altmark niedergelaßen: daher hob sich

sich hier der Handel zuerst. Unter ihnen gab's Kaufleute, Fabrikanten, Handwerker, Bauern: sie erhöhten jedes Gewerbe, vervollkommneten jeden Handlungszweig, der damals in andern Ländern grünte. In einer Zeit von 100 Jahren trug das Land, durch ihren Fleiß bearbeitet, Ueberfluß an Früchten. Die Wenden bauten nur leichte, und sandige Aekker, die sie mit Hakken gut bearbeiten konnten; denn der Pflug war ihnen ganz unbekannt. Schweren und fetten Boden, als die Wische in der Altmark ließen sie wüste liegen: dieser wurde erst im 12. Jahrhundert von den niederländischen Kolonisten bearbeitet, die auch die Elbteiche anlegten.

Salzwedel, Stendal, Seehausen und andre Städte gehörten zu den vorzüglichsten Handelsörtern. Sie führten nach Hamburg und Lübek, nach Schweden und Dännemark, nach Holland, Flandern und England eine Menge Landesprodukte und Fabrikwaaren teils zu Lande zu den erstern, teils zu Waßer zu allen. Die Straße von Salzwedel nach Hamburg und Lübek wimmelte von Kaufmannswagen; sie war nie von Fuhrleuten und Handelsmännern leer. Hier war der Mittelpunkt der Märkischen Handlung: hier die Niederlage aller Waaren, welche die Elbe herunter nach Brandenburg kamen. Da Salzwedel an dem Fluße Jeeze liegt, welcher hinter der Lüneburger Stadt Hitzakker in die Elbe fällt, so fand auch eine genaue Verbindung dieser Stadt mit Hamburg zu Waßer Statt.

Noch

Noch mehr stieg der ganze Nordische, und folglich auch der Märkische Handel, als in der Mitte des 13. Jahrhunderts der Hanseatische Bund errichtet wurde. Die Land- und Seeräubereien fügten den Kaufleuten großen Schaden zu. Daher verbanden sich 1241 die Städte Hamburg und Lübek zu einer gemeinschaftlichen Vertheidigung. Sie warben Truppen an und rüsteten Kriegsschiffe aus: mit jenen bändigten sie die Straßendiebe, mit diesen bohrten sie die Raubgeschwader in den Grund. Bald vereinigten sich mehrere Städte mit ihnen, bis ihre Zahl auf 85 stieg: daraus entstand jener mächtige Handlungsbund, den man von dem alten Worte: Hansa, das heißt: Verbindung oder Gesellschaft, die Deutsche Hanse nennt. Dieser Bund war gegen 300 Jahre hindurch das Schrekken der Landstreicher, der Mordbrenner, der Seeräuber, oft die Geißel der Fürsten, bisweilen die Zuchtruthe ganzer Königreiche, mächtiger Länder: er behauptete den Handel nach Dännemark, Schweden, Rußland und Polen und die Herrschaft über den Sund mit Ausschluß aller übrigen Völker, machte Frankreich zittern; eroberte mit einer Flotte von 100 Schiffen Lißabon, um diesen großen Stapel für alle entdekte Weltteile zu seinem Wink zu haben; nöthigte England, den Frieden von ihm mit 10,000 Pfund Sterling zu erkaufen; verwüstete Dännemark; gab in allen Kriegen den Ausschlag. Neun Brandenburgische Städte: Salzwedel, Stendal, Seehausen, Gardelegen, Osterburg, Werben, Brandenburg, Berlin und Frankfurt, traten in den Hansebund, und

nahmen

nahmen an seinen Freiheiten, an seinem Schuzze, an seinen Vorzügen Teil. Als die Neumark unter Brandenburgische Hoheit kam, so wurde auch hier der Handel befördert. Auf der Warte und Oder gingen die Güter nach der Ostsee, wozu der Herzog Otto von Stettin dem Markgrafen Waldemar die Eröfnung des Stettiner Hafens versprach.

Zu den vornehmsten Fabrikwaaren, welche die Märker selbst verfertigten, und ausführten, gehörten Leinewand und Tücher. Die mehrste Leinewand lieferten die wendischen Dörfer: denn die Bauern mußten den Gutsherrn eine gewiße Zahl Gespinst entrichten. Noch jezt macht der Flachs- und Hanfbau, so wie das Garnspinnen und Weben nebst der Gartenarbeit die Hauptbeschäftigung der Wenden aus. Die Leinewand wurde zu Pakken verkauft: ein jedes hielt 2400 Ellen. Die Salzwedler handelten stark damit nach Hamburg: sie wußten sich 1248 leibliche Zölle auf der Elbe zu verschaffen. Für 100 Ellen gaben sie einen Pfennig; für 2400 Ellen oder für das ganze Pak zwei Schillinge. Grobe Tücher wurden schon von den Wenden bereitet: die Verfertigung der feinern verdankt die Mark den niederländischen Kolonisten. Im Jahr 1295 erhielten die Tuchmacher zu Berlin ein Privilegium, worin Vorschriften über die Bereitung der Wolle, über das Färben in der Küpe, über die Güte der Tücher enthalten sind; wo befohlen wird, daß kein Stük ohne vorhergangne Schau oder Besichtigung ausgeführt werden soll. Den Juden verbot man

man das Aufkaufen und Ausführen der rohen Wolle und des Wollengarns. So wurde auch die Länge und Breite der Tücher bestimmt. Solche Befehle waren zu Erhaltung der auswärtigen Handlung nöthig. Denn 1369 ließ der Rußische Czaar alle Güter der Hansestädte im Komtor zu Novogrod wegnehmen, weil die Tücher zu kurz und zu schmal waren. Zu dem Färben bedienten sich die Märker der Waidpflanzen. Die Wenden kannten und bauten den Waid schon. Die Niederländer brachten die Pflanzung deßelben noch mehr in Aufnahme. Um die Ausfuhr zu erschweren, und zu verhindern, daß die inländischen Färbereien keinen Mangel daran litten, war ein hoher Zoll auf diese Pflanze gesezt, wenn man sie in's Ausland schafte. Für jede Metze mußten zwei Schillinge oder Gulden Zoll erlegt werden. Manches Dorf verdiente zehn und mehrere tausend Thaler durch dieses Färbekraut. Im 16. Jahrhunderte wurde der Indigo aus Ostindien eingeführt: dadurch fiel der Waid; Kaiser Maximilian verbot zwar das Färben mit dem Indigo als einer fressenden, schädlichen Teufelsfarbe: allein der Anbau derselben in Westindien machte ihn noch wohlfeiler und gemeiner; allmählig wurde der Waid fast gänzlich verdrängt, und dies um so mehr, da ein Pfund Indigo mehr blaue Farbe verschaft, als 13 Pfund Waid geben. Jezt möchten veränderte Umstände den Anbau des Waid vielleicht wieder nothwendig machen.

Ein großer Handelszweig für die Mark war der Heringsverkauf. Diese Fische verändern ihre

ihre Züge. Damals, das heißt, im 12. und 13. Jahrhunderte wurden sie häufig an den Pommerschen Küsten gefangen: sie kamen hier so zahlreich und dicht zusammengedrängt an, daß man sie mit Händen greifen konnte. Hier wurde oft ein ganzer Wagen voll frischer Heringe für einen Denar oder Pfennig verkauft. Die Mark war der gewöhnliche Weg, dessen man sich bediente, um die Heringe sowol zu Lande als zu Wasser nach Hamburg, und von da weiter zu verfahren. Man pflegte auch das Fett davon auszukochen, und statt des Wallfischthrans zu gebrauchen.

Unter die fernern Handelsprodukte ist noch vorzüglich der Wein, das Bier, und der Hopfen zu rechnen. Der Weinbau war damals weit beträchtlicher, als jetzt. Die Rheinländer legten bei Stendal, Brandenburg, Oberburg und Krossen die ersten Weinberge an, welche nachher größtenteils durch Schenkungen an geistliche Stiftungen kamen: die Mönche erwarben sich das Verdienst, den Weinbau zu befördern. Die Wenden hatten keinen Wein; statt dessen brauten sie Bier. Unter den Askanern waren die Märkischen Biere ebenfalls sehr berühmt, und wurden durch ganz Deutschland, so wie in die Niederlande und nach England verfahren. Ob die Wenden schon Hopfen dazu nahmen, ist unbekannt. In der Folge wurde er stark angebaut. Die Anhaltischen Markgrafen halfen ihm auf: Otto und Johann legten bei Wusterhausen einen großen Hopfengarten an, und schenkten

ten ihn 1291 der Stadt zum Eigenthum. Bereits im Jahre 1248 wurde der Hopfen häufig ausgeführt. Getreide durfte nur in fruchtbaren Jahren, wo der Scheffel Korn gewöhnlich zehn Pfennige, und der Hafer fünf Pfennige galt, in die Fremde verkauft werden. Dies war der einzige Artikel, der einige, aber gewiß billige und vernünftige Einschränkung litt. Den übrigen Handel hemte kein Verbot, erschwerte keine drükkende Auflage, verkrüppelte kein Monopolist. Der Landesherr verstand die Kunst noch nicht, die oder jene Waare für Kontrebande zu erklären. Der Name war so unbekannt, als die Sache. Eine mäßige Abgabe wurde gefodert; viele Städte genoßen völlige Zollfreiheit, manche sogar in fremden Ländern. Die Märkischen Handelsleute hatten zu Hamburg eben die Rechte und Freiheiten, als die dortigen eignen Bürger. Die Salzwedler erhielten Freiheitsbriefe, nach Wisby auf der Insel Gotland in der Ostsee zu handeln nebst der Zollfreiheit, sicherm Geleite, und allen Rechten der Lübekker, die hier ein Komtor und besonderes Gericht hatten. Der römische König Wilhelm erteilte den Brandenburgern 1252 zween ähnliche Briefe; nach dem ersten solten sie in Seeland keinen sonstigen Zoll von den Waaren erlegen, als den die Lübekker bezahlten; nach dem andern solten sie in Holland gleiche Rechte haben. Mit den Grafen von Holstein, den Fürsten von Meklenburg, den Herzogen von Lauenburg, von Pommern und vielen, besonders Hansestädten schloßen sie Handlungsverträge, unter denen der, welcher 1248 zwischen Brandenburg, und dem Herzoge Albert von Sachsen-Lauenburg errichtet wurde, darum merkwürdig ist, weil man daraus verschiedne Waaren, die aus der Mark geführt wurden, und die Zollabgaben kennen lernt. Das Pak Tücher zu 48 Stük gerechnet erlegte vier Schillinge, jedes einzelne Tuch einen Pfennig Zoll auf der Straße von Salzwedel nach Hamburg. Die Last oder 240 Stük Felle gaben zwei Schillinge, 10 Felle einen Pfennig: die Last Kupfer, Zink und Blei eben so viel, nämlich zwei Schillinge. Von Feigen, Wachs, Honig, Salben, von allen Gewürzen, von Meth, Wolle, Wollengarn, Flokken, Heringsfett, eingesalznem Fleisch, Eisen, Stahl, von Töpfen, Keßeln und dergleichen wurden für das Schiffspfund, welches 280 gemeine Pfund enthält, zwei Pfennige Zoll erlegt. Etwas höher war der Zoll, den die Grafen von Holstein von den Brandenburgischen Waaren nahmen. Die Last Kupfer machte vermöge der Verträge von 1236 und 1262 bei ihnen vier Schillinge; ehemals gar 14. So verhielt sich's auch mit der Leinewand: beide Artikel standen hier noch einmal so hoch im Zolltarif, als im Lauenburgischen. Das Faß Pech oder Asche zahlte einen, vorher zwei Schillinge; der Winspel Roggen oder Weize und das Faß Schweinfett zwei, vorher vier Schillinge; die Metze Waid ebenfals 2, vorher acht Schillinge; sieben Last Blei oder Zinn eine Mark Silbers, oder 14 Thaler nach unsrer Münze. Dieser Zoll wurde jedoch nur für die Waaren gegeben, welche von Hamburg nach Flandern oder in andre Länder zum Verkauf geschikt wurden.

Wenn

Wenn aber die Märker ihre Produkte zu Hamburg verkauften, und andre dafür einkauften, so waren sie von diesem Zolle oder Umgelde ganz frei.

Der Handel nährte und bereicherte nicht allein die Kaufleute, sondern auch die Genoßen aller Gewerbe und Handthierungen bis zum Aftermanne herab. Es gab Bürger, die solche Schäzze sammelten, daß sie Fürsten unterstüzzen, und Königen leihen konnten. Es sind Beispiele vorhanden, daß Schumacher, Fleischer und andre Handwerker 30,000, bis 40,000 Thaler an regierende Herren verliehen haben. Diesem Reichthume war ihr Aufwand in Kleidungen und Schmausereien gleich. Bloße Bürgerfrauen und Töchter trugen lange mit Zobel und andern kostbaren Pelzwerk gefütterte Mäntel, große mit Gold und Silber gestifte Schleppkleider, und hoch aufgethürmte Kopfzeuge.

So gut sich der Körper der Brandenburger um diese Zeit befand; so schlecht stand es um die Seele, um gesunde Religionsbegriffe, um wahre Gelehrsamkeit: wovon schon in der vorigen Geschichte selbst das Nöthige beigebracht worden ist. Die Geistlichen, deren Beruf es war, Licht und Aufhellung zu verbreiten, waren selbst finstre Köpfe, sorgten mehr für ihren Bauch, als für ihr Amt; häuften Schäzze, erheuchelten Güter, und ließen Wahrheit und Tugend dahingestellt sein. Es gab in den Städten 42, und auf den Dörfern 33, zusammen also 75 Klöster, von denen manche ungemein reich waren. Das Kloster Lehnin z. B. hatte achtzehn
Dörfer,

Dörfer, das Kloster Chorin dreizehn, und das Kloster Diesdorf gar 45, ohne noch die Einkünfte von den Mühlen, Seen, Wäldern und von andern Dörfern zu rechnen, aus denen es Geld hob, oder Konpacht zog. Bisthümer waren bekanntlich drei in der Mark, das zu Brandenburg, Havelberg und Lebus. Das Bisthum Brandenburg hatte sechs Städte und 25 Dörfer eigenthümlich; Havelberg sechs Städte und 21 Dörfer, und Lebus vier Städte und 33 Dörfer nebst einigen Gütern in Polen: daher der Lebusische Bischof auch Reichsstand von Polen war. Der Markgraf von Brandenburg übte die Schuz- und Schirmgerechtigkeit über alle drei Bisthümer aus, so wie er auch an der Wahl und Ernennung der Bischöfe Theil nahm, obgleich die Kapitel ihm dies Recht öfters streitig zu machen suchten. Zum geistlichen Stande rechnete man auch das Heermeisterthum des Johanniterordens, welches damals nicht zu Sonnenburg in der Neumark, wie jezt, sondern zu Supplinburg im Fürstenthume Wolfenbüttel seinen Siz hatte. Markgraf Waldemar erwarb sich 1318 die Schuzgerechtigkeit über den Orden, so wie das Hoheitsrecht über den Heermeister.

II. Abschnitt.

Brandenburgische Markgrafen und Kurfürsten aus dem Baierschen Hause. 1324 — 1373.

Einleitung.

Geschichte der Zwischenzeit vom Ende der Herrschaft der Anhaltischen Markgrafen bis zum Anfange der Regierung des Baierschen Hauses. 1320 — 1324.

Je höher der Wohlstand der Märkischen Länder unter den Fürsten vom Askanischen Stamme, besonders unter Waldemar'n, gestiegen war; desto tiefer sank er nach Verlöschung dieser Familie unter den Baierschen, und zum Teil selbst unter den folgenden Luxemburgischen Regenten in's Verderben herab. Unglüksfälle, die schon einzeln einem festen Staate zur Last gefallen sein würden, mußten in Verbindung mit einander eine wankende Macht zu Boden drükken. Einige Jahre bleibt die Erbfolge streitig; kleinre und größre Fürsten reißen Provinzen und Güter an sich; der nachher bestimmte Oberherr ist noch ein Kind; Kriege von außen, und Unruhen von innen verzehrten des Landes Mark; Räuberrotten verwandeln die Provinzen in Mördergruben; die Geistlichen werden, statt Friedensstifter, Urheber von Empörungen, verschlüßen den Himmel, und ver-

verwüsten die Erbe; ein Betrüger giebt sich für den verstorbnen Waldemar aus, und erregt einen langwierigen Streit; Seuchen raffen die Menschen schaarenweise hin; und die rechtmäßigen Herrscher sind endlich teils ohnmächtig, teils bei'm Volke nicht beliebt, teils unfähig, sich selbst zu regieren. Dies sind nur einige Züge von dem traurigen Gemälde, das uns die Geschichte von diesem Zeitraum aufstellt.

Kaum war der lezte Askanische Markgraf, Heinrich III. verstorben, als mehrere benachbarte Fürsten ihre schon vorher gemachten Ansprüche auf die ganze Mark, oder auf einzelne Teile derselben ausführten. Unter diesen schien der Herzog Rudolph I. von Sachsen-Wittenberg das gegründeteste Recht zu haben. Denn er stammte in grader Linie von Bernhard I. dem jüngsten Sohne Albrecht's, des Bärs, des Stifters der Mark Brandenburg, ab. Allein nach dem damaligen Herkommen mußten die Seitenverwandten die Mitbelehnschaft haben, wenn sie der Erbfolge fähig sein wolten: und bei Rudolphen läßt sich hiervon keine Spur entdekken. Die Mark war also ein völlig eröfnetes Lehn, und fiel dem Reiche anheim. Aber Rudolph bestund auf seinem vermeintlichen Rechte, brachte eine Menge Städte der Mittel- und Altmark auf seine Seite, die eine Vereinigung unter sich schloßen, und ihm so wie seinen Söhnen den Huldigungseid ablegten; außerdem bemächtigte er sich der Niederlausiz gänzlich. Daß er sich auch als wirklichen Landesherrn bewiesen habe, zeigen einige

nige Urkunden in Gerken's Samlung. Er nahm das Kloster Chorin in der Ukermark in seinen besondern Schuz, versprach, es gegen alle Gewaltthätigkeiten zu decken, und sagt in dem darüber zu Berlin ausgefertigten Schuzbriefe, daß ihn die Liebe Gottes zum Erben der ausgestorbnen Brandenburgischen Markgrafen aus Gnaden verordnet habe. In einer andern Urkunde nennt er die Stadt Monekeberg (Müncheberg in der Mittelmark) seine Stadt, schenkt ihr aus landesherrlicher Macht den Kopernizerbusch, und befreit sie bald darauf von aller Zollabgabe zu Strausberg.

Agnes, Waldemar's Witwe, erhielt den größten Teil der Altmark, der ihr zum Witwenthum verschrieben war: sie vermälte sich zwar bald darauf mit dem Herzog Otto dem Milden von Braunschweig, behielt aber dennoch das ihr zum Leibgedinge ausgesezte Land. Denn nach dem damaligen Herkommen blieben einer Witwe die ihr zu ihrem Unterhalt nach des Mannes Tode überlaßenen Güter auf Lebenszeit auch bei einer anderweitigen Verheirathung. In Gerken's vermischten Abhandlungen wird dieser Grund dafür angegeben: das Witthum sei ein Gegenvermächtniß des Ehegatten wegen des Eingebrachten der Frau. Weil nun die Mitgift in den Gütern des Mannes verbleibe, so habe die Witwe ein Recht, ihr Leibgedinge auch bei einer zwoten Vermälung bis an ihren Tod zu behalten. Schon das Wort Leibgedinge beweise dies. Es komme von Lib, Lip oder Lyf, welches

Leben

Leben bedeute, her und zeige ein Vermächtnis auf Lebenszeit an. Den Geschichtschreibern schien es bisher schwierig und dunkel, warum die Markgräfin Agnes die Altmark für beständig behauptet hat: und deswegen waren wir hier weitläuftiger. Agnes nahm ihren neuen Gemal Otto zum Mitregenten an, und fand Gelegenheit, es dahin zu bringen, daß er auch nach ihrem Tode diese Provinz behielt.

Der Herzog Heinrich IV. von Meklenburg eroberte — mit welchem Rechte? ist schwerlich zu sagen — die Prignitz, und die Städte Prenzlow und Pasewalk* in der Ukermark, und verpfändete dem Grafen von Schwerin, der ihn mit seinen Truppen unterstüzt hatte, Perleberg zur Entschädigung für seine Kosten. In der Ukermark konnte er jedoch keinen festen Fuß faßen; denn die Herzöge von Pommern Wratislav V. und Otto I. vertrieben die Meklenburger aus dieser Provinz, und bemächtigten sich des größten Teils derselben, unter dem Vorwande, daß sie wieder an ihr Haus zurükgefallen wäre, welchem sie ehemals gehörte. Hiermit begnügte sich Wratislav noch nicht: er eignete sich zugleich dasjenige Stük von Pommerellen zu, was Waldemar an sich gebracht hatte.

Der König von Böhmen Johann erhielt anfangs vom Kaiser Ludwig aus Privatabsichten die Anwartschaft auf die Belehnung mit der ganzen

Mark,

---

* Gehört zwar jezt zu Vorpommern, wurde aber damals zur Ukermark gerechnet.

Mark, und bekam sogleich einen Teil der Oberlausitz, nämlich die Landschaft Bauzen und die Stadt Kamenz; erreichte aber in der Hauptsache seinen Zwek nicht.

Die Markgrafschaft Landsberg, und die Pfalz Sachsen behielt die Witwe Heinrich's II. mit dem Beinamen: ohne Land, als Witwenthum. Sie stattete in der Folge ihre Tochter Sophie an den Herzog Magnus von Braunschweig damit aus. Dies war widerrechtlich. Denn als Witwe Heinrichs konnte sie wohl den Genuß aus diesen Gütern auf ihre Lebenszeit ziehen, sie aber nicht als ein Eigenthum an andre verschenken. Der damalige Markgraf Ludwig von Brandenburg mußte dies zugeben, und ein kleinres Land von der Mark absondern laßen, um nur das größere zu behaupten. Im Jahre 1347 verkaufte der Herzog Magnus die Mark Landsberg an den Markgrafen Friedrich von Meißen: und hierdurch wurde dieser herrliche Strich Landes auf ewig von der Mark Brandenburg abgerißen.

Polen nahm ansehnliche Stükke von der Neumark weg, und der Erzbischof von Magdeburg, so wie der Bischof von Halberstadt suchten gewiße Rechte, die sie auf einige Ländereien und Orte zu haben vorgaben, geltend zu machen.

Einige andre Besiznehmungen noch andrer Fürsten und Herrn übergehen wir, da sie in die Hauptsache keinen großen Einfluß haben, und da die bisher angeführten Länderzerstreuungen zureichend sind,

einen

einen Begrif von den Unordnungen in den Provinzen, von der Raubsucht der interessirten Fürsten, und dem Elende des ganzen Landes zu geben. Vermehrt wurde die Zerrüttung durch die Ungewißheit, in der die Eingebornen stunden, welchem Herrn sie huldigen, und wem sie gehorchen solten. Jeder Fürst suchte seine Eroberungen zu vermehren, verdrängte bald den andern, wurde bald wieder verdrängt. Daher erfuhr manche Stadt einen steten Wechsel von Oberherrn: manche veränderte ihre Neigung selbst nach den Zeitumständen. Das größte Unheil verursachten die Banden, welche auf den Landstraßen, in den Büschen, auf den Feldern herumstreiften, die Reisenden plünderten, die Wehrlosen mordeten, den Handel, und alles friedliche Verkehr störten, und, ohne einem bestimmten Fürsten anzuhängen, bald diesem, bald jenem Dienste leisteten, je nachdem ihr Eigennuz von einer Parthei am besten begünstigt wurde. Eine von diesen Rotten, bekannt unter dem Namen der Stelmeiser, machte sich am furchtbarsten, und erhielt sich am längsten. Sie übte an hundert Jahre hindurch öffentliche und heimliche Greuelthaten aus, brachte die Mark bei den Fremden in den übelsten Ruf, und erstikte erst unter den Hohenzollerischen Regenten völlig.

Der einzige, der den Zerrüttungen in Brandenburg hätte Einhalt thun können, und thun sollen, wäre der römische Kaiser gewesen, der als Oberhaupt des Reichs das unstreitige Recht hatte, das Schiksal von gänzlich eröfneten Lehnen zu entscheiden.

den. Aber wer dieser Kaiser sei, das war jezt zum Unglük Deutschlandes überhaupt, und der Mark insbesondre, ein Räthsel, das erst mit dem Schwerdte aufgelöset werden mußte. Der Kaiser Heinrich VII. von Luxemburg war im Jahre 1313 gestorben. Nach seinem Tode konnten sich die deutschen Fürsten über die Wahl eines neuen Oberhauptes nicht vereinigen; die Stimmen blieben geteilt, einige der Wählenden ernannten 1314 den Herzog Ludwig von Baiern, andre den Herzog Friedrich von Oesterreich zum Kaiser. Jeder von leztern suchte seine Würde durch den Degen zu behaupten; sieben blutige Jahre entschieden nichts. Endlich trug Ludwig von Baiern den vollkommensten Sieg in jener berühmten Schlacht auf den Ampfingischen Feldern bei Mühldorf in Baiern, im September 1322 davon, bekam sogar seinen Gegner gefangen, und sezte ihn in ein festes Schloß in Verwahrung. Sodann schrieb er auf den Merz des Jahres 1323 einen Reichstag nach Nürnberg aus, wo er sich als das einzige rechtmäßige Haupt Deutschlands zeigte, die allgemeine Ruhe befestigte, und jede Uneinigkeit zu endigen sich bemühte. Hier wurde denn auch an Brandenburg gedacht, und von den mehrsten der versamleten Fürsten des Kaisers Vorschlag, seinen ältesten Sohn Ludwig mit der Mark und den dazu gehörenden Ländern zu belehnen, genehmigt. Die wirkliche Vollziehung dieses Endschlusses, und die förmliche Belehnung des jungen Ludwig's verzog sich noch bis auf den Johannistag des folgenden 1324. Jahres.

1. Lud-

1. Ludwig I. der Aeltere.
1324 — 1351. st. 1361.

Der Grund zur Wiederherstellung der Ruhe in der Mark schien nun durch die Ernennung eines rechtmäßigen Fürsten gelegt zu sein. Aber die Kindheit des neuen Oberherrn Ludwig's, der noch nicht sein zwölftes Jahr erreicht hatte, ja nach einiger andrer Meinung kaum acht Jahr alt war; die Denkungsart der benachbarten Fürsten; die Roheit des damaligen Jahrhunderts; die Abneigung, welche die Märker gegen einen Regenten von einem fremden Hause zeigten; und der heidnische Uebermuth der christlichen Geistlichen, so wie des Pabstes insbesondere ließen die Mark unter der Baierschen Regierung des glüklichen Friedens nicht genüßen, deßen sie sich unter der Askanischen Herrschaft erfreut hatte.

Brandenburg hatte jezt wohl wieder einen bestimmten Markgrafen; aber der Markgraf hatte seine bestimmten Länder noch nicht. Jeder von den fremden Herren behielt, was er erobert hatte, und war wenig geneigt, seine Beute fahren zu laßen. Der Kaiser Ludwig sorgte jedoch aus allen Kräften dafür, daß sein Sohn nicht bloß den Titel von Brandenburg führen, sondern auch die Herrschaft über die Mark erlangen möchte. Er sezte ihm mehrere erfahrne und einsichtsvolle Männer zu Vormündern, Statthaltern und Rathgebern, unter denen die Grafen Berthold, und sein Sohn Heinrich, von Henneberg; Günther von Lindau; Heinrich von Schwarzburg und Burchard

von

von Mansfeld die vornehmsten waren. Außerdem suchte er seinem Prinzen durch die bereits am 13. Jul. 1323 zu Sieburg geschehne Verlobung mit der Prinzeßin Margarethe, einer Tochter des Königs Christophs II. von Dännemark, eine mächtige Stüzze zu verschaffen. Der Graf Berthold brachte die Vermälung wirklich zu Stande, welche außer einem Brautschazze von 12000 Mark Silbers, die glükliche Folge hatte, daß der Markgraf Ludwig die Prigniz, und alle sonstige von den Meklenburgern eroberte Güter zurükerhielt. Denn der König Christoph nöthigte den Meklenburgischen Herzog Heinrich IV. sich mit seinem Schwiegersohne zu vergleichen, und ihm gegen eine Summe von 20,000 Mark Silbers alles, was er von den Brandenburgischen Ländern an sich gezogen hatte, wieder abzutreten. Zu gleicher Zeit schloßen die Vormünder mit der Herzogin Agnes und ihrem Gemahl Otto von Braunschweig einen Bund, nach welchem Otto für den Mitregenten der Altmark erklärt und worin zugleich bestimmt ward, daß er auch nach der Agnes Tode im Besiz dieser Provinz aus besondrer Gnade bleiben, den Markgrafen Ludwig aber für den einzigen Oberherrn der Mark erkennen und ihm als solchen auch in der Altmark huldigen laßen solte. Sobald hingegen Otto gestorben wäre, solte sie an Ludwigen zurükfallen. Außerdem mußte der Herzog noch versprechen, daß er unserm Markgrafen in seinem Vorhaben, die fremden Fürsten aus den Brandenburgischen Ländern zu vertreiben, unterstüzzen wolte.

Nun

Nun konnte der neue Markgraf schon einigermaßen festen Fuß faßen: und bald war er im Stande, weitre Vorschritte zu thun. Denn die Verbindungen, in denen er mit dem Könige von Dännemark so wie mit dem Herzog Otto stand, das Ansehn seines Vaters, und die Klugheit seiner Vormünder erregten bei dem sächsischen Herzoge Rudolph die nicht unwahrscheinliche Besorgniß, daß ihm ein bedenklicher, langwieriger Krieg bevorstünde, wo er am Ende doch wohl unterliegen würde. Er hielt's daher für rathsamer, sich in Güte zu vergleichen, als sich der Gefahr eines doppelten Verlusts auszusezen. Er wich freiwillig, gab aber den Vorsaz nicht ganz auf, auf eine anderweitige Zusammentreffung glüklicherer Umstände zu warten, um vielleicht noch Herr des ganzen Landes zu werden. Des Zusammenhanges wegen merken wir hier sogleich mit an, daß Rudolph einen Schadenersaz von Ludwigen erhielt. Im Jahre 1328 kam ein Vergleich zu Stande, nach welchem die Nieder-Lausiz* "vor cost vnde vor schaden di he want heft vf di marke zu Brandenburg" für 16000 Mark Silbers an ihn auf zwölf Jahre überlaßen wurde. Rudolph versprach, nach Verlauf dieser Zeit die Lausiz gegen Erstattung des erwähnten Kaufpreißes an Ludwigen oder seine Erben wieder abzutreten. Im Jahr 1338 machte unser Markgraf Anstalt, sie wieder einzulösen. Die Stände und verschiedne Städte der Mittelmark erlegten

eine

* für den Schaden, und für die Kosten, so Rudolph auf die Mark Brandenburg verwendet hat.

eine außerordentliche Steuer, wofür ihnen Ludwig in einem besondern Schreiben dankte. Weil die bestimmten zwölf Jahre noch nicht verfloßen waren, so ward das Geld dem Rathe von Berlin und Kölln zur Aufbewahrung übergeben. Der Magistrat dieser Städte that in einem öffentlichen Briefe dagegen die Erklärung, daß er die ihm anvertraute Summe weder dem Markgrafen, noch sonst jemanden, sondern "alleyne tu der Nutt der Lesinghe des Landes tu Lusitz" ausliefern wolte. Ein deutlicher Beweis, daß Ludwig immer geldbedürftig war, und es nicht stets so anwendete, als es die Bedürfniße des Staats erfoderten: sonst würden die Märkischen Stände kein Mißtrauen in ihn gesezt, und ihm das Geld nicht vorenthalten haben. Dem Titel nach war Ludwig jezt: Markgraf von Brandenburg und der Lausiz, des heiligen römischen Reichs Oberster oder Erzkämmerer, Pfalzgraf am Rhein, und Herzog zu Baiern. Der Macht nach war er wirklicher Herr über die Mittel und Neumark, über die Prigniz und die Niederlausiz.

Dieser glükliche Anfang zur Herstellung der Landesruhe und des fürstlichen Ansehns schien Ludwigen die schönsten Aussichten zu eröfnen, und den Unterthanen die frohesten Hofnungen zu versprechen. Aber Ludwig's ganze Regierung war beinahe eine ununterbrochene Reihe von Streit, von Kriegen, von Empörungen. Der erste Krieg ward von Leuten erregt, deren angelegentliches Geschäfte grade Erstikkung der Zwietracht, und Ausrottung feindseli-

ger

ger Gesinnungen hätte sein sollen — von den Geistlichen. Der Pabst Johann XXII. hatte stets die Gegenparthei des Kaisers Ludwig's begünstigt; er goß daher seinen vollen Grimm über leztern aus, als er die Oberhand behielt, und war frech genug, ihn vor seinen päbstlichen Stuhl zu fodern, und Red' und Antwort von ihm zu verlangen, warum er sich einen deutschen Kaiser nennte? Ludwig behauptete das Ansehn seiner Würde, schrieb dem Pabste kraftvoll und entschlossen, und zog sich dadurch einen förmlichen Bannfluch zu. Dieser erstrekte sich bis auf seinen Sohn, den Markgraf Ludwig von Brandenburg, unter dem Vorwande, daß das Baiersche Haus zum Nachteil der rechtmäßigen Erben der verstorbnen Markgrafen, dies Land an sich gerissen habe. Die Belehnung wurde für ungültig erklärt, und jeder Unterthan zum Ungehorsam und zur Widerspänstigkeit aufgefodert. Allein die ehemaligen Markgrafen Otto mit dem Pfeil und Konrad hatten schon ihre Unterthanen gegen die päbstlichen Schrekbilder furchtloser gemacht: man verachtete die heiligen Donnerworte. Nur die Geistlichen hielten's für Pflicht, die Ehre ihres Oberhauptes aufrecht zu erhalten. Der Erzbischof von Magdeburg ergrif das Schwerdt, und mordete und plünderte an der Havel. Weiter ging die Wuth des Bischofs Stephan von Lebus. Angespornt vom Pabste, und getrieben von eigner Rache, weil ihm, der über alle Billigkeit gefoderte Dezem nicht gezahlt wurde, beredete er den polnischen König Vladislav Loktek und die Litthauer zu einem Einfall in die Mark.

Leztre

Leztre führten mit den deutschen Ordensrittern in Preußen Krieg. Der Pabst gebot den Rittern, mit den Litthauern Friede zu machen, damit diese, damals noch dem Heidenthum ergeben, an den Christen in der Mark alle Grausamkeiten ausüben könnten. Die Polen und ihre Bundesgenoßen kamen im Jahre 1325, und raseten mit solcher Unmenschlichkeit, vorzüglich in der Neumark, daß selbst die feindlichen Schriftsteller jener rohen Zeiten ihren Abscheu dagegen bezeigen. Ueber 140 Oerter und Dörfer wurden der Flamme Raub, viel tausend Menschen des Todes Beute, und über 6000 erfuhren der Gefangenschaft Loos. Das Kind ward in der Wiege, der Säugling am mütterlichen Busen, der Greis im Kreise der Enkel gespießt, durchbohrt, erwürgt. Nicht die unmannbare Jugend schüzte das Mädchen, nicht das kraftlose Alter die Matrone, nicht der heilige Schleier die Nonne vor den wilden Lüsten christlicher und heidnischer Barbaren. Kirchen, Klöster, Heiligthümer wurden wie die Häuser der Bürger und die Hütten der Bauern beraubt, verbrannt, dem Erdboden gleich gemacht. Die Gözzendiener durchstachen die Hostien, und fügten die Lästerung bei: seht! das ist der Christen Gott!

Diese Greuelthaten erwekten endlich den Muth der Brandenburger, und die Ankunft ihres Markgrafen gab ihnen neue Kräfte: sie schlugen die Mordbrenner, und jagten sie 1327 völlig aus dem Lande heraus. Sogleich eilten die Frankfurter, an dem Bischof Stephan, dem Urheber des ganzen Räuberberkrieges, Rache zu nehmen. Sie belagerten ihn in seinem Wohnorte, Göritz jenseits der Oder, eroberten die Stadt, verbrannten seine Domkirche und sezten ihn in's Gefängniß, aus welchem er sich nach einem Jahre durch eine Geldsumme loskaufte. Aber noch ruhte der Unhold nicht: er verklagte die Frankfurter bei'm Pabste, und brachte es dahin, daß sie in einen schweren Bann gethan und mit der Strafe, keinen Gottesdienst halten zu dürfen, belegt wurden. Zwar ruhete der päbstliche Fluch 28 Jahre über der Stadt; allein die Frankfurter achteten seiner wenig, sie zahlten dem Bischoffe den Zehnten nicht, verhinderten ihn vielmehr auf des Markgrafen Befehl an der Errichtung einer Domkirche in ihrer Stadt, und unterließen die Ausübung des Gottesdienstes nicht im geringsten.

Kaum hatte der polnische Krieg sein Ende erreicht, als schon wieder ein neuer Streit, und zwar mit den Pommerschen Herzogen begonn. Zwo Ursachen veranlaßten ihn. Die Pommern hatten die Ukermark größtenteils eingenommen, und sich nach einem vergeblichen Versuche der Märker, sie zu vertreiben, bis jezt darin behauptet. Hierzu kam noch, daß die Herzoge an die Brandenburgische Lehnspflicht nicht mehr gebunden zu sein glaubten, weil nach ihrer Meinung die Lehnshoheit allein auf der Anhaltischen Familie beruhet habe und nach deren Erlöschung als vernichtet anzusehen sei. Der Markgraf Ludwig wolte weder das eine, noch das andre gelten laßen; und zog, durch größre

Hinder-

Hindernisse bisher aufgehalten, im Jahr 1329 das Schwerdt. Aber das Glük entsprach seiner gerechten Sache nicht. Zweimal ward er geschlagen, und zum Weichen gebracht. Die gütigen Unterhandlungen liefen fruchtlos ab. Es kam noch einmal bei der Stadt Cremmen in der Mittelmark, einige Meilen von der Ukermärkischen Grenze entfernt, 1331 zum Gefechte, wo 400 Reuter Ludwig's teils niedergehauen, teils gefangen wurden, und unser Markgraf also eine große Niederlage erlitt. Ludwig sahe sich nun genöthiget, die von den Pommern vorgeschriebnen Friedensbedingungen anzunehmen. Sie bestunden darin, daß er der Lehnsherrschaft entsagen, jedoch, wenn der herzogliche Stamm in Pommern ausstürbe, Erbe ihrer Länder sein, daß er 6000 Mark Silbers zahlen, und dafür die Ukermark zurük erhalten solte. Die Erfüllung dieser Vorschläge stellte den Frieden wieder her.

Ludwig's Herrschaft wurde durch den lezteren Friedensschluß vergrößert: er suchte seine Macht aber auch fester zu gründen. Zu dem Ende schloß er 1334 mit seinen Brüdern, den Baierschen Herzogen Stephan, Ludwig, dem Römer, und Wilhelm eine Erbverbrüderung, nach welcher unser Markgraf und seine Nachkommenschaft im Fall, daß die herzogliche Familie ausstürbe, Baiern nebst den übrigen Lehn- und Erbgütern in Franken und Schwaben erhalten, und im entgegengesezten Falle auch das Gegenteil erfolgen solte. Der Kaiser Ludwig bestätigte am Johannisabend desselben Jahres den Vertrag seiner Söhne.

Einzelne

Einzelne Vorfälle gehören eigentlich wol nicht in eine allgemeine Landesgeschichte. Doch, wenn sie einigen Einfluß in's Ganze haben, wenn sie wichtigere Begebenheiten erläutern oder ergänzen, wenn sie den Geist des Jahrhunderts schildern, und die Stufe der Aufklärung, auf welcher eine Nazion steht, sehen laßen, wenn sie endlich das Verhältniß der Anmaßungen der Geistlichen gegen die Fürstenmacht zeigen; so sind sie vielleicht einer kurzen Auseinandersezzung nicht ganz unwürdig. Ein solcher Vorfall scheint uns folgender zu sein.

Der sächsische Herzog Rudolph, welcher seine vermeintlichen Ansprüche auf die Mark wegen Ludwig's Uebermacht hatte fahren laßen müßen, gab deswegen die Hofnung, einst noch Herrscher Brandenburg's werden zu können, nicht auf; er wandte vielmehr alle Mittel an, um seinen Zwek zu erreichen. Er zog viele der Großen, besonders aber die Geistlichen, die mit Ludwig's Regierung unzufrieden waren, auf seine Seite, unterhielt einen heimlichen Briefwechsel mit ihnen, munterte sie zu Streifzügen, zu Plünderungen, zu Bedrükkungen der Einwohner auf, um den Geist der Empörung zu nähren, und den Brandenburgern ihren Regenten, der dies nicht gänzlich verhindern konnte, verhaßt zu machen. Unter diesen heimlichen Anhängern Rudolph's zeichnete sich besonders der Probst zu Bernau, Niklas Cyriax aus. Er berichtete dem Herzoge nicht nur jeden Schritt seines Landesherrn, und jede Begebenheit in der Mark, sondern er er erpreßte auch große Geldsummen von denen, die zu seinem Kirchsprengel gehörten. Einst kam er im Jahr 1334 nach Berlin, um hier einige Hebungen einzufodern. Er that es mit seiner gewöhnlichen Härte, aber diesmal mit einem sehr unglüklichen Erfolge. Denn der Pöbel, der ihn schon längst tödtlich haßte, rottete sich zusammen: einige Hitzköpfe vermehrten durch ihr Toben die Verbitterung: der Zusammenfluß von Menschen ward, weil grade Jahrmarkt war, immer größer. Endlich stürzte das Volk in des Probstes Wohnung, schlepte ihn zum Hause heraus, mißhandelte ihn auf's gräulichste, schlug ihn zu Tode, und verbrannte ihn auf öffentlichem Markte. Natürlich mußte ein solches Verfahren mit einem Geistlichen ein großes Aufsehen machen, und den Berlinern eine schwere Strafe zuziehen. Der Bischof Ludwig von Brandenburg sprach sogleich eigenmächtig den Bannfluch über Berlin, ließ die Kirchen und Glokkenthürme verschließen, und den ganzen Gottesdienst untersagen. Die Bürger stellten zwar dem Bischoffe vor, daß er das nicht der Stadt zuschreiben müße, was fremde Marktleute, Handwerksjungen, und Dienstboten ausgeübt hätten, daß es also unbillig wäre, den Handel und Wandel Berlin's mit andern Städten durch heilige Verwünschungen zu stören; allein der Bischof ließ sich nicht eher erbitten, als bis ihm die Berliner 1335 versprachen, 750 Mark Silbers zu bezahlen, an dem Orte, wo der Probst ermordet worden, ein steinernes Kreuz und einen Altar zu errichten, in einer besondern Kapelle eine ewige Lampe zu unterhalerhalten, und dem Tohten jährliche Seelenmeßen lesen zu laßen. Aber alles dies versöhnte das begangne Verbrechen noch nicht, oder vielmehr, befriedigte die Habsucht des Bischofs nicht völlig. Der Bann ward der Stadt unter dem Vorwande, daß nur der Pabst ihn aufheben könne, noch nicht abgenommen. Erst im Jahre 1345 sandte der heilige Vater einen Lösebrief, und Ludwig entbot alle Einwohner Berlin's nach Brandenburg, wo er jeden für eine neue besondre Bezahlung einzeln lossprach. Und noch erfolgte die allgemeine Befreiung der Stadt vom Banne nicht. Dies geschahe erst im Jahre 1347, als man neue Summen — für geistliche Täuschungen verschwendet hatte.

Der Tod der Herzogin Agnes, welcher im November 1334 erfolgte, reizte den Erzbischof Otto von Magdeburg, gebornen Prinzen von Heßen, einen stolzen, ländersüchtigen Priester, die Ruhe in der Altmark zu unterbrechen. Er wolte das ganze Witwenthum, das die Herzogin Agnes besaß, jezt unter dem Vorwande der Lehnsherrschaft einziehen. Er bot weltliche und geistliche Macht auf, um diese ganze Provinz zu ertrözzen. Gegen den Herzog Otto, den hinterlaßnen Gemal der Agnes ließ er Truppen anrükken; gegen Ludwig, den Markgrafen von Brandenburg, an den nach Herzog Otto's Tode die Altmark zurükfiel, schloß er ein Bündniß mit dem Könige Johann von Böhmen; gegen beide rufte er die Blizze des Pabstes auf, der sich aber diesmal darauf einschränkte, daß er eine Kommißion

zu

zu Naumburg zu Untersuchung des Streits verordnete. Alle Arten von Waffen richteten jedoch nichts aus. Der Herzog Otto, von den ansehnlichsten Städten der Altmark unterstüzt, behauptete sich wider alle Gewaltthätigkeiten des Prälaten. Der ganze Nachteil des Krieges fiel auf Brandenburg. Weil der Erzbischof nach des Herzogs Otto's Tode seine Ansprüche gewiß wieder erneuert, und die alte Lehnsgerechtigkeit über die Altmark geltend zu machen gesucht hätte: so errichtete Ludwig im Jahre 1336 einen Vergleich mit dem Erzbischoffe, wodurch aller fernere Zwist gehoben wurde. Markgraf Ludwig solte der ungehinderte Erbe der Altmark sein, jedoch unter Anerkennung der Magdeburgischen Lehnsherrschaft. Der Erzbischof belieh ihn hierauf mit allen Schlößern, Städten und Ländern, welche Waldemar und Johann vom Erzstifte zur Lehn gehabt hätten. Würde Ludwig ohne Nachkommen sterben, so wolte der Erzbischof entweder seinen Schwager, den Markgrafen Friedrich von Meißen, oder den von Ludwig's Brüdern damit belehnen, welchen der Kaiser erwählte. Für diese Gefälligkeit mußte Ludwig dem Erzbischof 6000 Mark Silbers zahlen, und die Oerter Wolmirstädt, Angern, Rojetz, Alvensleben, so wie den ganzen Strich über der Elbe, worin Sandau, Genthin, Plaue liegen, und den man jezt das Stiftische nennt, auf ewig abtreten. Diese Stüffe sind auch beständig bei Magdeburg geblieben; und hierdurch verlohr also die Altmark einen ansehnlichen Teil Landes.

Noch

Noch in eben dem Jahre lieh Ludwig 6500 Mark Silbers oder 91000 Thaler von dem Grafen Heinrich von Schwerin, wofür er ihm die Städte Lenzen und Dömitz verpfändete, statt deren aber auch die Stadt Perleberg zurükerhielt. In den folgenden Jahren wohnte er einigen Feldzügen seines Vaters wider die Böhmen; des deutschen Ordens wider die Litthauer, und des Königs Eduard's III. von England wider die Franzosen bei: Feldzügen, die mit der Mark in keiner Verbindung stehen, und deren Geschichte folglich nicht hieher gehört.

Es fehlte noch ein Weib, die Verwirrung in der Mark größer zu machen. Und jezt tritt eins auf den Schauplaz, deßen Denkungsart und Karakter ganze Länder in Flammen versezzen konnte. Für Brandenburg ward sie indeßen nicht unmittelbare, sondern nur gelegentliche Ursach zu langen Zerrüttungen. Dieses Frauenzimmer war Margaretha Maultasche, einzige und lezte Erbin von der Grafschaft Tyrol, und dem Herzogthume Kärnthen, häßlicher noch an der Seele, als am Körper. Ihr großer, übelgestalteter Mund zog ihr den Spottnamen: Maultasche zu. Ihre unausstehliche Geschwäzzigkeit, ihre unersättliche Geilheit, ihr unerträglicher Hochmuth und ihre kühne Verwegenheit mußten sicher jeden Prinzen von einer Verbindung mit ihr zurükschrekken, wenn nicht ihre reiche Erbschaft eine verführerische Lokspeise gewesen wäre. Johann Heinrich, zweeter Sohn des

böh-

böhmischen Königs Johann's, und Bruder des nachherigen Kaisers Karl's IV. nahm sie mehr aus Intereße, denn aus Liebe. Zwar bekam er Kärnthen nicht; denn dieses fiel vermöge eines alten Vergleichs an Oesterreich; doch auch Tyrol schien ihm wichtig genung, um eine Gemalin, wie die Maultasche, zu wählen. Zu verwundern war es wol nicht, daß sie eine höchst unglükliche Ehe führten. Einige Jahre glimte das Mißverständniß unter der Asche; im Jahre 1341 brach es in helle Flammen aus. Margaretha beschuldigte ihren Gemal eines Unvermögens zur Ehe, behauptete, noch Jungfrau zu sein, beklagte sich über harte und unanständige Begegnungen und drang auf eine förmliche Ehescheidung. Zuerst entdekte sie ihre Beschwerden dem Bischof Leopold von Freysingen; bald wurden sie öffentlich bekannt. Niemanden war dieser eheliche Zwist angenehmer, als dem Kaiser Ludwig: er schien ihm, ein bequemes und leichtes Mittel zu sein, gewiße Absichten auszuführen. Er wolte gern Herr über Tyrol werden, um stets einen freien Durchzug nach Italien haben zu können. Er suchte daher seinen Sohn, den Markgrafen von Brandenburg, der grade Witwer war, zu einer Heirath mit der Maultasche zu überreden. So wenig Lust der Sohn auch zu einer solchen Vermälung anfänglich bewies, so konnte er den dringenden Vorstellungen des Vaters am Ende doch nicht widerstehen. Aber zwei Hinbernisse waren noch erst aus dem Wege zu räumen. Die Ehe der Margaretha mit dem böhmischen Prinzen

mußte

mußte getrennt, und eine besondre Erlaubniß zu einer Heirath mit dem Markgrafen Ludwig gesucht werden, weil beide im dritten Grade miteinander verwandt waren. Beides kam nach den Begriffen des damaligen Jahrhunderts auf den Pabst an, und beides versagte dieser vermöge seines Haßes gegen das Baiersche Haus gewiß. Der Kaiser wandte sich deshalb an den oben angeführten Bischof von Freysingen, welcher sich auch bald willig dazu bezeigte, aber auf seiner Reise nach Tyrol das Unglük erfuhr, den Hals zu brechen. Ludwig befand sich nun in größrer Verlegenheit, als zuvor. Endlich halfen ihm seine Entschloßenheit und einige Gelehrten aus der Noth. Unter diesen war der berühmte Franziskanermönch Wilhelm Occam, der wegen seiner Freimüthigkeit vom Pabste in den Bann gethan, in Frankreich heftig verfolgt, vom Kaiser Ludwig aber gütig aufgenommen, und gegen alle Nachstellungen geschüzt worden war. Occam überzeugte leztern, daß die Kaiser, welche die Ehehinderniße eingeführt hätten, sie auch abschaffen könnten; er unterstüzte seine Behauptungen mit den stärksten Gründen, und sezte entschloßen hinzu: "vertheidige du mich mit deinem Schwerdte, und ich will dich mit meiner Feder vertheidigen." Nun waren alle Bedenklichkeiten gehoben. Der Kaiser sezte ein förmliches Gericht zur Ehescheidung nieder, führte selbst den Vorsiz dabei, und befahl dem Prinzen Johann Heinrich vor demselben zu erscheinen, und seine Rechtfertigung vorzubringen. Der Prinz blieb außen; es ward also wider ihn erkannt,

seine

seine Ehe mit der Maultasche von Rechtswegen für
nichtig erklärt, und die Erlaubniß zur anderweitigen
Verheirathung der kztern mit dem Markgrafen von
Brandenburg erteilt. Die Vermälung wurde im
Febr. 1342 wirklich mit vieler Pracht vollzogen,
Ludwig mit Tyrol und selbst zum Nachteil des
östreichischen Hauses mit Kärnthen, welches er
jedoch nicht erhielt, beliehen. So glüklich sich diese
ganze Sache endigte, so groß die Vorteile für
Brandenburg anfangs schienen; so traurig waren
doch die Nachwehen für Regenten und Unterthanen.
Denn die Feinde des Baierisch-Brandenburgischen
Hauses vermehrten sich; besonders dachten die böhmischen Prinzen von nun an auf seinen völligen
Untergang; dachten's nicht bloß, sondern ergriffen
jede Gelegenheit, die sich hierzu darbot, mit Freuden; und vorzüglich beförderten sie das unglükliche
Spiel mit jenem Betrüger, der sich für den verstorbnen Waldemar ausgab, wovon wir bald
eine ausführlichere Nachricht geben werden. Das
Volk liebte die Baiern ohnedem nicht; jezt fing es
sie an zu haßen. Die neue, ohne des Pabstes Be-
willigung geschloßne Ehe ihres Markgrafen, war
ihnen ein Greuel, der plözliche Todesfall des Bischofs von Freysingen ein göttliches Strafgericht,
und leichter hing es sich jezt an einen Abentheurer,
der es vom Baierschen Joche, wie es vermeinte, befreien wolte.

Ehe wir aber von diesem Betrüger reden, müssen wir noch einige Begebenheiten und unter denen
zuerst eine einschalten, bei der es auch einem Schmeich-
ler

ler schwer fallen würde, Ludwig's Betragen zu rechtfertigen. Der Herzog Otto von Braunschweig, nach deßen Tode Ludwig die Altmark erbte, lebte ihm zu lange; er wurde daher im Jahre 1343 öffentlich, von ihm mit Kriege überzogen, nachdem schon heimlich alle Anstalten, die einen glükkichen Erfolg versprachen, gemacht worden waren. Ludwig hatte seit einigen Jahren mit den Ständen und dem Adel der Altmark Bündniße gegen den Herzog Otto errichtet, hatte das Besazzungsrecht in den Städten erschlichen, und sich freilich nicht eben durch ein rühmliches Mittel, durch die erteilte Erlaubniß, in der Altmark stehlen, plündern und rauben zu dürfen, einen mächtigen Anhang verschaft. Der Krieg fing mit Eroberungen, mit Plünderungen und Verwüstungen an, und endigte sich mit einer blutigen Schlacht auf der Gardelber Heide, wo Otto nach einer tapfern Gegenwehr dennoch das Feld räumen, und Ludwigen den Sieg, so wie die ganze Altmark gegen eine Vergütigung von 3450 Mark Silbers überlaßen mußte. Diese Schadloshaltung bekam indeßen der Herzog Otto nicht, wie viele Geschichtschreiber glauben, für die Abtretung der alten Mark, sondern für einige Schlößer derselben, welche er erkauft und als sein Eigenthum erworben hatte. Da der Markgraf Ludwig überhaupt hierbei gewaltsam verfuhr, so ist es selbst nicht wahrscheinlich, daß er bei seinem Geldmangel noch einige tausend Mark Silbers gutwillig bezahlt haben solte. Daß aber in diesem ganzen Kriege Gewalt für Recht erging, sieht man auch aus dem

Betra-

Betragen des Kaisers Ludwig. Die Stadt Stendal befragte sich bei ihm, wem von beiden Oberherren sie gehorchen und helfen solle, da sie beiden, Otten von Braunschweig auf seine Lebenszeit, und Ludwigen von Brandenburg als eigentlichen Landesfürsten gehuldigt hätte. Der Kaiser fällte hierauf aus sehr seichten Gründen den Machtspruch: dat hirumme use Son, de Margreve, recht hebb, und de Herthoge unrecht; und daß de Ratman to Stendal usem Son, dem Margreven, schun behulpen sin (soll behülflich sein) up (wieder) den Herthogen van Brunswik, und dem Herthogen nicht, weil man allezeit dem Rechten helfen müße, und dem Unrechten nicht. Ludwig hatte gewiß eben so viel Schaden, als sein Gegner, von dem kurzen Feldzuge. Denn durch den im Jahre 1344 erfolgten Todesfall des Herzog's Otto hätte er rechtmäßigerweise eine blühende Provinz erhalten, die ihm jetzt durch gewaltthätige Mittel verheert und öde ein Jahr früher zu Teil ward.

So lange der Kaiser Ludwig noch lebte, und in Ansehen blieb, so lange hatte unser Markgraf eine feste Stüzze. Jezt suchte man sie ihm umzustoßen, suchte den Vater zu stürzen, und den Sohn zu verderben. Der Kaiser solte entsezt, nebst dem Markgrafen seiner Länder beraubt, und ein andrer auf den Kaiserthron gehoben werden. Dies war vorzüglich der Plan des Pabstes, Klemens VI. eines Erzfeindes des Baierschen Hauses. Zu der Absicht

sprach

sprach er 1346 den entsezlichsten Bannfluch über den Kaiser aus. Wir führen einiges daraus an, teils deswegen, weil er sich auf Ludwig's Kinder, und folglich auch auf unsern Markgrafen mit erstrekt, teils, um den gotteslästerlichen Ton eines Mannes kennen zu lernen, der sich Christi Statthalter nennt, deßen schändliche Sprache aber gewiß eher für das Brüllen eines wilden Thieres, als für den Ausdruk eines vernünftigen Menschen gehalten werden kann. Zuerst erklärt der Pabst den Kaiser Ludwig für ehrlos, seine Güter für verfallen, und ihn nebst seinen Kindern für unfähig, Länder und Völker zu beherrschen. Endlich schließt er mit einem Wunsche, der die ärgste Gotteslästerung enthält, oder es gibt keine mehr. "Gottes Allmacht soll Ludwig's Troz und „Hochmuth dämpfen, ihn durch die Kraft ihres „rechten Arms niederwerfen, und den Händen seiner „Feinde übergeben. Sein Eingang und Ausgang, „so betet der heilige Vater, sei verflucht. Der Herr „schlage ihn mit Narrheit und Blindheit; der Herr „verzehre ihn durch seinen Bliz. Der Zorn Gottes „und der seligen Apostel Petri und Pauli entzünde „sich über ihn in dieser und jener Welt. Die ganze „Erde wafne sich über ihn. Der Abgrund thue „sich auf, und verschlinge ihn lebendig. Sein Na„me müße nicht über ein einziges Glied blei„ben, und sein Andenken erlösche unter den „Menschen. Alle Elemente müßen ihm zuwider sein. „Sein Haus müße wüste gelaßen, seine „Kinder müßen aus ihren Wohnungen „vertrieben, und vor den Augen ihres
„Va-

„Vaters von den Feinden umgebracht
„werden."

Solche Aeußerungen, die wir jezt mit Abscheu und Verachtung lesen, wurden damals mit Ehrfurcht und Demuth angenommen, und verfehlten ihres Zweks nicht ganz. Das Volk sahe nun einmal, von seinen Hirten irre geführt, im Pabste nichts geringers, als "Gottes Stellvertreter," und in den Pfaffen nichts anders als "Geistliche," das heißt: Geschöpfe von höherer Gattung, von beßerer Natur, geistige, über die Menschheit erhabne Wesen, deren Worte heilig, und deren Aussprüche untrüglich sind. Selbst der niedrigste, verächtlichste Mensch glaubte, so bald er nur eine geistliche Kutte trug, von Amtswegen fähig zu sein, andre an Gottes statt verdammen, und segnen zu können. Daher wurden die Bannflüche so gemein, daß schon ein Schuldner wegen einer Kleinigkeit, die er nicht sogleich zu bezahlen im Stande war, damit belegt wurde, daß der unbedeutendste Mönch es sich voraus nahm, ganze Dörfer in Christi Namen zu verwünschen, wenn nur einer aus der Gemeine gefehlt hatte, daß selbst die Laien über ihre Schuldner von einem Geistlichen den Bann aussprechen ließen. Ein Mönch bemühte sich den andern in Erfindung harter, schreklicher Ausdrükke zu übertreffen, und sezte eine Ehre darin, in seinen Bannformeln recht fürchterlich fluchen zu können. Ja, als einstens einem Edelmanne ein paar Bienenstökke gestohlen worden waren, so ließ der Dorfpfaffe gegen den Dieb einen

Bann

Bann ergehen, worinnen alle obenangeführten Verfluchungen des Pabstes gegen den Kaiser Ludwig und seine Familie wiederholt und mit neuen, noch entsezlichern vermehrt wurden.

Diesmal ließ es der Pabst nicht bei bloßen Verwünschungen bewenden: er schikte auch allen geistlichen und weltlichen Kurfürsten Ermahnungsschreiben, daß sie alsbald einen neuen Kaiser wählen solten; denn sonst würde er selbst nach seinem alten Rechte den Kaiserthron besezzen. Er schlug zugleich den Markgrafen von Mähren, Karl'n, des böhmischen Königs Johann's ältesten Sohn, der sich bei ihm persönlich eingefunden, und zu den schimpflichsten Bedingungen eidlich verpflichtet hatte, zum Wahlkandidaten vor. Die drei geistlichen Kurfürsten, der König von Böhmen, und der Herzog Rudolph von Sachsen, ein Feind des Baierschen Hauses, befolgten des Pabstes Willen, versamleten sich zu * Rense, —weil Frankfurt, die gewöhnliche Wahl-

---

* Rense, Rens oder Rees am Rhein, ein kleines, dem Kurfürsten von Köln gehöriges, durch ein ehrwürdiges Denkmal des Alterthums merkwürdiges Städtchen. Nahe dabei steht am Rheine der so genannte Königsstuhl, ein rundes aus Quadersteinen erbautes, auf neun Säulen ruhendes, acht und eine Viertelelle hohes, vierzig Ellen im Umkreise und zwölfe im Durchmeßer habendes Gewölbe, oben mit sieben Sizzen, nach der ehemaligen Anzahl der Kurfürsten, versehen, worauf man vermittelst einer steinernen Treppe von vierzehn Stufen steigen kann.

Auf

Wahlstadt, dem Kaiser Ludwig ergeben blieb — erklärten den Kaiserthron für erledigt, und riefen Karl'n von Mähren, als Kaiser den Vierten dieses Namens, den 10. Jul. 1346 zum Oberhaupte des deutschen Reichs aus. Karl IV. konnte sich zwar als Gegenkaiser nicht behaupten, mußte noch einige Jahre warten, ehe er zum völligen, ruhigen Besitze des Reichs gelangte, mußte sich sogar mit dem Spottnamen des Pfaffenkönigs, als ein vorzüglich von den geistlichen Kurfürsten erwählter Kaiser, belegen laßen; er war aber doch ein so merkwürdiger Fürst in Deutschland, hatte doch so vielen Einfluß in die Veränderungen der Mark Brandenburg,

Auf dem Absatz der Treppe ist vormals die Thüre (Büsching redet fälschlich von zwei Thüren, die noch da sein sollen) gewesen, wovon nur noch die Angeln in der Mauer übrig sind. Auf der steinernen Bank oben können 24 Personen bequem sitzen. Auf diesem Königsstuhle stellten ehemals die Kurfürsten vorläufige Berathschlagungen wegen der Königs- und Kaiserwahl an, und nahmen darauf, wie diesmal, auch die Wahl selbst vor, wenn sie gewißer Hinderungen wegen zu Frankfurt oder Aachen nicht geschehen konnte. Die feierliche Bekanntmachung, und die öffentliche Darstellung des Neuerwählten wurde hier verrichtet, wichtige Reichssachen öfters ausgemacht, und die Privilegien der Kurfürsten von den Kaisern bestätiget. Der Kaiser Maximilian I. war der letzte, der hieher geführt wurde. Büsching's Erdbeschreibung. Hammerdörfer's und Kosche's geographisch historisches Lesebuch. Gerken's Reisen durch Schwaben ꝛc. dritter Teil. S. 223. f.

burg, und verewigte sich als nachheriger Beherrscher derselben so sehr, daß eine vorläufige Schilderung seiner Person und seines Karakters hier weder unschiklich, noch überflüßig sein wird. Denn viele derer Begebenheiten, die wir nun zu erzählen haben, würden unverständlich und unzusammenhängend scheinen, wenn wir nicht die Denkungsart und die Handlungsweise des Mannes, der von jezt an für die Mark so wichtig zu werden anfängt, vorher schon im Allgemeinen hätten kennen lernen. Karl's Aeußre entsprach, nach der Zeichnung Häberlin's, dem wir hier hauptsächlich folgen, seinem Innern nicht. Seine kleine Gestalt, sein ausgewachsener Rükken, sein vorwärts gebogner Kopf, seine Glazze auf der Stirn, seine dikken Augen, und sein breites Gesicht verkündigten den großen Geist nicht, der ihn doch wirklich belebte. Durch seinen Verstand zeichnete er sich vor allen seinen Zeitgenoßen aus. Er besaß eine Kentniß in den ältern und neuern Sprachen, die einem jeden Gelehrten Ehre machen würde. Er verstand die lateinische und griechische Sprache, er redete die Französische, die Italienische, die Deutsche, die Böhmische, er schrieb selbst in verschiednen derselben Bücher, die nicht zu den verächtlichen gehören. In der Geschichte, in der Naturkunde und in andern Wißenschaften hatte er sich Einsichten erworben, die vielen der eigentlichen Gelehrten, welche ihre ganze Lebenszeit auf die Erforschung der Wahrheit verwenden, fehlten. Er liebte die Gelehrten, suchte ihre Gesellschaft, sahe es gern, wenn sie ihm widersprachen, ging mit ihnen wie mit

seines

seines Gleichen um, und ließ sie seinen erhabnen
Stand nicht empfinden. In der Liebe war er ent-
haltsam, im Eßen und Trinken mäßig, gegen Pracht
und Aufwand gleichgültig, in seiner Haushaltung
sparsam, war der Religion, dem Pabste und den
Geistlichen ergeben, und bewieß den Reliquien oder
den Todtenknochen der Heiligen mehr Hochachtung,
als sein Verstand vermuthen läßt. In seinen Handlungen zeiget sich ein seltsamer Kontrast von einem
hohen Geiste und einer niedrigen Seele, wodurch
seine guten Eigenschaften öfters verdunkelt, und seine rühmlichen Thaten nicht selten verunehrt wurden.
Geiz, Herrschsucht, Eigennuz waren die vornehmsten
Triebfedern seines Handelns vor Erlangung neuer
Länder; Gerechtigkeit, Ordnung, Beglükkung seiner
Unterthanen waren die Absichten, die er nach Er-
haschung neuer Provinzen auszuführen strebte. Er
war der größte Staatsmann seiner Zeit; er kannte
seine und seines Reichs Kräfte, das Intereße seiner
Nachbarn, die Stärke und Schwäche der Reichsstände, und wußte sie zu seinem und seines Hauses
Vorteil anzuwenden. Er benuzte die Vorfälle der
Welt nicht allein nach den Zeitumständen, sondern
er zettelte auch selbst Begebenheiten nach seinem Intereße an, unterstüzte die von Andern angestifteten
und gab ihnen solche Wendungen, wie sie seinen
Entwürfen beförderlich waren. Hizzige Anschläge
faßte er nie, und ließ sich nie von Andern dazu verleiten; er betrieb vielmehr alles mit einem gewißen
Kaltsinn, der ihn sicher zu seinem vorgestellten Ziel
hinführte. Er suchte seinen Entzwek stets mehr

durch

durch glatte Worte, durch verstellte Freundschaft, und heuchlerische Demuth, als durch Gewalt, durch Strenge und Macht zu erlangen. Seinem Eigennuzze und der Vergrößerung seines Hauses opferte er alle andren Betrachtungen auf, und er machte sich kein Bedenken, Ehre, Tugend und Rechtschaffenheit hinten an zu sezzen, wenn es sein Vorteil erfoderte. Er sahe pünktlich auf die Formalität der Gesezze, und wolte sie von andern genau beobachtet wißen, aber er selbst wich von ihren Vorschriften ab, übertrat die Rechte der Billigkeit, und spielte mit seinen eignen Verordnungen, wenn sein Nuzzen dadurch befördert werden konnte. Mit Recht nannte ihn der Kaiser Maximilian I. den Stiefvater des deutschen Reichs. Denn selten nahm er auf die Ehre und den Nuzzen deßelben, aber stets auf die Vorteile seines Hauses, und auf die Vergrößerung seiner Länder Rüksicht. Er eignete sich den gemeinen Schaz zu, er veräußerte die Kammergüter, die Zölle, und andre kaiserliche Einkünfte, um Schäzze zu häufen, und um sich auf des Reichs Unkosten Freunde zu machen. Er verkaufte Vorrechte, Befreiungen, Freiheiten, bot alles in Deutschland feil, erteilte Gnadenbriefe ohne Untersuchung, ohne Rüksicht auf Recht und Billigkeit, hob öfters heute ein Privilegium wieder auf, das er gestern erst gegeben hatte, und, um recht seinen Spott mit Ehre und guten Namen zu treiben, erklärte er im voraus die Verleihungen und Verschenkungen für ungültig, die er erst künftig wärend seines Aufenthaltes an diesem oder jenem Orte erteilen würde.

Nach

Nach dieser Schilderung ist es gewiß schwer zu entscheiden, ob ein Mann bei einem solchen Gemisch von Tugenden und Lastern, von Ehre und Schande, von Hoheit und Niedrigkeit mehr die Bewunderung, als das Mitleiden, mehr die Werthschäzzung, als die Verachtung, und mehr die Liebe, als den Abscheu der Nachwelt verdiene.

Seelen, die stets auf krummen Wegen zu schleichen gewohnt sind, werden nie von wahrem Heldengeiste beherrscht. Tapferkeit war daher Karl'n eben so fremd, als Aufrichtigkeit; und der rechtmäßige Kaiser Ludwig blieb in Ansehn, in Ehren und Würden, bis ihn 1347 im Oktober ein plözlicher Tod der Welt entriß. An Muth, an Entschloßenheit, an Ehrlichkeit verdiente er in jedem Fall vor Karl'n den Vorzug: und die Deutschen waren selbst Schuld, daß er bei seinen Gaben und Einsichten so wenig zum Besten des Reichs ausrichtete, daß er den Anmaßungen stolzer, ränkevoller Priester, die sich Päbste nannten, unterliegen, und ihren geistlichen Despotismus am schwersten fühlen mußte.

Nach des Kaisers Ludwig's Tode erwachten die Feinde seines Sohnes, Ludwig's von Brandenburg auf's neue, boten alle Künste der List, der Verschlagenheit, der Macht auf, und fingen an, den sonderbarsten aller Entwürfe, an dem sie schon seit einiger Zeit im Stillen gearbeitet hatten, öffentlich auszuführen. Der Herzog Rudolph I. von Sachsen, die Grafen von Anhalt, der Erzbischof von Magdeburg, die Herzoge von Meklenburg und
Pom-

Pommern, und — um den gefährlichsten und listigsten Gegner nicht zu vergeßen — Kaiser Karl IV. gingen mit nichts geringerm um, als das Baiersche Haus ganz aus dem Besitze Brandenburgs zu verdrängen, und dann die reiche Beute unter sich zu teilen. Um diesen weit aussehenden Plan in's Werk zu sezzen, wurde folgende romanhafte Begebenheit eingeleitet:

Jakob Rhebok, ein Müllerbursche, der dem verstorbnen Markgrafen und Kurfürsten Waldemar aus dem Anhaltischen Hause an Gestalt, Stellung, Haaren und Gesichtsbildung ähnlich, ehemals Bedienter an seinem Hofe gewesen, und von manchen Geheimnißen unterrichtet war, erschien im Jahre 1347 in der Mark als Pilger gekleidet, gab vor, daß er lange in der Welt herumgewallt sei, und streute das Gerücht aus, daß der Markgraf Waldemar nicht gestorben, sondern noch am Leben wäre. Die geheimnißvolle Gestalt des Pilgers, und das Wunderbare der Erzählung zog bald die Aufmerksamkeit der Landesbewohner auf sich: je unbegreiflicher die Sache, je räthselhafter der Mann schien, desto leichter fand die Nachricht vom lebenden Waldemar Glauben, und desto schneller verbreitete sich die sonderbare Erzählung durch's ganze Land. Nach dieser Vorbereitung der Gemüther that der abgerichtete Müllerknecht einen Schritt weiter. Er zeigte sich am Hofe des Erzbischofs Otto zu Magdeburg, und verlangte einer wichtigen Sache wegen den Erzbischof zu sprechen. Man wies ihn,

ihn, weil eben Tafel gehalten wurde, ab. Der Pilger bittet um ein Glas Wein, erhält's, leert es aus, läßt einen Ring hinein fallen, und entfernt sich sogleich. Der Ring wird dem Erzbischof gebracht, welcher über dessen Anblik verwunderungsvoll zu sein scheint, ihn für des verstorbnen Waldemar's Siegelring erkennt, und den Wallbruder alsbald zurükzuholen befiehlt. Die Gestalt des Unbekannten fiel ihm auf, noch mehr befremdete ihn, dem Scheine nach, folgende Aussage: "Ich bin, sprach der Pil„ger, der wahre Waldemar, ehemaliger Beherrscher „der Brandenburgischen Länder, und jezziger Büßer „meiner vorigen Sünden. Mit meiner Gemahlin „Agnes war ich näher verwandt, als es die Ehe„geseze erlauben. Unsre Verbindung, oder vielmehr „unsre Blutschande ängstigte mein Gewißen. Um „mein schweres Verbrechen zu versöhnen, und doch „zugleich meiner Gattin Ehre zu retten, und alles „Aufsehn zu vermeiden, stellte ich mich auf meines „Beichtvaters Rath krank, und todt, ließ aber einen „andern Verblichnen statt meiner in den Sarg le„gen, entfloh in aller Stille, legte ein Pilgerkleid „an, zog nach Jerusalem, und büßte dort für meine „Vergehungen. Hier erfuhr ich endlich, daß meine „nächsten Anverwandten von der Anhaltischen Linie „von der Regierung meiner hinterlaßnen Länder „ausgeschloßen und ein ganz fremdes Haus, das „Baiersche, zur Thronfolge befördert worden sei. „Aufgebracht über diese Ungerechtigkeit kehrte ich „zurük; nicht, um das gefährliche Staatsruder „wieder selbst zu führen, sondern nur, um meinen
„recht-

„rechtmäßigen Erben von Sachsen und Anhalt zur „Regierung zu verhelfen." Der Erzbischof bezeigte sich über die Erzählung erstaunt, maß ihr vollen Glauben bei, gab dem Abentheurer den Rath, die Herrschaft wieder selbst zu übernehmen, weil er auf einem andern Wege seinen Vettern das Erbgut nicht würde verschaffen können, und versprach, ihn aus allen Kräften zu unterstützen. Der Müllerbursche legte nun sein Pilgerwand ab, kleidete sich als Fürst, und nahm den Glükwunsch und die Huldigung seiner Freunde an.

Vom Erzbischof Otto, und einigen der obengenannten Fürsten sogleich unterstüzt, trat er im August 1348 in Ludwig's Abwesenheit in der Mark selbst als Regent auf, und bahnte sich den Weg zu der Unterthanen Herzen durch große Verheißungen, und Erteilung vieler Freiheiten. Er versprach, alle Schulden, die Ludwig gemacht hätte, zu bezahlen; alle Zölle und Geleite, die unter der Baierschen Herrschaft eingeführt worden, abzuschaffen; ihnen ihre Lehen umsonst zu erteilen; ohne Einwilligung der Städte keine Festungen erbauen, und die wärend seiner Entfernung erbauten niederreißen zu laßen; alle unrechte Leibe unde Tolle (alles tolle Zeug) dat syder (seit dem) upgbekommen is, bat er ut deme Lande sei gheweesen, aufhören zu laßen; gab ihnen das Recht bei keinem andern, als allein bei ihrem Stadtgerichte verklagt werden zu können; und verpflichtete sich, sie gegen den Markgrafen Ludwig up seine pennige, up seine arbeit,
unde

unde up seine kost zu vertheidigen. Diese fürstliche
Freigebigkeit, der natürliche Hang der Menschen zum
Wunderbaren, die Liebe zu Waldemar's sanfte-
rer, der Haß gegen Ludwig's härtere Regierung,
das Mißvergnügen über des leztern Ausschweifungen gegen das andre Geschlecht und die Macht der
einrükkenden Truppen öfneten dem Jakob Reh-
bok die Festungen, die Schlößer, die Städte. Die
Einwohner gingen ihm mit Fahnen, mit Lichtern,
mit Kreuzen entgegen, empfingen frohlokkend ihren
vermeintlichen Befreier, und vertrieben Ludwig's
Beamten. In kurzem hatte der Schwindelgeist fast
alle Brandenburger ergriffen. Der Erzbischof Otto,
der falsche Waldemar und die Meklenburger
hielten die Altmark und Prignitz; die Pommern die
Uker- und Neumark; und Rudolph von Sachsen
die Mittelmark besezt. Nur drei Städte, deren
Verstand nicht benebelt, und deren Treue nicht be-
weglich war, blieben ihrem rechtmäßigen Herrn,
dem Markgrafen Ludwig ergeben, und verdienen
es wol besonders genennt zu werden. Sie waren:
Brizen, Spandow und Frankfurt. Die
Stadt Brizen erhielt zum Andenken ihrer Standhaftigkeit seit dem den Namen Treuenbrizen,
und zur Belohnung ihrer bessern Gesinnung Freiheit von ihrer Orbede oder bürgerlichen Abgabe,
die auf 24 Mark Silbers angeschlagen war. Die
beiden andern Städte bekamen auch verschiedne
Freiheiten.

Vollendet war die Gefahr, und auf immer
verloren schien Ludwig, als nun auch der Kaiser
Karl

Karl IV. die Partei des Betrüger's, die er, oder man müßte sich in seinem oben geschilderten Karakter sehr irren, wahrscheinlich längst schon heimlich begünstigt hatte, öffentlich ergrif, und mit vierzehn Fürsten nebst ihrer und seiner ganzen Macht in die Mark rükte. Der so in die Enge getriebene Markgraf Ludwig hatte unterdessen in Baiern ein ansehnliches Kriegsheer zusammengezogen, sich vor Frankfurt gelagert, und den ihm weit überlegnern Verbundnen dennoch eine Schlacht angeboten. Aber Karl verleugnet auch hier seine Denkungsart nicht. Er bestach, so erzählt eine alte Nachricht, Ludwig's Offiziere, um ihm den Rath zu geben: daß er, der Markgraf, eines so nichtswürdigen Kerls wegen, als der vorgegebene Waldemar sei, seine tapfern Krieger, und seine Edlen nicht zur Schlachtbank führen möchte. Hat diese Anekdote ihre völlige Richtigkeit, so ist sie der deutlichste Beweis von Karl's feiger Seele nicht blos, sondern noch mehr von seiner eignen Ueberzeugung, daß der wiedergekommne Waldemar eine Geburt der Staatskunst, der List, des Betruges sei. Ludwig zog sich hierauf mit seinen Truppen nach Frankfurt, ward von Karl'n eng eingeschlossen, und hart belagert; hielt sich aber so tapfer, daß die Feinde nichts ausrichteten, sondern sich, da die rauhe Jahreszeit hinzu kam, zurükziehen mußten.

Die feindlichen Heere lagerten sich nun insgesamt bey Heinersdorf, eine Meile von Frankfurt entfernt. Hier stellte Karl IV. zum Schein ein

feier-

feierliches Verhör über Waldemar'n an, und nahm dem Herzoge Rudolph nebst seinem Sohne so wie dem Erzbischoffe Otto, dem Herzoge von Meklenburg und einigen Grafen einen Eid ab, daß sie ihn vor seiner Abreise persönlich gekannt hätten, und daß kein andrer als er der wahre Waldemar sei. Sodann belehnte er den Betrüger mit der Mark Brandenburg, mit allen dazu gehörigen Landen, Leuten, Rechten, mit Sitz und Stimme auf dem Reichstage. Im Fall aber, daß der vorgegebne Waldemar ohne Erben stürbe, solten der sächsische Herzog, seine beiden Söhne, und die Anhaltischen Grafen seine Nachfolger in der Regierung sein. Doch damit Karl nicht leer ausgänge, so mußte ihm Waldemar in Beisein der verbundnen Fürsten die Lausitz mit allen Rechten abtreten, und die Stände und Unterthanen derselben an sein Erbkönigreich Böhmen verweisen. Ludwig soll, welches aber unwahrscheinlich ist, der ganzen Ceremonie von den Mauern Frankfurt's zugesehen haben. Damit Karl seine Belehnung auch gültig machte, und Ludwig's Partei völlig auf des Betrügers Seite ziehen möchte, so ermahnte er in einem besondern Schreiben alle Landstände, Städte und Einwohner der Mark, sich nach seinem Ausspruch zu richten, und bedrohete alle die mit der Reichsacht, die sich dagegen zu handeln unterstehen würden.

Unser Markgraf, der Karl's furchtsamen, ränkevollen Karakter kannte, versuchte jetzt ein gefährliches Mittel, das ihn aber, wenn es glükte, am

sicher-

sichersten aus seinem Gedränge reißen konnte. Er wollte einen Gegenkaiser aufstellen, um durch dies Schrekbild Karl'n in Furcht zu versezzen, sich des stärksten Feindes zu entledigen, und seine Rettung zu gründen. Und dieser Versuch gelang. Mächtige Fürsten bezeigten Abneigung, sich in einen so bedenklichen Handel einzulaßen. Ludwig wandte sich nun an einen Mann, der im schlimmsten Falle wenig verlieren, bei einem guten Erfolge hingegen viel gewinnen konnte. Dies war der Thüringische Graf Günther von Schwarzburg, ein Mann von ächtdeutscher Redlichkeit, von männlicher Tapferkeit, von unerschütterlichem Muthe, von tiefer Einsicht, und von großem Eifer für das Baiersche Haus, ein Mann, deßen Treue unbestechbar, deßen Wort unverbrüchlich war, und deßen Erwählung zum Kaiser für Karl'n in jeder Absicht furchtbar sein mußte. Er warb, wie sich's von einem solchen Manne von selbst schon denken läßt, durch Ludwig's Versprechungen nicht so gleich geblendet; er antwortete ihm auf seine öftern Anträge vielmehr: er wolle zwar die Kaiserkrone annehmen, aber nur dann erst, wenn ihn die mehrsten Kurfürsten, ohne Bestechung und blos um Gottes willen zum Kaiser ernennten, wenn vorher durch die Stimmen der Kur- und andrer Fürsten das deutsche Reich für erledigt erklärt, und wenn ohne Widerrede festgesezt worden wäre, daß der Neuerwählte ein rechtmäßiger Kaiser sein könnte. Nach dieser erhaltnen Antwort brachte es Ludwig durch seinen Einfluß dahin, daß Günther den 30. Januar 1349 von vier Kurfürsten zum

Kaiser

Kaiser erwählt wurde. Dies war in der That der empfindlichste Streich, den unser Markgraf dem Kaiser Karl nur immer versezzen, und den dieser weder durch Ränke noch durch Bestechungen, abwenden konnte. Karl machte zwar Mine, seinen Gegner mit gewafneter Hand zu vertreiben; ließ zwar ein öffentlich Aufgebot an alle Fürsten und Stände des Reichs ergehen, sich mit zahlreichen Truppen den 22. Febr. zu Kaßel bei Mainz einzufinden: allein Günther machte Karl's Ohnmacht vor ganz Deutschland zum lautesten Gespötte; denn auf eben den Tag schrieb er ein Turnier, eine Art von Ritterspiel, in eben diese Stadt aus, hielt beßer Wort, als Karl, kam mit seinem Gefolge zur bestimmten Zeit an, und feierte seine veranstaltete Lustbarkeit, worin ihn kein einziger von Karl's Kriegern störte, weil sich keiner eingefunden hatte.

Günther ward für das Reich immer wichtiger, und für Karl'n immer gefährlicher. Karl nahm wieder seine Zuflucht zu niedrigen Künsten. Er schwächte seines Gegners Parthei durch Heirathen und Bestechungen. Er vermählte sich im März 1349 mit der einzigen Tochter des Pfalzgrafen Rudolphs, eines nahen Verwandten und treuen Anhängers von unserm Ludwig; und dies bloß deswegen, um das Baiersche Haus auf andre Gedanken zu bringen. Wenn dies Mittel zur Schwächung der Gegenparthei noch erlaubt war, so war das andre desto schändlicher. Er ließ Günthern durch einen Arzt der Stadt Frankfurt, Namens Frei-

Freibank, Gift beibringen. Günther merkte während des Trinkens die Absicht des Verräthers, zwang ihn, den noch übrigen größern Teil des Gifttrankes zu sich zu nehmen, und sahe ihn, durch einen plözlichen Tod sein Verbrechen büßen. Er selbst ward vor' jezt noch nicht des Todes Opfer, aber eine schnelle Kränklichkeit verursachte ihm große Leibesschwäche. Allein dennoch zog er unerschrocken gegen Karl'n, der jezt erst die Waffen wider ihn, als einen erprobten Helden, zu ergreifen wagte, in's Feld, und lagerte sich bei Eltvil, jezt Elfeld genannt, im Rheingau, im Erzstift Mainz. Karl that Friedensvorschläge. Günther verwarf sie, bis endlich Ludwig von Brandenburg ohne die versprochnen Hülfstruppen ankam, und ihm zu einem gütlichen Vergleiche rieth. Dies und seine immer mehr zunehmende Krankheit vermochte ihn endlich, sich mit Karl'n zu vergleichen. Es kam also der Eltvilsche Frieden kurz vor Pfingsten 1349 zu Stande, nach welchem Günther für eine Summe von 20,000 Mark Silbers der Kaiserwürde entsagte. Karl aber dem Markgrafen Ludwig versprach, die Parthei des vorgeblichen Waldemar's fahren zu laßen, ihm die Belehnung über die Brandenburgischen Länder zu erteilen, alle Privilegien zu bestätigen, und die Befreiung vom päbstlichen Banne zu bewirken. Günther überlebte diese Aussöhnung nicht lange.

Ob gleich dieser Friede von außen geschlossen war, so daurete doch der Märkische Krieg von innen

nen noch fort. Der König Waldemar III. von Dännemark, der Bruder von Ludwig's erster Gemalin, war unterdeßen zur Hülfe herbeigeeilt, hatte die Meklenburgischen Länder sehr verwüstet, und ungeachtet eines anderweitigen Verlustes, doch den Meklenburger Herzog von des Betrügers Seite entfernt, und ganz zur Ruhe gebracht. Gleiches Glük krönte den Bruder unsers Markgrafen, Ludwig, den Römer, der einen großen Teil der Brandenburgischen Städte wieder eroberte. Aber der Müllerbursche hatte doch noch einen großen Anhang, faßte noch immer festen Fuß, und vermochte noch viel über die Herzen der betrognen Unterthanen. Ludwig I. hatte also noch lange nicht alles gewonnen. Er ersuchte daher den Kaiser Karl auf's dringendste um die Erfüllung des Eltvilschen Friedensschlußes. Dieser hatte gleiche Lust, sich aus einem verwirrten Handel zu wikkeln, der unter solchen Umständen nicht mehr zu Erreichung eigennüziger Absichten geschikt zu sein schien. Er schrieb eine Zusammenkunft der intereßirten Fürsten nach Spremberg aus. Sie erschienen im Januar 1350. Karl kam in ziemliche Verlegenheit, als ihm der König Waldemar von Dännemark die ernste Frage vorlegte: wodurch er sich doch hätte bewegen laßen, einen Betrüger zu unterstüzzen, einen Müllerburschen für einen Fürsten auszugeben, und einen Abentheurer statt des rechtmäßigen Herrn mit der Mark zu belehnen? Der Kaiser antwortete ihm: weder unbesonnener Leichtsinn, noch vorsäzliche Bosheit wären die Triebfedern seines vormaligen Betragens

tragens gewesen. Der feierliche Schwur, den der Erzbischof Otto, der Herzog Rudolph und die übrigen Fürsten abgelegt hätten, habe in ihm die feste Ueberzeugung bewirkt, daß der vorgespiegelte Waldemar der wahre sei. Der dänische König erwiederte hierauf, daß er durch einen gegründeten Eid darthun wolle, daß jene falsch geschworen und einen Betrüger begünstigt hätten. Dies war der ganze Erfolg der Sprembergischen Unterredung. Mehr wurde aber in der Hauptsache zu Baußen ausgerichtet, wohin sich bald darauf die ganze Versamlung begab.

Hier brachte der Pfalzgraf Ruprecht I. am Rhein, Karl's Schwiegervater und ein naher Anverwandter* Ludwig's des Aeltern, den 15. Febr. einen wichtigen Vergleich zu Stande. Auf seinen Vorschlag ward festgesezt, daß der Kaiser acht Tage nach Ostern einen Reichstag zu Nürnberg halten, und von allen Reichsständen eine Untersuchung anstellen laßen solte, ob der erschienene Waldemar der wahre und Konrad's wirklicher Sohn sei; daß Karl sogleich unser'n Ludwig und sein Haus mit Brandenburg und der Niederlausiz belehnen, allen Ansprüchen auf Tyrol und Kärnthen entsagen und bis Michaelis um die Aufhebung des Bannes bei'm Pabste ansuchen solle; daß Ludwig dagegen verpflichtet wäre, die Reichskleinodien, die er noch in Händen hätte, auszuliefern, Karl'n für einen

* Rudolph, Ruprecht's Vater, und der Kaiser Ludwig waren Brüder.

einen rechtmäßigen Kaiser zu halten, und die Oberlausitz an ihn abzutreten. Diese Bedingungen wurden pünktlich erfüllt. Die förmliche Belehnung Ludwig's I. und seiner Brüder Ludwig's II. und Otto's ging sogleich den Tag darauf zu Bautzen vor sich. Und der Reichstag wurde nach Ostern zu Nürnberg gehalten, und durch den Pfalzgraf Ruprecht in Ludwig's Namen der unläugbarste Beweis von des Abentheurers und seiner Bundesgenoßen Betrug geführt; ein Beweis, der dadurch noch mehr Stärke erhielt, weil weder Waldemar noch seine Genoßen erschienen. Karl ließ sodann kaiserliche Befehle und Ermahnungsschreiben an die Brandenburgischen Städte ergehn, keinen andern als den Markgrafen Ludwig für ihren rechtmäßigen Herrn zu erkennen, und niemanden als ihm zu gehorchen. Allein diese Auffoderungen wirkten vor jezt wenig. Die Ueberzeugung von des wahren Waldemar's Wiederkunft war zu fest, die Freude über seine Gnadenertheilungen zu groß, die Anhänglichkeit an seine Person zu stark, und vielleicht die Furcht von Ludwigen für ihre Untreue gezüchtigt zu werden, zu lebhaft, als daß sie so schnell anders Sinnes hätten werden sollen. Sechszehn Städte schrieben vielmehr grade zu an Karl'n, daß sie ihren Schwur, dem zurückgekehrten Waldemar, so wie den sächsischen und Anhaltischen Fürsten treu zu sein, nicht brechen, sondern sich nach seinen vormaligen Befehlen, jenen anzuhangen, richten würden. Und sie hielten, so lange Ludwig I. regierte, Wort. Sie ließen sich von ihm weder durch Drohungen, noch

Versprechungen, weder durch Schrek, noch durch Güte zu ihrer Pflicht zurükbringen. Standhaft vertheidigten sie des Betrügers vermeintliche Rechte, und unterwarfen sich erst nach fünf Jahren auf des falschen Waldemar's eignen Willen dem Baierschen Hause.

Ludwig's von so mancherlei Unfällen niebergebeugter Geist sehnte sich endlich nach Ruhe und Erholung. Er glaubte sie am sichersten finden zu können, wenn er eine so gewirrevolle, unruhige und lästige Regierung, als die Brandenburgische war, niederlegte, und sich mit einem Teile seiner väterlichen Erbländer in Baiern begnügte. Diesen Entschluß führte er gegen Weinachten 1351 aus. Er übergab seinen Brüdern Ludwig, dem Römer, und Otto'n alle Länder und Güter Brandenburg's, behielt sich aber gleiches Recht mit ihnen an der Kurstimme und den Rükfall der Mark für sich und seine Nachkommen, wenn seine Brüder ohne Erben blieben, voraus. Sodann begab er sich nach Oberbaiern, das ihm vermöge einer 1349 gemachten Teilung mit seinen Brüdern zugefallen war, regierte hier und in Tyrol in größerm Frieden, als ehemals in der Mark, ward 1359 vom päbstlichen Banne losgesprochen, auf des Pabstes Anordnung von seiner Gemalin Margaretha Maultasche getrent, und mit ihr von neuem wieder getraut, wodurch diese anstößige Ehe ihre volle Gültigkeit erhielt, und starb im Jahre 1361 zu München. Seine erste Ehe war ohne Erben. Von der zwoten verließ

ließ er einen Sohn, Namens Mainhard, der ihm in der Regierung von Oberbaiern folgte, aber schon 1363 starb. Ludwig's Karakter verdiente nicht so schwarz gezeichnet zu werden, als es gehäßige Mönche und neidische Feinde thaten. Er hatte einen wohlgebauten, schönen Körper, und eine reizende, gegen das weibliche Geschlecht nur zu fühlbare Seele. Seine Ausschweifungen in der Liebe sind nicht zu läugnen; aber auch dieses Laster der Wollust wurde von seinen Gegnern zu sehr übertrieben: und dabei jedes Gute, das er that, ganz verschwiegen. Tapferkeit, Großmuth, Freigebigkeit gehörten zu den schönen Zügen seines Geistes: und schon dies muß sehr für ihn sprechen, daß er sich mitten unter den heftigsten Stürmen, bei dem unaustilgbaren Hasse Kaiser Karl's IV. bei der unersättlichen Ländersucht seiner Nachbarn, bei den Bannstrahlen des heiligen Unholds, bei den Empörungen seiner Unterthanen, bei den mancherlei Ränken vielfacher Feinde dennoch behauptet, dennoch unerschütterlich erhalten hat. Das kann nur ein Mann von fester Entschlossenheit, und von ausdauerndem Muthe. Aus seiner Lage entstanden eine Menge übler Folgen für's Land, die man aber nicht als Ausflüße seines Karakters, sondern als Wirkungen der Noth ansehen muß. Sein steter Geldmangel, die starke Schuldenlast, die häufigen Verkaufungen oder Versezzungen ganzer Städte, Dörfer, Güter, einzelner Vorrechte, die Veräußerungen der Münzgerechtigkeit, und andrer Privilegien waren nothwendige Uebel, zu denen er seine Zuflucht zu nehmen genöthigt war; die indeßen

aber

aber doch viel zu dem allgemeinen Widerwillen der Brandenburger gegen ihn und sein Haus beitrugen. Das Loos der Märker unter seiner Regierung war in der That nicht das erfreulichste, und ihr Schikfal nicht beneidenswerth. Zu den übrigen Unglüksfällen gesellte sich noch 1351 eine große Pest, die mehrere Gegenden Deutschlandes, und besonders Brandenburg entvölkerte, und zu großen Ausschweifangen Anlaß gab. Die eine war die, daß man die Juden auf eine grausame Art verfolgte, wovon in der folgenden Regierung sogleich mehr gesagt werden soll. Die andre bestand darin, daß zu Abwendung des himmlischen Zorns von gallsüchtigen Schwärmern der Orden der Flagellanden, oder Geißler errichtet wurde, deren Mitglieder, sich mit Dratpeitschen zu zerfleischen, anheischig machten.

2. Ludwig II. der Römer.
1351 — 1365.

Ludwig II. war 1328 zu Rom geboren, wovon sein Beiname: der Römer, den er sich selbst in Urkunden beilegt, herrührt. Im Jahre 1349 teilte er die Verlaßenschaft seines Vaters mit seinen Brüdern, und erhielt nebst Ludwig I. und Otto Oberbaiern gemeinschaftlich. Sobald aber Ludwig der Aeltere die Regierung der Mark ihm und Otto's übergab, so wurde zugleich festgesezt, das jener, der bisherige Markgraf von Brandenburg, der einzige Herr von Oberbaiern sein solte. Otto war noch ein Kind. Ludwig II. herrschte in seinem Namen
als

als Vormund, und folglich vor jezt allein. Seine Regierung in der Mark eröfnete sich mit einer grossen Verfolgung der Juden, woran aber mehr der Haß, der Aberglaube, und die Unvernunft seiner Unterthanen, als seine eigne Denkungsart Schuld waren. Von den Anhaltischen Markgrafen und von Ludwig I. wurden sie geschüzt, begünstigt und mit dem Bürgerrechte beschenkt. Ihre Zahl vermehrte sich außerordentlich, ihre Familien nahmen ganze Straßen ein, und ihre Vorrechte waren ansehnlich. Für zwölf Mark Silbers, die ein jeder von ihnen jährlich bezahlte, waren sie von den geistlichen Abgaben, und den bürgerlichen Pflichten frei. Ludwig I. nennt sie in einem Freiheitsbriefe seine lieben Kammerknechte, und giebt ihnen den Titel: weise, bescheidne Leute, den sonst nur die Magisträte bekamen. Dies erregte den Neid der Bürger, und den Haß der Geistlichen. Leztre verloren durch ihre größre Ausbreitung an den Zehnten und an andern geistlichen Einkünften. Längst wünschte man eine Gelegenheit, sie auszurotten. Jezt ergrif man die, welche ihnen die vorher erwähnte Pest darbot. Die Pfaffen verließen diesmal den gewöhnlichen Schlendrian, dies Unglük als eine besondre Strafe Gottes mit den greulichsten Farben zu schildern, um statt dessen die Juden mit dem Vorwurf, Urheber derselben zu sein, beladen zu können. Man beschuldigte sie, daß sie die Brunnen, und sogar die Flüße, aus denen sie doch selbst tranken, vergiftet, und so die Pest verursacht hätten. Dies war genung, um sie einer allgemeinen Verfolgung

unauf-

unaufgeklärter, leichtgläubiger, roher Christen auszusezzen. Sie wurden für vogelfrei erklärt, von
unbesonnenen Schwärmern verbrannt, erschlagen,
oder rein ausgeplündert und nakkend fortgejagt, und
verhungerten oder erfroren in Wäldern und Hölen.
Der Landvogt von Wedel in der Neumark ließ sie
zu Königsberg ohne Unterschied verbrennen, berief
sich dabei auf landesherrliche Befehle, und zog ihre
Güter ein. Man hielt es für eine Entheiligung,
sie zu begraben, und ließ sie auf den Straßen, in
den Wäldern, in den Gewäßern verwesen. Der Ge-
stank und die faulen Ausdünstungen von den Leichen der Getödteten vermehrten die Pest, an deren
Entstehung die Lebenden ganz unschuldig gewesen
waren. Der Markgraf Ludwig, der Römer,
mußte der blinden Wuth freien Lauf laßen. Denn
daß er beßere Einsichten, und edlere Gesinnungen
hatte, sieht man daraus, daß er die Juden, so viel
ihm nur möglich war, vor den Ausschweifungen des
hohen und niedern Pöbels zu sichern suchte, und
in den wegen der Waldemarischen Unruhen ausgestellten Versöhnungsbriefen die Judenverfolgungen
als ungeschehen zu betrachten verspricht, aber sie
weder lobt noch billigt.

Noch war der Betrüger nicht vom Schauplaz
getreten; noch unterstüzten ihn einige Fürsten, der
Herzog von Sachsen, die Herzoge von Pommern,
die Grafen von Anhalt und der Erzbischof Otto;
noch hingen ihm viele Städte an. Ludwig, der
Römer suchte die getäuschten, durch das Ansehn
mächti-

mächtiger Herrn irre geleiteten Unterthanen mehr
durch den Weg der Güte, als der Strenge zu ihrer
Pflicht zurükzuführen. Er sendete den untreuen
Städten Versöhnungsbriefe, versprach völlige Vergeßenheit des Geschehenen, bestätigte dem Adel, den
Bürgern, den Landbewohnern ihre Vorrechte, Freiheiten, Privilegien und erteilte ihnen mehr neue, als
sie in langer Zeit von irgend einem Oberherrn erhalten hatten. Durch dies Mittel gewann er die
Herzen der Märker wieder, zog sie immer mehr von
jenem Abentheurer ab, wodurch sich die fremden
Fürsten genöthigt sahen, Ludwig's Vergleichungs-
vorschlägen Gehör zu geben. Der Betrüger wich
endlich von selbst, und endigte das Schauspiel mit
mehr Würde und Pomp, als sein wahrer Karakter
und seine bisher gespielte Rolle verdiente. Um die
Ehre des sächsischen und Anhaltischen Hauses zu
schonen, mußte Ludwig der Römer es sich gefallen laßen, daß der Müllerbursche noch unter der
Person eines wirklichen Markgrafen von Brandenburg eine Urkunde ausstellte, worin er seine Rechte
auf die Mark feierlich an Ludwigen abtritt, und
die Unterthanen insgesamt von sich ab- und zu
Ludwigen hinweiset. Jezt ergaben sich auch die
hartnäkkigsten Anhänger des falschen Waldemar's,
und flehten die Gnade unsers Markgrafen an, die
sie bisher verschmäht hatten. Dies geschahe im
Jahre 1355. Nach einer alten Chronik unterhielten
die Grafen von Anhalt, um sich selbst vor der ganzen Welt nicht Lügen zu strafen, den Müllerburschen
einem fürstlichen Stande gemäß zu Deßau bis an
seinen

seinen Tod, und ließen ihn in einer Kapelle, die noch lange Zeit den Namen Waldemarskapelle behielt, beisezzen. Verschiedne Gelehrten haben aus Achtung gegen das Anhaltische und sächsische Haus, aber aus unzulänglichen Gründen den Betrüger für den wahren Waldemar gehalten, und ihn als solchen vertheidigt. Allein die Gegengründe sind so wichtig, und die einfache Erzählung der Thatsachen zeigt so stark vom Betruge, daß die Vertheidiger des Abentheurers wol nur deswegen seine Parthie nahmen, um ihren Wiz zu üben, und ihren Verstand zu beschimpfen.

Die Mark Brandenburg konnte nun nach langen Bedrängnißen wieder frei Othem schöpfen, konnte sich von ihren Verwüstungen erholen, und nach mannigfaltigen Unruhen wieder eines glüklichen Friedens genüßen. Ludwigen rief eine für ganz Deutschland wichtige Angelegenheit aus seinem Lande, wo seine Gegenwart doch so nöthig gewesen wäre. Er bestellte den Markgrafen Wilhelm von Meißen zum Statthalter, und begab sich nach Nürnberg, wohin der Kaiser Karl IV. einen Reichstag ausgeschrieben, und eine Sache auszuführen versprochen hatte, wodurch alle seine getreuen Unterthanen getröstet werden sollten. Dies war die Verfaßung und Bekanntmachung jenes unter dem Namen der goldnen Bulle bekannten Reichsgrundgesezzes, wodurch sich Karl ein bleibendes Verdienst um Deutschland, das er übrigens sonst so ganz vernachläßigte, erwarb. Denn hierdurch wurde

wurde eine Quelle vieler Zerrüttungen, und vieles Unheils verstopft. Wir führen hier einiges in Bezug auf die Brandenburgischen Länder daraus an. Die Hauptgegenstände dieses Gesezzes waren: Bestimmung der Vorrechte des Kaisers, Festsezzung seiner Wahl und Krönung, Entscheidung der Fragen: wer ein Recht, den Kaiser zu wählen, habe? wie viel es solcher Fürsten geben soll? welche Gerechtsame damit verbunden wären, und dergleichen.

Bisher wolten alle Prinzen eines Kurhauses gleiches Recht an der Wahlstimme haben; wolten sich alle in verschiedne Linien getrennte Fürsten gleiche Macht bei den Kaiserwahlen zueignen; wolten's nicht blos, sondern thaten es wirklich, vereinigten sich selten, und verursachten oft die größten Zerrüttungen und die verderblichsten Kriege. Nun wurde angeordnet, daß nur der Besizzer eines Kurlandes ein Wahlfürst sein, daß die Kurländer nie wieder geteilt, allein auf den Erstgebornen erben, und im Fall der Minderjährigkeit vom nächsten Anverwandten vormundschaftlich beherrscht werden solten. Nach dieser Bestimmung fiel also der Anteil an der Kurstimme, den sich Ludwig, der Aeltre bei seiner Abtretung der Mark vorbehalten hatte, gänzlich weg; und Karl hatte die Freude, sich noch gelegentlich an diesem seinem alten Feinde in etwas rächen zu können. Die Zahl der Kurfürsten wurde auf sieben festgesezt, die Karl die sieben leuchtende Kerzen nennt, durch die das Kaiserthum soll erleuchtet werden in Einigkeit der sieben Gaben
des

des heiligen Geistes. Brandenburg mußte zufrieden seyn, daß ihm die lezte oder siebente Stelle im Kurfürstenkollegio angewiesen wurde. Zu Nürnberg blieben noch einige Punkte unbestimmt. Auf einem neuen Reichstage zu Metz wurde das übrige im Jahre 1356 noch vollends ausgeglichen, und die goldne Bulle auf die feierlichste und glänzendste Art bekannt gemacht, wobei Ludwig der Römer wiederum zugegen war, und sein Erzamt verwaltete.

Es war Zeit, daß Ludwig in die Mark zurückkehrte. Denn ein berüchtigter Räuber, Namens Teufel, hatte in seiner Abwesenheit vielen Unfug verübt, und durch seinen Anhang weit und breit morden und plündern laßen. Der Statthalter Wilhelm konnte sich seiner nicht bemächtigen, weil ihn die Stadt Salzwedel schüzte, und ihm einen sichern Zufluchtsort bei sich gewährte. Sobald Ludwig, der Römer, wieder in der Mark ankam, mußte ihn Salzwedel ausliefern. Ludwig's Beamte drangen auf eine Genungthuung von dieser Stadt; allein unser Kurfürst begnadigte sie diesmal noch, machte aber ein Gesez, daß künftig alle Diebe und Räuber, die an einem Ort vor fest erklärt, das heißt: verdammt worden wären, überall dafür angesehen, und da, wo sie ertapt würden, sogleich gerichtet und abgethan werden solten. Die, welche sie hegten, solten in gleiche Strafe verfallen.

Im Jahre 1360 trat der volljährig gewordne Otto die Mitregierung an, das heißt: er unterzeichnete seinen Namen unter die Urkunden, Befehle und

und Anordnungen, die sein Bruder Ludwig entwarf. Denn daß das wirkliche Regieren die lezte seiner Sorgen war, wird die Folge zeigen.

Der staatskluge, ränkevolle Karl IV. der aus jeder Schwäche seiner Nachbarn Vorteil zu ziehen wußte, benuzte jezt eine entstandne Uneinigkeit des Baierschen Hauses zur künftigen Vergrößerung seines Hauses. Der Markgraf Ludwig I. Herr von Oberbaiern war 1361 und sein einziger Sohn Mainhard 1363 ohne Erben gestorben. Den gemachten Verträgen gemäß hätte Oberbaiern an die beiden Kurfürsten Ludwig II. und Otto'n, die es schon vorher mit beherrscht hatten, zurükfallen sollen. Allein ihr Bruder Stephan, Herzog von Niederbaiern, bemächtigte sich, ohne das geringste Recht zu haben, dieses erledigten Landes, und legte dadurch den Grund zu einem Mißverständnisse, das ihm bald zum größten Nachteil gereichte. Denn der Kaiser Karl wandte durch seine Vorstellungen die erbitterten Brüder immer mehr von Stephan ab, und durch Schmeicheleien zu sich hin, und beredete sie, mit seinem Hause 1363 einen Erbfolgevergleich * zu schließen. Vermöge desselben
nahmen

---

* Gewöhnlich nennt man diesen Vertrag eine Erbverbrüderung. Gerken tadelt diese Benennung im gegenwärtigen Falle. Denn die Erbverbrüderung besteht in einem Vergleiche zur gegenseitigen Erbfolge. Den Brandenburgischen Markgrafen wurde aber die Nachfolge in Böhmen nicht versprochen.

nahmen Ludwig I. und Otto Karl's damals noch einzigen Sohn Wenzel, und alle männliche Erben, die er noch bekommen könnte, sodann, alle ihre Nachkommen männlichen Geschlechts, und bei deren Abgange des Kaisers Bruder, den Markgrafen Johann von Mähren und deßen männliche Nachkommen in ihre Brüder- und Erbschaft auf. Sie solten Titel und Wappen von Brandenburg führen können, und, wenn der Kurfürst Ludwig, der Römer und Otto, oder ihre Nachkommen ohne Erben verstürben, ungehindert in der Mark folgen, mit der Kurwürde und dem Erzkämmereramte bekleidet, und von dem Kaiser mit allen Landen, Rechten und Privilegien der Mark belehnt werden. Hinterließen aber die Brandenburgischen Markgrafen Töchter, so solten sie ihre Nachfolger wirdiclich als Fursten Kinder bestatten, also das iglicher Tochter ezehen tausent Schok grosser (großer) Pfenning Prager Muncz volgen und mit ir geben werden. Karl bestätigte als Kaiser diesen Vergleich, erteilte den künftigen Erben der Mark die Mitbelehnung, ließ von den Kurfürsten zu Mainz, Pfalz und Sachsen die sogenannten Willebriefe ausfertigen, so wie er als Kurfürst von Böhmen und Ludwig als Kurfürst von Brandenburg das nämliche thaten. Die regierenden Markgrafen machten ihren Unterthanen diesen Erbvertrag bekannt, und ermahnten sie, dem böhmischen Hause die Huldigung zu leisten. Der Kaiser Karl kam bald darauf selbst in die Mark, nahm die Huldigung

gung für seine Familie an, und bestätigte den Märkern alle ihre Rechte, und Freiheiten. Zwar waren der Herzog Stephan und die übrigen Baierschen Herzoge mit dieser Erbverbrüderung sehr unzufrieden. Allein sie hatten bei der Teilung ihrer Länder 1349 ihre Ansprüche auf die Mark, freilich nur in Rüksicht auf ihre Brüder, nicht aber auf einen Fremden, aufgegeben, und sich, welches wichtiger ist, den Rükfall nicht vorbehalten, denselben auch nicht vom Kaiser bestätigen laßen. Karl war ohnedem der Mann nicht, der sich auf die Untersuchung des Rechts einließ, sobald sein Vorteil entschieden war.

Das Glük begünstigte Karl'n außerordentlich: und bald erndtete er die Früchte seiner Staatsklugheit. Kaum hatte er die Erbverbrüderung geschloßen, als sich schon die Baiersche Regierung ihrem Ende nahete. Ludwig, der Römer starb im Jahre 1365, oder nach Andrer Meinung schon 1364, ohne von seiner Gemalin Ingeburg, einer Meklenburgischen Prinzeßin, Erben zu hinterlaßen. Er hatte nicht den großen Geist seines Bruders. Schon der Erbvergleich, worin er Karl'n alles gab, und von ihm nichts erhielt, ist der stärkste Beweis seines schwachen Kopfes. Sein Bruder rettete das mehrste im Ungewitter; er verlohr alles in der Friedensstille. Des Schenkens, Versezzens, Verschleuderns der landesherrlichen Einkünfte, und Gerechtsame war unter ihm kein Ende. Was er noch übrig ließ, vollendete sein jüngerer Bruder, Otto. Indeßen dabei litten die Unterthanen selbst wenig

oder

ober nichts, wie die Anmerkungen am Ende dieses Abschnitts zeigen werden.

3. Otto, der Finne d. h. der Faule.
1365 — 1373.

Die Regierung fiel nun in die Hände eines Mannes, deßen Beiname es zeigt, und daßen Thaten es bestätigen, daß er in die Klaße derer Fürsten gehöre, welche wähnen, daß sie nur für sich, und ihre Unterthanen nur für ihr Vergnügen geboren wären, welche Genuß für Hoheit, und Befriedigung ihrer Begierden für den Zwek der Fürstenmacht halten, welche alles von der menschlichen Gesellschaft fodern, und ihr nichts zurükgeben, sich mit den Schmeicheleien der Beförbrer ihrer Lüste begnügen, und die Verachtung ihrer Zeitgenoßen, so wie den Abscheu der Nachwelt nicht fürchten. Alles, was Schwäche, Sorglosigkeit und Unvermögen zu regieren genannt werden kann, vereinigte Otto in sich; und es ist gewiß der gröste Beweis der göttlichen Fürsehung, die über Länder und ihre Einwohner wacht, daß ein solcher Fürst nicht alles das Unheil stiftet, welches er doch anrichten könnte. Otto sezte Hauptleute und Statthalter über die Mark, von denen er keine Rechnung, keine Red' und Antwort, sondern nur Geld foderte, welchen er seine Ehre, seine Gewalt und das Schiksal seiner Unterthanen völlig überließ. Seine Sorge war bloß, wie er den sauren Schweiß von Tausenden allein ver-

verpraßen, wie er jeden Tag mit Ausschweifungen bezeichnen, und das elende Glük, auf Unkosten seiner Unterthanen lustig leben zu können, recht benuzzen möchte. Er strengte seinen Kopf nicht erst an, um verfeinerte Vergnügungen zu ersinnen; zufrieden mit jedem Gegenstande, der nur seine Sinnen kizzelte, lebte er mit einer Müllers- oder, wie Andre sagen, mit einer Bekkersfrau, Namens Margarethe, die man spottweise nur Otto's Gretel nannte, im vertrauiesten Umgange, legte Hoheit und Fürstengröße zu ihren Füßen, und vergaß Regierung, Landesglük und Nachruhm in ihren Armen. Er soll ihr eine Mühle bei Wolfstein in Baiern, wo er sich häufig aufhielt, geschenkt haben, welche unter dem Namen Gretelmühle noch lange nach seinem Tode Zeuge seiner niedrigen Denkungsart war.

Noch hatte Otto nicht lange regiert, oder vielmehr geschwelgt, als schon der Geldmangel ihn nöthigte, fürstliche Freiheiten: als das Münzrecht, an die Städte, und ganze Provinzen an Auswärtige zu verkaufen. Im Jahre 1368 trat er die Niederlausiz an den Kaiser Karl IV. für 21,000 Mark Silbers und 22866 Prager Groschen auf immer und ewig ab. Im Jahre 1369 verkaufte er den Mittelmärkischen Städten: Berlin, Cölen, Frankenvorde, Spando, Bernow, Ebirswolde, Landesberge, Strußeberge, Monteberge, Droßen, Forstenwolde, Middenwolde, Wriczen und Frienwolde das Münzrecht

recht für 6500 Mark. Sie sullen des Macht haben, heißt es in dem Verschreibungsbriefe, ewichlichen (ewiglich) und behalden under sich czu setzenn eyn Muntze, di ihn (ihnen) und deme Lande nutze und bequeme ist, czu machende di Phennige nach Stendelschen Phennigen an Witte und an swere, und met eme Oberzeichen nach iren Willkur, wenne und wie dicke sy wollen, also als in (ihnen) dunket. Wolten sie die Münze erhöhen oder erniedrigen; so solten ihre Erben und Nachkommen ewiglich volle Macht haben, dies zu thun, ohne Widerrede der Erben und Nachkommen des Markgrafen. Außerdem wurden obigen Städten noch andre wichtige Freiheiten in Absicht des Münzwesens zugestanden, als z. B. daß sie jeden andern, er möchte ein Christ oder Jude sein, der anderswo Geld schlüge, oder verfälschte, vor ihr Gericht fodern und bestrafen könnten.

Doch dies war der kleinste Nuzzen, den dieser schlaue, auf die Schwäche seiner Nachbarn stets aufmerksame Kaiser aus Otto's Nachläßigkeit zog. Gleich nach geschloßner Erbverbrüderung hatte er Otto'n noch bei seines Bruders Ludwig's II. Leben durch das Versprechen einer künftigen, mit vielen Vorteilen verknüpften Vermälung mit seiner Prinzeßin Elisabet an sein Haus gefeßelt. Er verschob die Erfüllung des Eheversprechens, um Otto'n Zeit zu laßen, sich durch Ausschweifungen zu schwächen, und zu Erzeugung von Nachkommen unfähig zu machen, damit alsdann die Mark sogleich

gleich an seine Familie fiele. Otto ließ sich blindlings von Karl'n leiten, war's so gar zufrieden, daß er ihn nach erlangter Volljährigkeit von neuem für unmündig erklärte, und auf sechs Jahre die Vormundschaft über ihn führte. Es ist zu bezweifeln, ob die Schwäche des Verstandes und die Gleichgültigkeit des Herzens einen höhern Grad erreichen könne. Doch vielleicht befürchtete Karl, daß ein anderer einsichtsvoller Fürst auf den Gedanken kommen möchte, aus Otto'n ebenfals ein Spiel seiner Staatsklugheit zu machen, und ihn durch eine anderweitige Vermälung von dem böhmischen Hause abzuwenden. Er verehlichte daher, aber nicht seine versprochne, sondern eine andre, schon vorher vermält gewesene, und jezt verwitwete Tochter Katharine mit Otto'n, wahrscheinlich deswegen, weil er aus dieser Verbindung keine Kinder erwartete.

Otto wandelte seinen gewohnten Gang fort, hielt sich nicht einmal in der Mark auf, und überließ das Land seinem Schiksale. Unordnungen nahmen wieder überhand, und Räuberbanden verbreiteten ungescheut Verwüstung und Schrekken. Die Einwohner vertheidigten sich, so gut sie konnten, und litten, was sie mußten. Unter den vielen Beispielen erwähnen wir nur eines einzigen. Die Herrn von Regenstein, von Egeln, und Bußo von Erxleben samleten einen Haufen Räubergesindel, durchzogen und durchplünderten die Altmark, und rükten mit ihrer Macht vor Stendal, um es gleich einer feindlichen Stadt zu verheeren. Jedoch die

die Bürger eilten ihnen, von ihrem Bürgermeister Kalbe angeführt, mit gewafneter Hand entgegen, schlugen sie muthig zurük, und nöthigten sie, obgleich mit Verlust des Bürgermeisters, die Flucht zu ergreifen.

Otto's Wankelmuth und Unbedachtsamkeit waren Ursach, daß das böhmische Haus noch früher zum Besitz der Mark gelangte, als es sonst geschehen sein würde. Mit eben dem Leichtsinn, mit welchem er bisher dem Kaiser ergeben gewesen war, entfernte er sich jetzt von ihm. Die Baierschen Herzoge konnten es nicht verschmerzen, daß sie nach Otto's Tode von der Erbfolge in der Mark ausgeschloßen sein solten. Sie erbitterten ihn daher gegen Karl IV. schmeichelten seinen Leidenschaften, halfen ihm aus mancherlei Verlegenheiten und brachten ihn ganz auf ihre Seite. Otto glaubte, daß er die Verträge mit Böhmen eben so schnell aufheben könnte, als sie geschloßen worden waren: er versicherte seinen Bruder Stephan und deßen drei Söhnen die Erbfolge in Brandenburg, und ließ ihnen von den Unterthanen die vorläufige Huldigung leisten.

Dieser kühne Schritt ward nicht ohne Ueberlegung gethan. Die Zeitumstände schienen jetzt bequem zu sein, Karl's Ränke unwirksam zu machen. Im Jahre 1370 war eine solche Uneinigkeit zwischen Karl'n und dem mächtigen Könige Ludwig von Ungarn, deßen wir in der Geschichte Siegmund's weiter unten noch gedenken werden,

ent-

entstanden, daß ein naher Bruch mehr als wahrscheinlich ward. Diesen Zeitpunkt benuzte das Baiersche Haus: es schloß mit dem Könige Ludwig, mit der Krone Polen, und mit dem Kurfürsten von der Pfalz einen Bund, um den Luxenburgern die Nachfolge in der Mark Brandenburg zu vereiteln. Kaum erhielt Karl von dem Vorgefallnen Nachricht, als sein Zorn auf's heftigste entbrannte, sein Eifer dem Kurfürsten Otto die bittersten Vorwürfe machte, und ein Brief an ihn die Drohung enthielt: "darum müßen wir um solch Unrecht dein Feind sein." Er schikte zwar auch ein Heer in die Mark, zog es aber bald wieder zurük: denn Otto hatte an seinen Bundesgenoßen eine zu feste Stüzze. Dies geschahe im Jahre 1371.

Es wurden nun lange Unterhandlungen zwischen Karl'n und Ludwigen, zwischen den Baiern und Luxenburgern, ja selbst zwischen dem Pabste und den intereßirten Fürsten eröfnet und fortgeführt, aber nicht befriedigend geendigt. Die Türken zeigten sich Ungarn's Grenzen, nöthigten Ludwigen zur Selbstvertheidigung, und verschaften dem Kaiser Karl einen Dienst, den ihm weder die Macht noch Klugheit der Christen leisten konnte. Karl, der sich nun nicht mehr vor dem Ungarischen Könige fürchten durfte, suchte jezt das mit Gewalt zu erhalten, was er vorher mit List erschlichen hatte. Im Jun. 1373 brach er durch die Nachricht, daß Otto die Altmark und Prignitz für 200,000 Gulden an den Baierschen Herzog Friedrich ver-

verpfändet habe, noch mehr zur Rache gereizt, mit solcher Schnelligkeit in die Mark ein, daß er schon im Lager vor Fürstenwalde in der Mittelmark stand, ehe noch Otto seine Ankunft befürchtete. Dieser plözliche Ueberfall benahm ihm alle Besinnungskraft, und jagte ihm einen solchen Schrek ein, daß er mit seines Bruders Sohne, Friedrich von Baiern ins kaiserliche Lager ging, und sich allen Bedingungen unterwarf, die ihm Karl vorschrieb. Sie waren folgende: Otto solte sogleich die Mark Brandenburg an des Kaisers drei Söhne, Wenzel, Siegmund, und Johann auf immer abtreten, könnte aber die Kur- und Erzkämmererwürde auf seine Lebenszeit behalten. Dafür versprach ihm und seinen männlichen Erben der Kaiser an zwölf Städte in der Oberpfalz, welche aber nach seinem Tode, im Fall er keine Kinder hinterließe, die Krone Böhmen von den Herzogen in Baiern um 100,000 Goldgülden oder Dukaten einlösen könnte. Außerdem wurde ihm ein Jahrgehalt von 3000 Schok böhmischer Groschen, eine Summe von 200,000 Gulden in verschiednen Terminen und eine Pfandschaft von 100,000 Goldgulden auf einige Reichsstädte ausgemacht. Dieser Vergleich kam den 15. August 1373 im Lager vor Fürstenwalde zu Stande, und erhielt durch die Beistimmung der Baierschen Herzoge, und durch ihre Lossagung von aller Anwartschaft auf Brandenburg seine völlige Gültigkeit. Bald drauf reiste Karl mit dem Kurfürsten Otto und dem Herzoge Friedrich, der für seine besondre Bemühung noch 30,000 Gulden von ersterm bekam,

bekam, nach Frankfurt. Hier entließ Otto dem Adel und den Städten am 23. August ihre Pflichten und ihren Eid, und verwieß sie an das Luxenburgische Haus.

Verschiedne Schriftsteller machen Karl'n den Vorwurf, daß er die Mark für ein Spottgeld erkauft, und nicht einmal die Stricke an den Glocken bezahlt habe. Allein 200,000 Dukaten sind, die übrigen Vorteile ungerechnet, allein schon für jene Zeiten, wo der Geldmangel so groß und die Landeseinkünfte so gering waren, keine verächtliche Summe; und sie sollten nur Schadloshaltung für den entzogenen Genuß der Einkünfte, nicht aber wirkliches Kaufgeld sein. Denn das böhmische Haus hatte vermöge der Erbverbrüderung ein gegründetes Recht auf die Erbfolge, und brauchte sie nicht erst durch Geld zu erhandeln. Otto verließ hierauf die Mark, schlug seinen Wohnsitz in dem Schloße Wolfstein in Baiern auf, vergaß alles Geschehene in den Armen seiner Gretel, endigte hier sein ruhmloses Leben im Jahre 1379 ohne Nachkommenschaft, und liegt im Kloster Seligenthal in der Vorstadt zu Landshut begraben.

Das Baiersche Haus hatte 50 Jahre über Brandenburg, nicht zum Vorteil der landesherrlichen Macht, aber auch nicht zum Schaden der Unterthanen geherrscht. Der berühmte Fürst ist nicht immer der gute; der unwichtige nicht immer der schädliche. Der Regent kann Länder gewinnen, die Einkünfte vermehren, die Schatzkammer anfüllen: aber vielleicht
seufzet

seufzet der Kaufmann in seinem Komtor, wimmert der Handwerker in seiner Werkstäte, weint der Bauer hinter seinem Pfluge. Was nuzt es den Unterthanen, daß ein paar tausend Menschen mehr eben demselben Herrn gehorchen, wenn ihm dadurch der Quellen des Unterhalts immer mehrere gestopft werden? welcher Trost für ihn, daß seines Gebieters Haus durch Blut mächtiger wurde, da indeßen sein eignes durch Untergrabung des Wohlstandes sinkt? welche Beruhigung kann es ihm gewähren, daß sein Oberer schwelgt, wärend deßen er selbst hungert? Fürstenruhm; und Landesglük! o wie zween ganz verschiedne Dinge sind die! Unter den Baierschen Regenten wurden die Grenzen geschmälert, Provinzen verloren, Einkünfte vergeben, die Domänen verringert: aber dies schadete den Unterthanen nichts. Der Herrscher wurde arm: der Beherrschte blieb reich; jener darbte, dieser sammlete.

Viele Provinzen wurden von der Mark völlig abgerißen; als: die beiden Lausizze; die Markgrafschaft Landsberg, die Pfalz Sachsen; die Meißenschen Städte; von vielen wurden Stükke getrennt, als von der Altmark der Elbstrich, das Stiftische genannt; von der Prigniz und Ukermark einige Städte; und die einzelnen Oerter: Krossen, Züllichau, Sommerfeld, Schwiebus, Sagan, die jezt teils der Neumark, teils dem Herzogthum Schlesien einverleibt sind. Außerdem gingen noch andre Hoheitsrechte verlohren, nämlich: die Schuzvogtei über Queblinburg; so wie die Lehnsherrschaft über das Land

Land Kotbus, über die Graffschaft Lüchow, und über die Herrschaft Stargard in Meklenburg. Dieser große Länderverlust erzeugte natürlicher Weise ein anderes Uebel: Mangel an Gelde in der Kaße des Regenten. Hierzu kamen die Kriege, die Empörungen, die vielen Reisen außerhalb des Landes: alles Ursachen zur Geldnoth. Darum mußten Schulden gemacht, mußten Güter verpfändet, vertauscht, verkauft, mußten Fürstenrechte veräußert, Einkünfte, die noch erst zu heben waren, versezt, und andre dergleichen Rettungsmittel ergriffen werden. Ludwig I. verpachtete die Münzen zu Brandenburg, zu Stendal, zu Kyritz gegen Vorausbezahlung, und veränderte die Pächter öfters. Otto der Finne verkaufte den Alt- und Mittelmärkern die Münzgerechtigkeit, Pfennige zu schlagen, gänzlich. So ging es mit den Domänen, so mit den Zöllen, so mit der Gerichtsbarkeit. Da erhielten bald einzelne Personen, bald ganze Städte die Gerichtspflege für Geld, teils lehnserblich, teils wiederkäuflich. Die Menge der Widersacher, welche dem Baierschen Hause die Mark durch Ränke und Gewalt aus den Händen winden wolte, machte es nöthig, daß sich die Regenten Liebe zu erwerben, und einen Anhang zu verschaffen suchen mußten. Daher so viele Gnadenbezeugungen an die Unterthanen, so viele Schenkungen an Geistlichkeit und Adel, so viele Freiheitserteilungen für erhaltne Dienste. Von keinem Zeitraume liefern die Urkunden so viele Schenkungsbriefe, als von diesem. Sechzehn Städte, und unter ihnen einige der größten und wichtigsten von der Mark, als Berlin, Brandendenburg, Frankfurt, Spandow, Stendal, Perleberg ꝛc. genoßen entweder eine völlige, oder doch eine eingeschränkte Zollfreiheit; wahrscheinlich waren ihrer noch mehrere, die diese Begünstigung erhielten; nur daß keine Urkunden drüber vorhanden sind. Einige Städte waren auch von der Orbeede oder Grundsteuer frei. Hierzu gehöret Frankfurt; wegen der Treue gegen das Baiersche Haus bei den Waldemarschen Empörungen wurde dieser Stadt die jährliche Orbeede von 200 Mark erlaßen. Altbrandenburg war schon von den Askaniern 1295 mit der Steuerfreiheit beschenkt worden: die Baierfürsten ließen es dabei bewenden. Endlich errangen sich noch die Edelleute und Vasallen, die Priester und Kirchen völlige Steuerfreiheit von den ordentlichen Auflagen. Aus allen diesen Umständen erhellet, daß die Einkünfte des Staats unter der Baierschen Regierung nicht zur Hälfte so beträchtlich gewesen sein können, als zur Zeit der Askanischen Herrschaft. Die gewöhnlichen Abgaben waren noch immer dieselben, wie sie am Ende des vorigen Abschnittes angeführt worden sind. Einigemal wurden außerordentliche Steuern ausgeschrieben, zu denen der Adel seinen Beitrag mit entrichtete. Ludwig I. that dies 1338 zur Wiedereinlösung der Niederlausiz. Dafür versprach er, in Zukunft nie mehr dergleichen außerordentliche Beeden zu fodern; ausgenommen in drei Fällen: wenn die Feinde ihn selbst gefangen nähmen, oder sein Land eroberten; der dritte Fall ist in unerklärbaren Worten ausgedrukt. Die außerordentliche Steuer unter Otto, dem Finnen im Jahre 1370 ist

darum

darum merkwürdig, weil der Bischof von Brandenburg seinen Teil mit entrichtete, doch nicht aus Schuldigkeit, sondern allein aus Liebe, wie er selbst und der Kurfürst sich darüber erklärten. Die Vögte, advocati hatten die Aufsicht über das Steuerwesen: besondre Nuncien oder die Schulzen sammleten die Beeden ein: im Falle der Widersezzung aber die Pedellen, pedelli Fußboten, oder die Landreuter.

Die Einkünfte wurden noch stets nach Frusten, Marken, und Schillingen berechnet. Unter den übrigen Münzen kamen ein paar neue auf: die Scherfpfennige, und die Pragergroschen; von jenen machten zwei einen Pfennig, von diesen 64 eine Mark aus. König Wenzel II. von Böhmen ließ 1300 zuerst dergleichen Groschen schlagen, die man große Pfennige Böhmischer oder Prager Münze nannte; hieraus ist die Ursach der Benennung Groschen klar; das Wort heißt: großer Pfennig, grossus Denarius Pragensis.

Die Verfaßung der Mark in Gerichts- und Policeisachen hatte unter den Baiern wenig Veränderung gelitten. Es gab Hofgerichte, Schöppenstühle, Landvogteien, Landshauptmannschaften, wie unter den Askaniern. Das Hofgerichte zu Tangermünde war das höchste; es entschied anfangs nur in Schuldsachen des Adels, in der Folge dehnte es seine Macht aus, und sprach in der lezten Instanz. Zur Erhaltung des Landfriedens wurde ein eignes Gericht, judicium injuriarum angesezt. Stöhrte ein Edelmann die Ruhe des Landes, und die

die Sicherheit der Einwohner, so mußte er sich vor einem Hauptmann und drei Edelleuten zu Gericht stellen; ein Bürger hatte bei ähnlichen Verbrechen fünf Bürger, und ein Bauer sieben Bauern, also ein jeder Stand Ebenbürtige zu Richtern. Auf den Dörfern übten die Gutsbesizzer geistlichen und weltlichen Standes, so wie in den Städten die Magisträte die niedre Gerichtsbarkeit aus. Der Stadtrath bestand noch immer aus zwölf Gliedern, zu welchen wenigstens viere aus den Handwerkszünften und gemeinen Bürgern gewählt werden mußten. In Stendal wurden nach einer besondern Verordnung Ludwig's I. von 1345 sieben Rathsmänner aus den Gilden oder Zünften genommen. Alle Jahr war eine neue Rathswahl, und diejenigen Gildemeister, die das Jahr hindurch Rathsmänner gewesen waren, konnten erst nach zwei Jahren wieder in die Wahl kommen. Bei Abfaßung neuer Stadtgesezze und Verordnungen mußten die Handwerke und Zünfte mit um ihr Gutachten befragt werden: waren die Meinungen des Raths und der Bürgerschaft geteilt, so pflegten die Rathsmänner einen feierlichen Eid zu schwören, daß das Gesez dem Regenten und der Stadt nüzlich sei; hierauf wurde es bekannt gemacht, und angenommen. Alle gerichtlichen Handlungen geschahen vor dem Rathhause unter einer Halle oder Laube, lobium. Die Städte hatten ihre eignen Güter, wovon sie die Einkünfte zogen. Die Bürger erlegten von ihrem Vermögen eine Abgabe, und die Verkäufer auf den Märkten den sogenannten **Städtepfennig**.

nig. Alles floß in eine besondre Stadtkaße, woraus die sämtlichen Ausgaben der Stadt bestritten, und deren Aufsicht den Kämmerern anvertraut wurde. Diese mußten jährlich zweimal den Rathsmännern, und den vier geschworen Gildemeistern Rechnung ablegen.

Der Handel blühte noch immer; und nahm eher zu, als ab. Die Kurfürsten Ludwig I und II. wandten alles an, ihn in stets größre Aufnahme zu bringen. Sie vermehrten die Zollfreiheiten, erleichterten das auswärtige Verkehr, befestigten die Sicherheit der Straßen. Ludwig, der Römer fand sich im Jahre 1357 mit in der Versamlung der Hanseestädte zu Lübek ein, und half den Landfrieden zwischen Brandenburg, Pommern, Sachsen, Lüneburg und Meklenburg schließen. Ein Beweis großer politischer Aufklärung, die man in diesem Zeitraume finstrer Begriffe kaum suchen solte, ist die Versicherung eben deßelben Ludwig's, die er 1363 seinen Unterthanen erteilte, daß wärend eines etwanigen Krieges zwischen Brandenburg und Pommern der wechselseitige Handel beider Länder nicht gestöhrt werden solte. Zu den Nahrungszweigen der Märker, die bereits im vorigen Abschnitte angeführt worden sind, kam jezt noch der Bienenbau hinzu. Schon vorher waren Spuren davon: in dieser Periode wurde er allgemeiner betrieben. In eingehauenen Löchern der Kiehnbäume in den damaligen dichten Wäldern hielten die Märker Bienen, und gewannen Honig und Wachs in großer Menge.

ge. Unter dieser Regierung geschieht auch zuerst der Rüdersdörfer, drei Meilen von Berlin entlegenen Kaltberge Erwähnung. Die Handlung war durch keine Zwanggesezze eingeschränkt; nur die Ausfuhr des Getreides ward in theuren Jahren, wie es ebenfals unter den Anhaltern geschehen war, verboten. Was damals theuer hieß, zeigt eine Urkunde an die Stadt Königsberg von 1336 an. Wenn der Scheffel Weize mehr als zwei Schillinge oder 24 Pfennige, der Scheffel Roggen mehr als 18 Pfennige, der Scheffel Hafer oder Gersten zwölf Pfennige galt: so nannte man dies "Theurung" und die Ausfuhr war gehemmt.

Der ausgebreitete Handel, die rastlose Thätigkeit, der große Fleiß der Märker beförderte ihren Wohlstand, vermehrte ihre Reichthümer, erzeugte aber auch, wie fast immer, Schwelgerei und Ueppigkeit. Der Rath von Berlin hielt es im Jahre 1355 für nothwendig, dem immer weiter reißenden Aufwande Grenzen zu sezzen. Er verordnete daher, daß bei gemeinen Bürgerhochzeiten nicht mehr als vierzig Schüßeln, auf jede Schüßel nicht mehr als zwei Personen, und folglich nicht mehr als achtzig Gäste geladen, den Aufwärtern nicht über zehn Schüßeln, und den erlaubten sechs Spielleuten nicht über drei vorgesezt werden solten. Wenn dies Mäßigkeit heißt, wie groß mußte vorher die Unmäßigkeit sein! Den Frauenzimmern wurde das Tragen solcher Zeuge, die mit Gold durchstreift, solcher Mäntel und solcher Kleider, die mit Zobel

und

und Borten besezt sind, verboten: in Ansehung der Perlen, des Goldes, des Geschmeides wurde ein gewißer Werth vorgeschrieben, wie viel zu tragen erlaubt sein solte.

Wohl stand es um den Körper, um die Nahrung, um die Schäzze der Brandenburger: aber übel, sehr übel um den Verstand, um das Herz, um die Geistesfortschritte der Märker. Da erhellte kein Lichtstrahl die finstre Nacht des Aberglaubens, der Vorurteile, der Irthümer. Roh blieb ihre Vernunft, roh ihre Tugend. Im Jahre 1364 befand sich Konrad Schüze, Geheimschreiber des Erzbischofs von Magdeburg gewißer Angelegenheiten wegen zu Berlin. Eines Tages ging er nach damaliger Sitte in die öffentlichen Bäder. Unterwegens frug er eine junge, ihm bekannte, Bürgersfrau, die ihm von ungefehr begegnete, scherzend: ob sie ihm folgen und bei'm Baden Gesellschaft leisten wolte? Die ehr- und tugendsame Frau nahm diesen Scherz übel: sie erhob ein gewaltiges Geschrei: die Berliner rotteten sich zusammen, und um die Ehre der Keuschheit zu retten, begingen sie selbst das erste aller Laster, einen Mord. Sie schlepten den Sekretär auf einen öffentlichen Plaz, und schlugen ihm ohne weitre Umstände, und ohne sonstige Folgen, den Kopf ab. So ist die Tugend roher Menschen beschaffen. Die Geistlichkeit, selbst im Finstern tappend, sorgte bloß für ihren Magen, und überließ den Kopf des Bürgers dem guten Glükke. Die Bisthümer vermehrten ihre Besizzungen durch wirklichen Ankauf, oder erschlichne Schenkungen, und

dehn-

dehnten ihre Macht und Ansehn auf der einen, engten beides auf der andern Seite ein. Im Jahre 1330 wurden die Bischöfe von Brandenburg und Lebus sogar auf einen nach Frankfurt am Main ausgeschriebnen Reichstag eingeladen. Die Eitelkeit der Geistlichen, die Titel regierender Herren nachzuäffen, paßt sehr schlecht zur Einfalt der Lehre Jesu. Schon unter den Askaniern mäßte sich der kindische Hochmuth der Bischöfe den Titel: **von Gottes Gnaden**, an: jezt wurde die niedre Geistlichkeit lüstern und albern genung, eben diese Formel ihren löblichen Schreibereien vorzusezzen. Hingegen erlaubten sie wieder dem Pabste, seine Macht über die Märkischen Stifte zu vergrößern. Die Bischöfe mischten zu ihrem übermüthigen Titel einen knechtischen Beisaz, und schrieben: **von Gottes, und des heiligen apostolischen Stuhls Gnaden**. Die Päbste griffen bald weiter: sie wolten den Kapiteln die Bischofswahlen entreißen; dies gelang zwar nicht; desto beßer aber ihre Bemühung, Geld aus der Mark zu ziehen. So mußte der Bischof von Brandenburg im Jahre 1369 den 60ten Teil aller geistlichen Einkünfte auf Befehl des Pabstes Urban's V. zu Wiederaufbauung der Abtei Caßino in Neapel abgeben. Weil das Geld nicht sogleich eingeliefert wurde, so schikte der Pabst einen Nuncius zu Eintreibung der Gelder hin. Dieser foderte und erhielt täglich 15 Goldgülden oder Dukaten Zehrungskosten.

III. Ab.

III. Abschnitt.

Brandenburgische Markgrafen und Kurfürsten aus dem Luxenburgischen oder Lützelburgischen Hause. 1373 — 1417.

1. Wenzel unter der Vormundschaft seines Vaters Karl's IV. 1373 — 1378. st. 1419.

Die in den Niederlanden gelegene Grafschaft Luxemburg oder Lützelburg, die im Jahre 1354 zu einem Herzogthume erhoben wurde, ist das Stammhaus von denjenigen Beherrschern Brandenburg's, deren Geschichte diesen Abschnitt füllt, und daher heißen sie: Kurfürsten aus dem Luxenburgischen Hause. Der Graf Heinrich IV. von Luxenburg, Karl's IV. Großvater, wurde 1308 zum deutschen Kaiser erwählt, und führt als solcher den Namen des Siebenten. Kurz vorher war die männliche Linie der böhmischen Könige verloschen. Heinrich VII. fand Gelegenheit, dieses Reich nebst Mähren an sein Haus zu bringen, und seinen Sohn Johann, den Blinden, damit zu belehnen. Seine Nachkommen vergrößerten die Erbländer, aber keiner mehr, als sein Enkel, der Kaiser Karl IV. Die Art, auf welche er zum Besitz der Mark Brandenburg gelangte, ist im vorigen Abschnitte beschrieben worden. In diesem sollen

seine

seine Handlungen in der Mark erzählt und seine Verdienste um sie gerühmt werden. Er hatte sie zwar eigentlich für seinen ältesten Sohn Wenzel erworben, und ihm die Huldigung leisten laßen. Allein Wenzel war erst zwölf Jahr alt, folglich noch minderjährig, stand unter der Vormundschaft seines Vaters, und that als Kurfürst von Brandenburg wenig oder nichts. So wichtig er wegen seiner Regierung, wegen seiner Fehler und wegen seiner Schiksale als nachheriger König von Böhmen und römischer Kaiser für die deutsche und böhmische Geschichte ist, so unbedeutend ist er doch als Kurfürst der Mark für die Brandenburgische, und dient mehr, die Ueberschrift über diesen Zeitraum mit seinem Namen zu zieren, als, den Geschichtsfreund mit seinen Thaten zu unterhalten. Sein Vater, Karl IV. war nicht blos Vormund, sondern wirklicher Regent, der nach eignem Gefallen herrschte, und keinem für sein Betragen Rechenschaft abzulegen hatte. Er ist es daher, von dem die folgende Geschichte vorzüglich handeln muß.

Die Märker hatten alle Ursache, sich zur Regierung eines Mannes Glük zu wünschen, dem es weder an Einsicht, noch an Macht, noch auch an gutem Willen, sie zu beglükken, fehlte. Karl bewarb sich gleich Anfangs um die Liebe seiner neuen Unterthanen, bestätigte und vermehrte ihre Freiheiten, und hielt sich sehr häufig in der Mark, besonders zu Tangermünde in der Altmark auf. Diese Stadt, und die herumliegende Gegend an der Elbe,

Elbe, waren für ihn so reizend, daß er hier ein Residenzschloß nebst einer Kapelle aufbauen zu laßen beschloß. Er führte dies Vorhaben auf eine Art aus, die seinem Verstande eben so viel Ehre, als seinem Herzen macht. Damals war es noch nicht gewöhnlich, auch zu Friedenszeiten stehende Kriegsheere zu halten. Mit Ausbruch eines Krieges wurden taugliche Soldaten angeworben, und nach Endigung eines Feldzuges wieder entlaßen. Hierdurch verlohren eine Menge Menschen ihren Unterhalt, den sie nun durch Betteln, Stehlen und Rauben zur Last der Einwohner suchten. Dies war jezt der Fall bei Karl'n. Er hatte die Soldaten, die er bei dem 1373 gegen Otto, den Finnen unternommenen Feldzuge gebrauchte, abgedankt. Ohnedem waren durch die vorigen steten Unruhen in der Mark unter den Baierschen Regenten viele Müßiggänger entstanden. Alle diese Leute gebrauchte er, um ihnen Brodt zu verschaffen, und das Land vor Räubereien zu schüzzen, zu den vielen Bauten, die er an mehrern Orten in der Mark unternahm. Gleiche weise Maasregeln befolgte er, wenn Mißwachs theure Zeiten und Hungersnoth erzeugte. Er ließ dann viel bauen und gab den Arbeitern ein Brodt zu ihrem Unterhalt, und einen Weißpfennig, von denen achtzehn und ein halber einen Goldgulden ausmachten, zum Taglohn. Der Bau des Schloßes und der Kapelle zu Tangermünde war allein schon hinreichend, viele Menschenhände auf's nüzlichste zu beschäftigen. So sehr sonst Karl überflüßige Pracht und unnüzzen Aufwand haßte, so schonte

schonte er hier doch keine Kosten, um ein stolzes Gebäude aufzuführen, und Künstlern, Handwerkern und Tagelöhnern Gelegenheit zum Verdienst zu verschaffen. Die Wände der Kapelle wurden mit geschliffenem Jaspis von allerlei Farben überzogen, die Fugen mit dem feinsten Golde ausgefüllt, und viele Stellen mit böhmischen Amethisten und Topasen belegt. Um den Bau mit allem Eifer zu betreiben, blieb er im Jahre 1374 vom Februar an bis in den August zu Tangermünde, und ließ hier seine jüngsten Söhne, Siegmunden und Johann, bei seiner Abreise zurük. Er hatte sie zu künftigen Beherrschern der Mark bestimmt, weil Wenzel, der älteste Prinz und jezzige Titularkurfürst einst Böhmen erben und Brandenburg alsdenn an sie abtreten solte. Sie waren noch Kinder, und wurden daher der Aufsicht und Erziehung des Lebusischen Bischofs Peter von ihrem Vater übergeben, damit sie die Sitten und Gewohnheiten der Brandenburger annehmen, und die Liebe und Zuneigung ihrer künftigen Unterthanen, in deren Mitte sie erzogen wurden, frühzeitig erlangen möchten.

Doch wärend des eben erwähnten Aufenthaltes des Kaisers zu Tangermünde wurden noch wichtigere Sachen, als jener Bau war, beschloßen und ausgeführt. Die Märker sahen sich nun auf einmal aus ihren bisherigen Bedrängnißen gerißen, sahen sich von einem weisen, mächtigen Fürsten geliebt, geschäzt, beglükt, wünschten nicht mehr solchen Zerrüttungen, als sie unter Regenten, denen es an

Macht

Macht fehlte, erlebt hatten, ausgesetzt zu werben, und glaubten, immer gesichert zu sein, wenn sie mit einem mächtigen Hause verbunden blieben. Die Brandenburgischen Stände machten daher dem Bischoffe Dietrich von Brandenburg, Karl's geheimen Rathe, den Auftrag, den Kaiser um eine Vereinigung der Mark mit der Krone Böhmen und seinen übrigen Ländern zu ersuchen. Dieser Vorschlag war Karl'n willkommen, und wahrscheinlich hatte er ihn durch Staatsklugheit selbst veranlaßt. Die Sache kam völlig zu Stande. Die Städte stellten nach Karl's Vorschrift am Pfingsttage 1374 Urkunden aus, worinnen sie sich verpflichteten: "sich auf immer und ewig an die Prinzen des Luxemburgischen Hauses zu halten, sich nie von der Krone Böhmen und den mit ihr vereinigten Ländern zu trennen, keine Verkaufung oder Abtretung der Mark an fremde Herrn zu achten, sondern vielmehr stets bei demjenigen zu verharren, welcher jedesmal König von Böhmen sein würde." Sodann wurden die Stände und Abgeordneten auf einen Landtag nach Guben beschieden, wo Wenzel als Kurfürst von Brandenburg, und seine Brüder Siegmund und Johann die Mark am Dreieinigkeitsfeste auf ewig mit Böhmen, Mähren und den übrigen hierzu gehörenden Ländern verknüpften, und jede künftige Veräußerung der ganzen Mark oder einzelner Teile derselben für ungültig und kraftlos erklärten. Karl bestätigte diese Verwandlung Brandenburg's in eine böhmische Provinz in allen Punkten als Kaiser in Gegenwart vieles

Kur-

Kur- und Reichsfürsten zu Tangermünde. Aber die Folge hat gezeigt, daß diese ewige Dauer der Verbindung der Mark mit Böhmen eben so lange währte, als die Ewigkeit der Friedensschlüße. Denn der folgende Kurfürst, Siegmund, der doch den Vergleich mit unterschrieben hatte, machte sich kein Bedenken daraus, mit der Mark als mit einer Kaufmannswaare umzugehen, und nachher grade das Gegenteil von dem zu thun, was er jezt so heilig versichert hatte. Ehe Karl von Tangermünde abreisete, schloß er noch mit den benachbarten Fürsten, Grafen und Herrn einen Landfrieden auf drei Jahr; denn selbst Fürsten und Grafen erniedrigten sich in diesen rohen Zeiten des Faustrechts zu Streif- und Raubzügen; weswegen man auf gewiße Jahre Friede zu machen pflegte.

Karl wendete die größte Sorgfalt an, seine Unterthanen vor den Gewaltthätigkeiten der Räuber, und vor den Ungerechtigkeiten der Richter zu schüzzen, die innere Ruhe zu befestigen und unpartheiische Gerechtigkeit herzustellen. Er durchreisete das Land selbst mit bewafneten Reutern, und ließ alle Räuber, die er fand, ohne Ansehn der Person, und ohne Rüksicht auf ihre sonstigen Verdienste, an den Bäumen aufhängen. Das schönste Beispiel der strengsten Gerechtigkeit gab er einmal im Königreiche Böhmen. Ein böhmischer Edelmann, der wegen einiger Proben seiner Tapferkeit vom Kaiser zum Ritter geschlagen und mit einer goldnen Kette beschenkt worden war, wurde dennoch auf des nämlichen

lichen Kaisers Befehl wegen verübter Plünderungen ohne Schonung aufgeknüpft. Karl verbot dem Adel in der Mark Schlößer und Burgfrieden, — d. h. kleine mit Wall und Graben versehene, öfters zur Verwahrung des Viehes, aber noch öfter zur Aufbewahrung des Raubes bestimmte Schlößer — anzulegen, weil sie den Räubern zu Schuzörtern dienten. Diese lobenswürdige Strenge hielt den Märkischen Adel im Zaum, und schrekte ihn von anderweitigen Versuchen zu rauben zurük. Durch die Bemühung, dem Lande unpartheiisches Recht wiederfahren zu laßen, erwarb sich der Kaiser Karl ein andres großes Verdienst um die Mark. Viele Richterstellen waren hieselbst an Privatpersonen zur Lehn gegeben oder verkauft, andre an die Magistrate veräußert, diese an reiche Leute auf lebenslang verschenkt, jene wegen Geldmangel verpfändet. Diese Verfaßung verschafte dem Eigennuzze, der Trägheit, der Unwißenheit der Richter die leichteste Gelegenheit, willkürlich und tirannisch zu verfahren, eine Klagsache aus Gemächlichkeit schnell abzubrechen, und durch Machtsprüche zu endigen, die andre aus Habsucht über die Gebühr zu verlängern und aus Geiz und Schikane noch mehr zu verwirren. Karl hielt daher bei seiner jedesmaligen Anwesenheit in der Mark hier und da, vorzüglich aber zu Tangermünde eigne Hofgerichte, vergönnte dem Niedrigsten freien Zutrit, hörte des Geringsten Klage geduldig an, und entschied oft in wenigen Stunden solche Streitigkeiten, welche die Grübelei gewinnsüchtiger Richter bis auf viele Jahre hinaus ausgedehnt hatte. Seit dem Jahre 1376 nahm er seine Söhne und besonders Wenzel'n mit sich, wenn er Gericht hielt, ermahnte sie, über die Richter zu wachen, daß sie keinem Reichen und Angesehenen zu Gefallen das Recht beugten, und keinen Armen und Verachteten unterdrükten; und schärfte ihnen bei jeder Gelegenheit ein, die Unterthanen gütig und gerecht zu beherrschen, und ihnen in jedem Fall, zu helfen, bereit zu sein. Durch scharfe Verordnungen schafte er die noch gewöhnlichen Feuer- und Waßerproben * ab, und bediente sich eines Siegels, auf welchem der Märkische Adler mit folgen-

* Diese und einige andre, ihnen ähnliche Proben, wurden Ordalien oder Gottesurtheile, Gottesgerichte genannt, weil man die abergläubische Meinung hatte, daß Gott bei verwikkelten Prozeßen auf eine wunderthätige Art den Schuldigen entdekken, und den Unschuldigen rechtfertigen würde. Die beiden oben angeführten Proben wurden auf folgende Art angestellt: die Waßerprobe geschahe entweder in kaltem oder in warmen Waßer. Im ersten Falle wurde der Beklagte an Händen und Füßen gebunden und in einen Fluß, Teich oder in ein sonstiges Gewäßer geworfen. Schwamm er oben, so ward er für schuldig gehalten; fiel er zu Boden, so ward er für unschuldig erklärt. Im andern Falle mußte der Beklagte mit entblößtem Arme aus dem Grunde eines mit kochendem Waßer angefüllten Keßels einen geweihten Ring herausnehmen. Sodann zog ihm der Richter einen Sak, der versiegelt wurde, über den Arm. Nach drei Tagen öfnete und besichtigte man den Arm. War er nur leicht oder gar nicht verbrannt, so wurde der

genber, für die Richter so heilsamen, Umschrift umgeben war: Juste judicate filii hominum: d. h. richtet recht, ihr Menschenkinder!

Karl suchte auch ferner, die Märker durch Anbauung ihres Verstandes und durch Verfeinerung ihrer Sitten zu bilden. Er zog viele fremde Gelehrte in's Land, und ermunterte die Brandenburger, ihre Kinder auf seine in Prag neuerrichtete Universität, die an 30,000 Studenten enthielt, zu schiffen. Er war wärend seines Aufenthaltes zu Prag selbst bei allen gelehrten Disputationen zugegen, und belebte durch sein Beispiel die Liebe seiner Unterthanen zu den Wißenschaften. Die, von der Universität zurükgekommen Märker, reizten wieder andre ihrer Landesleute, eben dahin zu gehen: und so wurde doch einige Aufflärung bewirkt. Der Kaiser hielt oft viel Monate lang sein Hoflager in Brandenburg, und hatte in seinem Gefolge viel ansehnliche Fürsten geist- und weltlichen Standes und mehrern Vornehmen vom deutschen und böhmischen Adel. Hierdurch wurden die Märker mit der feinern Lebensart der Hofleute bekannt, und nahmen allmählig

---

der Beklagte losgesprochen, im entgegengesezten Falle aber zur Strafe verurteilt. Die Feuerprobe stellte man verschiedentlich an. Der Beklagte mußte mit bloßen Füßen über glühende Kohlen gehen, oder ein glühendes Eisen mit der Hand anfaßen. Seine Schuld oder Unschuld wurde aus der stärkern oder schwächern Beschädigung, die er erlitt, beurteilt. S. Sulzer's Vorübungen zur Erwekkung der Aufmerksamkeit und des Nachdenkens.

mählig statt ihrer rauhen Sitten eine sanftere Denk- und Handlungsart an. Vorzüglich wünschte Karl, sie von ihrer übertriebnen Eifersucht, wovon das oben angeführte traurige Beispiel des Magdeburgischen Sekretär's zeugt, zu heilen. Er stiftete daher die Rehhane, Gesellschaften, wo Personen beiderlei Geschlechts zusammen kamen, und in bunter Reihe speiseten, wo ein Freund des andern Frau küßen, und auch wol ohne Verdacht der Verführung, und ohne Beschuldigung der Untreue in allen Ehren mit sich nach Hause nehmen durfte. Ein gewißer Schriftsteller erklärt den Ausdruk: Rehhane, wovon vielleicht die bekannte Benennung eines Hahnreh herrührt, durch rheinländische Hähnchen. Nach Karl's Tode wurden diese den Brandenburgern anstößige Gesellschaften von den Magiſträten wieder verboten.

Wie angelegen sich Karl die Regierung der Mark sein ließ, beweiset auch jener Befehl, den er im Jahre 1375 gab, daß ein Landbuch von ganz Brandenburg aufgenommen werden solte. Dieses schäzbare Denkmal der Staatsverwaltung Karl's lag lange im Archive zu Berlin verborgen, bis es vor wenigen Jahren durch den in jeder Absicht verehrungswürdigen Staatsminister, Grafen von Herzberg öffentlich im Druk erschienen und mit vortreflichen Anmerkungen erläutert worden ist. Diese Schrift enthält eine Beschreibung aller damaligen Städte, Aemter, und adelichen Güter der Mark: es giebt Auskunft über die Fragen: wie viel Hufen
zu

zu jedem Bezirk gehören? welche Ritter frei oder der Steuer unterworfen sind? wie viel Hufen ungebaut liegen? Wie viel eine jede an Pacht, Zins oder Beeden und an wen sie es entrichte? Was für Mühlen sind und was sie abgeben? Wem die Gerichte gehören? und über mehrere von der Art. Wir lernen unter andern auch den Werth der Münzen, die Beschaffenheit der Preiße und der landesherrlichen Einkünfte hieraus kennen. Es wird vielleicht dem Leser nicht unangenehm sein, wenn wir einiges hiervon anführen, wovon sich auf die Wohlfeilheit jener Zeiten oder vielmehr auf den Geldmangel derselben schließen läßt.

Ein Scheffel Korn galt damals 10 Pfennige.
Ein — Gerste eben so viel.
Ein — Weizen galt 16 Pfennige.
Ein — Erbsen — 20 —
Ein — Haber — 5 —
Ein Huhn galt 2 Pfennige.
Ein Pfund Wachs — 2½ Groschen.
Ein — Pfeffer — 7½ —, weil er noch

selten und folglich theuer war. Ein Groschen nach damaliger Münze kommt zween Groschen und acht Pfennigen der unsrigen gleich: eine Mark betrug 68 Groschen, folglich etwas über 7½ Thaler. Indeßen war der Werth des Geldes nicht immer der nämliche, und er läßt sich nicht ganz genau nach den jezzigen Münzsorten bestimmen. Die Einkünfte des Landesherrn betrugen dißeits der Oder 6000 Mark Silbers; und jenseits der Oder, d. h. in der Neumark 487 Mark; folglich in runden Zah-

len

ten gerechnet etwa überhaupt 6500 Mark. Nimmt man nun obige Bestimmung der Mark zu 7½ Thaler, so betragen die sämtlichen Einkünfte noch nicht 50,000 Thaler unsers Geldes.

Das Land war außerordentlich stark bevölkert, angebaut, bewohnt. An Städten, Schlößern und festen Orten zählt das Landbuch 171 Namen, von denen viele jetzt zur Dürftigkeit der Dörfer herabgesunken sind. Dörfer waren über 1094; von ihnen sind 97 während des dreißigjährigen Krieges, und der vorherigen Fehden eingegangen. Vergleicht man diese Anzahl mit der neuen Erdbeschreibung, so findet man, daß, ungeachtet der großen Bemühungen in unsern Tagen, Dörfer aufzubauen, und Kolonisten anzusetzen, damals mehr Oerter und Menschen in der Mark befindlich waren, als jetzt. Neben den Bauern und Hufenbesitzern, mansionarii, kommen auch Koßäten im Landbuche vor. Sie besaßen Gärten, und weniger an Hufen, als die Bauern; daher heißen sie auch Gärtner. Koßäten scheinen so viel als Kothsaßen zu bedeuten: Eingeseßne, deren Häuser schlecht von Koth oder Lehm gebaut waren. Die Schulzen hatten ihre Hufen größtenteils vom Landesherrn oder von Privatpersonen zur Lehn bekommen: dafür mußten sie dem erstern Lehnpferde halten, und den andern einen Zins geben. Da die Bauern sich nur mit Erlaubniß der Gutsherrn an einem Orte anbauen durften, so verpflichteten sie sich, von den geschenkten Aeckern vermöge eines Pactum's, das heißt: eines Vergleichs,

gleichs, eine gewiße Anzahl Korn von allerlei Gattung zu entrichten. Diese Abgabe wurde daher Pacht genannt. Von dem jährlichen Zuwachs der Früchte und des Viehes zahlten sie noch außer dem Pachtkorne den Zehnten oder Decimam an den Gutsbesizzer. Die Patrone wiesen hernach den Geistlichen diese Abgabe, die ursprünglich eine weltliche war, statt der Besoldung an. Endlich machten sich die Bauern noch zu Spann- Wagen- und Handdiensten zu drei und mehrern Tagen in der Woche anheischig. Die genannten dreifachen Lasten ruhten auf den Hufen zu Gunsten der Gutsbesizzer: der Landesherr zog dieselben Vorteile von den Domänen.

Karl blieb sich aber immer gleich. Er wünschte, daß sein ältester Sohn Wenzel noch bei seinem Leben zum römischen Könige gewählt werden möchte. Er erkaufte, seinen eignen Anordnungen in der goldnen Bulle grade zuwider, einige Kurstimmen, und ließ seinen zweeten Sohn Siegmund, der erst acht Jahr alt war, die Brandenburgische ablegen; durch welche Mittel er freilich das Vergnügen erlebte, seinen Sohn Wenzel als erwählten römischen König zu sehen.

Mehr Ehre und einen beßern Dank erwarb er sich dadurch, daß er den Handel in Aufnahme zu bringen strebte. Er ließ die Mulde in Böhmen schiffbar machen, damit von ihr die Landesprodukte in die Elbe geschifft werden könnten. Tangermünde solte die Hauptniederlage der Waaren die von der Elbe anlandeten, so wie Frankfurt von

denen,

denen, die auf der Oder fortgeschaft würden, sein; und von beiden Orten sollten sie über die Nord- und Ostsee zu fremden Nazionen befördert werden. Er reisete 1377 nach Lübek, wo er einen prachtvollen Einzug hielt, und die Vorsteher des Hanseatischen Bundes und den Rath der Städt auf seine Seite zu bringen suchte, um die Schuzherrschaft und Aufsicht über jenen Bund zu erhalten, und seine Handlungsentwürfe ins Werk zu sezzen. Jedoch der Tod unterbrach ihn mitten in seinen nüzlichen Plänen. Denn im November des Jahrs 1378 starb er mit dem Ruhme, die Mark, als ein weiser, gütiger und gerechter Fürst beherrscht zu haben. Alle seine Unterthanen wehklagten und traureten um ihn, wie eine verwaisete Familie über einen guten Hausvater, den sie verlohr, weint. Hätten nicht so große und so schwarze Fehler, als oben bei der Schilderung seines Karakters angemerkt worden sind, seine guten Eigenschaften verdunkelt: so müßte man ihn unter die vollkommensten Fürsten zählen, und man könnte sich nicht enthalten, seinem Andenken uneingeschränkte Bewunderung und dankbare Hochachtung zu widmen.

2. Siegmund, 1378 — 1417. st. 1437.
Jobst, Zwischenregent von 1388 — 1411.
Johann, Beherrscher der Neumark von 1378 wahrscheinlich bis 1395.

Der Kurfürst Wenzel folgte seinem Vater in der Kaiserwürde und in der Regierung der böhmischen Erb-

Erbländer. Er trat daher auf jenes Anordnung, und wie Einige wollen, schon im Junius 1378, und folglich noch vor Karl's Tode, die Brandenburgischen Länder an seine Brüder ab. Siegmunden überließ er die Kurmark, und dem jüngsten Bruder, Johann, Herrn von Görlitz und der Niederlausiz übergab er die Neumark. Wenzel entließ die Märkische Ritterschaft und die Städte aller ihm geleisteten Pflicht und Treue, verwies sie an seine Brüder und behielt sich den Rükfall, bei ihrem unbeerbten Absterben vor.

Die Mark fiel nun auf einmal in jenes namenlose Elend zurük, in welchem sie unter den Baierschen Regenten geseufzt, und aus dem sie Karl IV. herauszureißen so glüklich angefangen hatte. Hieran war mehr Siegmund's Sorglosigkeit, als Unfähigkeit Schuld. Denn die Natur hatte ihn mit vielen guten Eigenschaften ausgerüstet, die aber für Brandenburg's Wohl ungenuzt blieben. In seinem großen, schönen und wohlgebildeten Körper wohnte eine verständige, durch Kentniße ausgebildete, großmüthige, über Schmeichelei und niedriges Lob erhabne, freigebige Seele. Nur artete öfters seine Freigebigkeit in Verschwendung, seine Bedachtsamkeit in Verzögerung, seine Klugheit in Untreue aus, und immer entwarf sein entschloßner Geist so mannigfaltige und so weit aussehende Pläne auf einmal, daß nothwendig einer und manchmal alle scheitern mußten. Hierzu kam noch, daß er bei Antrit seiner Regierung in der Mark erst zehen Jahr alt, mit

einer

einer ausländischen Prinzeßin aus eigennützigen Absichten verlobt, und fast immer abwesend war. Während seiner Herrschaft kam er nur zweimal nach Brandenburg, welches Vorstehern, und Statthaltern überlaßen blieb, die das Land vor Streifereien nicht schützen, vor Plünderungen nicht decken, und vor Gewaltthätigkeiten nicht bewahren konnten oder wolten. Siegmund betrachtete die Mark nicht als einen Gegenstand seiner väterlichen Fürsorge, sondern als ein Mittel zu Ausführung ehrgeiziger Absichten. Der Deutlichkeit wegen scheint es nicht überflüßig, von diesen einiges zu sagen.

Nie war ein Fürst mehr als Siegmund's Vater, Karl IV. auf Erweiterung seiner Macht, und auf Vergrößerung seines Hauses bedacht; nie wußte ein Regent beßer, als er, fremde Herren zu seinem Vorteile einzunehmen, und sie in sein Intereße zu ziehen. Unter andern legte er auch einen Plan an, die Königreiche von Ungarn und Polen an seine Familie zu bringen. Einer der mächtigsten Fürsten damaliger Zeit war Ludwig, der Große, Beherrscher von Ungarn, von der Bulgarei, Wallachei und den benachbarten Ländern, die zu Ungarn im weitläuftigsten Verstande des Worts gerechnet wurden. In seinem Alter erbte er von seinem verstorbnen Oheim noch das Königreich Polen, und streckte jetzt seinen Scepter über die Länder vom schwarzen Meere an bis an die Ostsee, und von dort bis an das Adriatische Meer. Er hatte keine Söhne, aber wol zwo Töchter, Namens Maria

ria und Hedwig. Diesen Umstand benuzte der Kaiser Karl IV. zu Erlangung seiner Wünsche. Er leitete es dahin, daß sein Sohn Siegmund in der zartesten Jugend mit Ludwig's Tochter Maria verlobt wurde, und dadurch Hofnung erhielt, einstens Herr von Polen und Ungarn zu werden. Siegmund ward auf eine Zeitlang an seines Schwiegervaters Hof geschikt, um die Ungarische Sprache zu lernen, um der Ungarn Sitten und Gebräuche anzunehmen, und so die Herzen dieses Volks zu gewinnen. Ganz mit Ungarn, das er noch nicht hatte, beschäftigt, ward er gleichgültig gegen Brandenburg, das ihm nicht entgehen konnte. Er kam zwar nach Böhmen zurük, und verweilte kurze Zeit in der Kurmark, reisete aber doch bald wieder nach Ungarn. Im Jahre 1382 starb der König Ludwig: und von jezt an ward Siegmund in so viele Geschäfte, Untuhen, Empörungen und Kriege in Ungarn und Polen verwikkelt, daß er die Mark Brandenburg ganz vergaß, sie völlig ihrem gutem Glük überließ, und nur dann an sie dachte, wenn er Geld brauchte. Obgleich die Polen noch bei Ludwig's Leben Siegmunden den Eid der Treue geleistet hatten, so erkannten sie ihn nach jenes Tode doch nicht für ihren König; sondern erhoben die jüngere Prinzeßin Hedwig auf ihren Thron. Siegmund's Feldzüge in dies Königreich dienten nur dazu, ihn zu schwächen, und in größre Geldnoth zu bringen. Die Ungarischen Stände wolten Anfangs eben so wenig, als die Polen, von Siegmunden etwas wißen;

sie

sie ernannten seine Braut Maria zum König
—dies war ihr Ausdruk— wurden bald mit ihr
unzufrieden, und trugen ihre Krone dem Könige
Karl von Neapel an. Zwar wurde er in kurzem ermordet, der innerliche Krieg aber mit größe-
rer Erbitterung fortgesezt. Maria, die sich unterdeßen mit Siegmunden vermält hatte, selbst gefangen genommen, jedoch bald wieder von ihrem
Gemale befreiet, und als Königin von neuem anerkannt. Siegmund erreichte endlich seinen Zwek,
und erhielt im Jahre 1387 die Ungarische Königs-
würde.

Wir berührten diese ausländischen Vorfälle,
um es begreiflich zu machen, warum die Mark von
den Fähigkeiten und Fürstentugenden Siegmund's
so wenig Vorteil gezogen, ja vielmehr unter ihm
den größten Nachteil erlitten habe. Aber ein noch
härteres Schiksal wartete ihrer. Siegmund kam
auf den unglüklichen Gedanken, die Kurmark an einen Mann zu verpfänden, der recht dazu gemacht
schien, eine Landplage des Volks zu sein. Die Gebrüder Jobst und Prokop, Markgrafen von
Mähren, Söhne des oben erwähnten Johann
Heinrich's, ersten Gemals der Margaretha
Maultasche, Oheims von Siegmunden, und
folglich leibliche Geschwisterkind von leztern, hatten
ihn in seinen polnischen und ungarischen Kriegen mit
Geld und Truppen unterstüzt, und daher ansehnliche Foderungen an ihn zu machen. Die Schuldenlast drükte Siegmunden zu sehr, als daß er an
Wieder-

Wiederbezahlung hätte denken können. Er beschloß daher, die Kurmark an seine Vettern zu versezzen. Die Pfandverschreibung kam 1388 wirklich zu Stande. Die Urkunde hiervon ist noch unbekannt, und also auch die Summe, wofür die Mark versezt worden, ungewiß. Siegmund's Brüder, Wenzel und Johann gaben unter der Bedingung ihre Einwilligung zur Verpfändung, daß sie Erben des Landes würden, wenn Siegmund ohne Nachkommen verstürbe. Wir verlassen nun unsern Siegmund auf einige Zeit, und wenden uns zu dem Markgrafen

Jobst, Jodokus oder Jost, Pfandinhaber der Kurmark von 1388 — 1411.

Die Mark war zwar an den Markgrafen Prokop so gut, als an Jobsten versezt worden. Allein der erstre mußte wahrscheinlich eine Vergütigung an Gelde oder eine Entschädigung von andrer Art erhalten haben: denn keine Urkunde nennt ihn als Landesherrn oder Mitregenten, ja in der Stendalischen Huldigungsakte wird ausdrüklich bestimmt, daß sich die Bürgerschaft nur nach Jobstes erblosen Tode an Prokopen und seine Erben halten, aber bei Jobstes Leben nur bei ihm und seinen Nachkommen und sonst bei Niemanden bleiben wolte: würde Jobst die Mark an einen andern Herrn versezzen und weisen, so solte Prokop nicht einmal dawider reden, oder dagegen sprechen dürfen. Jobst war folglich der alleinige Beherrscher der Mark: aber welch ein Beherrscher? dies sagt uns der große Brandenburgische Geschichtsforscher Gerken in folgender Schilderung: "Die Mark war unter seiner Regierung in einem elenden und erbärmlichen Zustande. Er war beständig abwesend, und kam sonst nicht her, als wenn er Geld brauchte: hatte er genung gesamlet, und die Kammergüter verkauft und verpfändet, so reisete er wieder davon. Im übrigen bekümmerte er sich nicht darum, wenn seine Unterthanen durch die Drangsale der Nachbarn, und des unruhigen Adels gänzlich ausgesogen, und zu Grunde gerichtet wurden. Seine bestellten Statthalter hatten wenig Ansehen und Macht, hielten sich auch mehrenteils außerhalb Landes wegen ihrer eignen Länder und Geschäfte auf, als z. B. Herzog Johann von Meklenburg, die Grafen von Schwarzburg, Herzog Svantibor von Stettin, und versäumten also gleichfals dasjenige, was ihnen anvertrauet wurde, zumal da ihre Statthalterschaft gemeiniglich von kurzer Dauer war. Ein jeder suchte sich selbst Recht zu schaffen, und der Mächtige unterdrükte den Geringern; die Städte machten Bündniße unter sich, und schützten sich auf diese Art gegen die Gewalt des Adels, worunter Dietrich von Quitzow der schlimste war. Die Grenzen des Landes wurden sehr geschmälert, weil ein jeder Nachbar von diesem zerrütteten Zustande, da die Mark, so zu sagen, ohne Herrn war, zu gewinnen suchte, und ich habe bei genauer Untersuchung gefunden, daß

bei

bei diesen Umständen sehr vieles von unsrer Mark abgekommen ist. Ich kann also die Regierung Jodoci kürzlich nicht besser abschildern, als wenn ich sage: er hat als ein Stiefvater der Mark vorgestanden."

Anfangs, als noch der Glanz der Neuheit unsern Jobst blendete, zeigte er sich auf einer Seite, die große Erwartungen von ihm erregte. Er wolte die von den Nachbarn abgerißnen Stükke wieder an die Mark bringen. Aber der erste Versuch mißlang, und nun dachte sein kleinmüthiger Geist an keinen neuen mehr. Die Herzoge von Braunschweig Lüneburg hatten die Grenzen der Altmark verengt, und viele Oerter derselben zu ihrem eignen Gebiet gezogen. Jobst dachte an Wiederherstellung der alten Grenzen, zog 1389 mit einer ansehnlichen Macht gegen die Lüneburger zu Felde, ward aber mit großem Verlust zurükgetrieben. Die Lüneburgischen Herzoge Bernhard und Heinrich drungen weiter vor, eroberten Schnakenburg an der Elbe, streiften bis Salzwedel, verwüsteten die Getraidefelder und Hopfengärten, und verheerten das platte Land. Jobst ward nun auf einmal des Krieges und der ganzen Regierung in der Mark so sehr überdrüßig, daß er sich um ihr Schiksal nicht mehr bekümmerte, sondern nach Mähren zurükging, und Statthalter mit gänzlicher Vollmacht bestellte. Diese schloßen 1391 einen Waffenstillstand mit den Lüneburgern bis zu Ende des Jahres 1392, während welcher Zeit jede Feindseligkeit ruhen und

und durch Schiedsrichter ausgemacht werden solte, wem Schnakenburg von Rechtswegen zuständig sei. So lange ihr Ausspruch noch nichts entschieden hätte, solten beide Partheyen gleichen Anteil an den Einkünften von diesem Orte und von dem Elbzolle haben. Lüneburg hat sich indeßen im Besitz der Stadt Schnakenburg bis auf unsre Zeiten behauptet.

Trauriger noch als auswärtige Kriege waren die innern Unruhen des Adels für die Einwohner. Die Adelichen hatten schon seit einiger Zeit viele Kammergüter an sich gebracht, und ganze Städte waren ihnen verpfändet: aber unter Jobstes nachläßiger Regierung vermehrte sich ihre Macht zum Schaden des Landes noch mehr. Die Freiherrn von Putlitz besaßen Lenzen, die von Rochow hatten Potzdam inne, die von Ottizow die Stadt Rathenow, die von Holzendorf hatten Bötzow und Liebenwalde, die von Torgau Trebbin. Die mehrsten Zölle waren ihnen ebenfals verpfändet. Sie trieben ihren Unfug so weit, daß sie den Landesherrn verspotteten, seine und seiner Statthalter Befehle verachteten, hier eine Stadt feindlich angriffen, dort ein Schloß plünderten, alle Wege unsicher machten, und Tirannen der Schwächern wurden. Jobst steuerte dem Unwesen so wenig, daß er vielmehr öfters selbst den Raub mit ihnen teilte. Die Städte sahen sich daher genöthigt, selbst für ihre Ruhe zu sorgen, und eigenmächtige Bündniße zu Abwendung der steten Gewaltthätigkeiten zu schließen. So vereinigten sich

1394

1394 die Städte Brandenburg, Rathenow, Nauen, Spandow, Berlin und Köln zu Ausrottung der Räuber, Vertreibung der Mordbrenner, und Aufrechthaltung des Landfriedens. Sie versprachen sich gegenseitig, keinen Dieb, keinen Räuber, keinen Geächteten, keinen Crucesignaten* zu dulden, keinem Friede oder Geleit zu geben, sondern sie, und alle die, so sie speisen, hufen (in ihrer Behausung haben) oder hegen würden, zu verfolgen, und einander zu diesem Behuf mit gewafneter Mannschaft beizustehen.

Die stete Abwesenheit Jobstes sezte die Mark den Räubereien der Vornehmern, und den Mißhandlungen der Nachbarn aus. Im Jahr 1391 brach ein Krieg mit dem Erzbischof Albrecht zu Magdeburg aus, der mit der größten Grausamkeit geführt wurde. Der Erzbischof hatte das im jezzigen Jerichauischen Kreise gelegne Schloß Milow gegen Brandenburg befestigt. Der damalige oberste Hauptmann oder Statthalter der Mark, Lippold von Bredow, glaubte, daß diese Festung gefährlich für Brandenburg wäre, trachtete daher,

---

* Crucesignaten heißen: mit dem Kreuz bezeichnete Leute. Das Kreuz war ein Zeichen der Sicherheit und des öffentlichen Friedens; und wurde daher bei Jahrmärkten aufgerichtet, um anzuzeigen, daß jeder für seine Person und Waaren völligen Schuz genüßen solte. Viele Landstreicher und Tausenichte gebrauchten dies Zeichen zum Dekmantel, unter dem sie die ärgsten Ausschweifungen begingen: und solche Leute sind hier gemeint.

daher, sie zu zerstören, war aber unglücklich in seinem Vorhaben, ward selbst gefangen genommen, und vier Jahre in des Erzbischofs Haft behalten. Der aufgebrachte Albrecht machte nun Anstalt, sich auf eine Art zu rächen, die mehr eines Barbaren, als eines Geistlichen würdig war. Er verband sich mit dem Fürsten Siegmund von Anhalt, und Johannen, Herrn zu Querfurt, und eroberte durch Verrätherei des Märkischen Befehlshabers, Johann's von Treskow die Stadt Rathenow. Die Einwohner huldigten dem Erzbischof, glaubten sich nun sicher, holten die verstekten Sachen wieder hervor, und trieben ihr altes Gewerbe von neuem. Unterdeß befahl der Fürst Siegmund, daß alle bewafnete Bürger dem Erzbischofe, ihrem jezzigen Oberherrn entgegen gehen, und vor einem feindlichen Ueberfalle auf dem Wege nach der Stadt schüzzen solten. Es geschahe. Nun wurden die Thore geschloßen, damit keiner der ausgezognen Männer zurükkehren könnte: und darauf auch alle Wehrlose, alle Alte, alle Weiber, alle Kinder aus der Stadt gejagt: unter ihnen waren Schwangre, Sechswöchnerinnen, Säugende, Kranke; ohne Nahrung, ohne Schuz mußten die Elenden in der Decemberkälte 1394 vor Frost erstarren, vor Hunger umkommen. Als die Stadt so ihrer Bewohner entblößt war, so rükten bischöfliche Reuter herein, plünderten in jedem Hause, und bepakten über 100 Wagen mit geraubten Gute, um es nach Magdeburg zu führen. Endlich erschien der Erzbischof selbst, aß und trank, und buhlte, und ließ von den

aus-

ausgeleerten Fäßern ein Freudenfeuer zur Ehre der Kirche anzünden. Seine Völker breiteten sich im ganzen Havellande aus, verheerten jede Gegend durch Brand und Raub, und ermordeten ohne Schonung selbst die Krüppel, die Gebrechlichen, die Elenden. Die Brandenburger vergalten zwar dem Erzbischof in seinem eignen Lande Gleiches mit Gleichem, erhielten aber erst nach einigen Jahren von dieser Seite Ruhe, und erlangten die Genungthuung, daß der Verräther Treskow vom Erzbischof mit der Ermahnung vertrieben wurde: empfahe den Lohn, den du an deinem Herrn verdient hast. Im Jahre 1396 versöhnten sich Jobst und der Erzbischof Albrecht vollkommen, und verglichen sich dahin, daß der leztre die Stadt Rathenow wieder abtrat, und den gefangnen Statthalter von Bredow seiner Haft entließ, Jobst aber 600 Schok böhmischer Groschen zur Entschädigung bezahlte.

Jobst achtete aller Befehdungen nicht. Er blieb in Mähren, und verzehrte hier das Fette der Mark. Die Brandenburger mußten sich selbst helfen, so gut sie konnten. Um die inre Ruhe zu sichern, verlängerten die Städte Alt- und Neu-Brandenburg, Berlin, Rathenow und andre, so wie sämtliche Landstände, den 1392 zu Ende gegangenen Landfrieden mit den Lüneburgern auf fünf Jahr, und versprachen sich gegenseitige Hülfe gegen die Ruhestörer: und dieser Vergleich solte auch dann noch gültig sein, wenn sie mit ihren Landesherren in Uneinigkeit geriethen.

Die

Die Mark war durch Erpreßungen aller Art so erschöpft, daß sie Jobstes Geldhunger nicht mehr stillen konnte. Und er brauchte jetzt grade große Summen. Er verfiel also auf eben das Mittel, das ehemals Siegmund in seiner Geldnoth gebraucht hatte; er beschloß, Brandenburg zu verpfänden. Sein Schwager,

Wilhelm I. der Einäugige, Markgraf von Meißen,

schoß ihm 40,000 Schok Prager Groschen oder 120,000 Ungarische Goldgülden im Anfange des Jahrs 1395 vor, und erhielt dafür die Mark pfandsweise, welche er einige Jahre vortreflich regierte. Wilhelm nennte sich jezt: **mächtiger Vorsteher der alten und neuen (Mittel-) Mark**, und nahm sich der Regierung mit mehr Eifer, als sein sorgloser Schwager, an. Er schloß mit den Mekkenburgischen Fürsten, besonders aber mit dem Könige Albrecht von Schweden, und mit den Hanseestädten eine Verbindung zu Perleberg, um den Straßenräubereien ein Ende zu machen. Die Friedensstöhrer waren kühn genug, dem Landesherrn öffentlich Hohn zu sprechen, ein Heer zu bilden, und sich in dem festen Schloße Lenzen in der Prignitz zu vertheidigen. Wilhelm zog mit seinen Bundesgenoßen vor diesen Ort, eroberte ihn und ließ alle Räuber, die er hier fand, ohne Ausnahme aufhängen. Mit gleicher Entschloßenheit rükte er vor die Raubschlößer Mustrow, Mese-

Mesekow, Markemos und Kummerlos und bestrafte die Bösewichter auf gleiche Art. Wie furchtbar jene Rotten gewesen sein müssen, sieht man daraus, daß auch diese Strenge des neuen Pfandinhabers nur die gröbern Ausbrüche, nicht aber die heimlichen Räubereien dieser Banden verhinderte.

Wilhelm's beßere Regierung der Mark daurete nicht lange. Denn gegen das Ende des 1398. Jahres verwaltete sie Jobst wieder, der sich von jezt an zum erstenmale: Markgraf von Brandenburg, und des heil. röm. Reichs Erzkämmerer nannte. Es ist unbekannt, ob er die Pfandsumme an Wilhelmen zurükgezahlt, oder ihn auf eine andre Art befriediget hat. Noch über dreizehn Jahre lebte er, sog die Mark aus, und wehrte ihrem Unfall nicht, veranlaßte ihn vielmehr öfters. Es wäre zu ermüdend, jede Plakerei einzeln auseinanderzusezzen. Es sei daher genung, von dem Unfuge einer einzigen Familie, der von Quitzow besonders zu reden, woraus sich auf das Elend, das die Mark durch ewige Befehdungen der Rotten dulden mußte, schließen läßt.

Die Herrn von Quitzow hatten mehr Macht, mehr Schäzze, und mehr Ansehn in der Mark, als der Landesfürst und Pfandsinhaber. Sie führten nach Gefallen Kriege bald mit den benachbarten Fürsten, bald mitten in der Mark mit ihren eignen Mitständen, und verübten zum Spott der Landesregierung die ärgerlichsten Ausschweifungen. Sie plünderten mit ihren Genoßen ungescheut und ungestraft im ganzen Lande. Einstens überfielen sie sogar den von Jobsten bestellten Statthalter, den Grafen Günther von Schwarzburg, als er bei Tangermünde über die Elbe sezzen wolte, und raubten ihm seine größten Kostbarkeiten und das ganze Reisegeräthe. Weder Jobst noch der Statthalter hatten Ansehn und Muth genung, diese Beleidigung der Landeshoheit zu bestrafen. Im Jahre 1407 bat Jobst den Herzog Johann von Meklenburg, nach Berlin zu kommen, und gab ihm sichres Geleit mit: die Quizower aber überfielen den Herzog dennoch auf öffentlicher Landstraße, sezten ihn in einen Thurm auf ihrem Schloße zu Plauen, und behielten ihn lange gefangen. Ja noch mehr. Der berühmte und rechtschafne Ritter Balthasar von Schlieben war gestorben und seine unmündigen Kinder hätten die Stadt Frisak im Havellande als ihr väterliches Gut erben sollen. Allein Dietrich von Quitzow verjagte die rechtmäßigen Erben, bemächtigte sich der Stadt, behielt sie als sein Eigenthum, ohne auch nur das entfernteste Recht darzu zu haben, zahlte dem Markgrafen Jobst 2000 Schok böhmischer Groschen, und wurde dafür, als geschähe es nach Recht und Billigkeit, damit beliehen. Der verächtliche gewißenlose Jobst wolte den Kindern noch einen Beweis seiner Gerechtigkeit und Gnade geben: er schikte ihnen 200 Schok böhmischer Groschen zur Abfindung. Eben dieser Quitzow warf sich zum Schuzherrn von Berlin auf, und gab vor, daß ihm die Berliner

1300

1300 Schok böhmischer Groschen für seinen Beistand versprochen hätten. Diese läugneten den Vergleich, und Quitzow konnte seine bei'm Statthalter angebrachte Klage nicht beweisen. Dennoch beschloß er Rache. Er zog seine Schaaren zusammen, trieb den Berlinern das Vieh weg, verjagte die sich widersezzenden Bürger, nahm mehrere gefangen, und behandelte sie auf die unmenschlichste Weise, ungeachtet er ehemals viele Höflichkeiten und Dienstleistungen von ihnen empfangen hatte. *

Da die Mark von vielen andern adelichen und mächtigen Familien ähnliche Gewaltthätigkeiten, als die von den Quitzowern verübten waren, erdulden mußte, und sich von ihrem Landesherrn, der den Raub mit diesen Tirannen teilte, keines Schuzzes gewärtigen konnte: so schloß sie mit auswärtigen Fürsten oft kostspielige Bündnisse, und ward dennoch — geplündert. Die Altmark errichtete mit den Herzogen von Lüneburg, und mit den Herzogen von Sachsen-Lauenburg Schuzverträge, und versprach den erstern 800 Mark Pfennige,

* Die Berliner befreiten ihn einmal aus der Gefangenschaft, bemüheten sich, daß ihn Jobst zum Statthalter erwählte, luden ihn häufig zu Gaste, und hielten keinen Reichen für einen rechtschafnen Mann, der ihn nicht auf's prächtigste bewirthete. Wenn er von einem Schmause nach Hause ging, begleiteten sie ihn mit Musik, mit großem Gepränge, mit den schönsten und vornehmsten Frauenzimmern, die Fakkeln trugen, und schikten ihm Wein und Geld zum Geschenke nach.

ge, und den leztern 100 Mark nebst sechs Fuhren Bier für ihre Hülfe.

Jobst kam 1409 zum leztenmale in seinem Leben in die Mark, um ihr vollends das Geld abzunehmen, was ihr die Räuber noch gelaßen hatten. Er berief die Abgeordneten der Städte und die Landstände nach Tangermünde, und foderte eine beträchtliche Steuer von ihnen, damit er die versezten Kammergüter wieder einlösen könnte. Die Bevollmächtigten von Berlin, Briezen und Belitz sagten ihm auf diesen Antrag mit aller Freimüthigkeit: "Daß dies ein leeres Vorgeben, und ein bloßer Kunstgrif, von ihnen Gelder zu erpreßen, wäre: daß er schon vor sechs Jahren durch eine ähnliche List große Summen erhoben, aber keine verpfändeten Güter eingelöset, sondern das Geld nach Mähren mitgenommen habe." Allein seine Räthe wußten doch die Städte auf seine Seite zu ziehen, und durch Schmeicheleien, Versprechungen, und Ueberredungen zu vermögen, daß sie die verlangte Steuer bezahlten. Wie groß diese Gelderpreßung Jobstes gewesen sein muß, erhellt daraus, daß nur die einzige Stadt Brandenburg mit 250 Schok böhmischer Groschen oder mit 750 Ungarischen Goldgülden angesezt war. Jobst lösete kein Pfandstük ein, verpfändete hingegen noch mehr Güter, zog mit seiner Beute nach Mähren, und freute sich, daß die Brandenburger so gutherzige Leute wären.

Dieser

Dieſer elende Regent, der kleinere Länder nicht zu beherrſchen vermochte, hatte noch den Stolz, Kaiſer über das unruhige Deutſchland werden zu wollen. Seine Bemühungen waren nicht vergeblich. Er genoß die Freude, daß ihn ein Teil der Kurfürſten den 1. Oktob. 1410 zum römiſchen Könige ausrief, ungeachtet Siegmund, König von Ungarn, ſchon am 20. September von andern dafür erkannt worden war. Sein Glük — wenn es anders eins war — daurete indeßen nur kurze Zeit. Im Anfange des Januar's 1411 ſtarb er zu Brünn in Mähren, ehe er noch gekrönt worden war, im 60. Jahre ſeines Alters, ohne Kinder, wodurch Mähren an ſeinen Vetter, den noch lebenden König von Böhmen Wenzel; die an ihn verſezt geweſene Kurmark Brandenburg aber an den zum römiſchen Kaiſer erwählten Siegmund zurükfiel.

Früher gelangte Siegmund zum Beſiz der Neumark. Sein Bruder

Johann, Herr von Görlitz und der Niederlauſitz

war nach Wenzel's Anordnung der Regent dieſer Provinz. Er verdient aber nicht mehr Ruhm, und nicht mehr Dank, als Jobſt, ſondern gehört vielmehr in eine Klaſſe mit ihm. Ihn beſchuldigt man noch der niedrigſten Wolluſt, und der unmenſchlichſten Grauſamkeit. In der Verſchwendung, in der Nachläßigkeit, in der Verſäumniß aller Regentenpflichten that er es jenem gleich. Auch er kam nicht

nicht in's Land, ließ die Nachbarn, besonders die Polen, so wie die Adelichen und Mächtigern nach Gefallen plündern. Der Adel des Landes hob auch hier sein stolzes Haupt zum Troz des Landesherrn empor, glaubte sich über Regenten, Gesezze und Ordnung erhaben zu sein, und erlangte durch gerechte und ungerechte Mittel eine Macht, die Fürsten trozte. Zum Beweise von leztern führen wir nur die Familie von Wedel an. Sie war so mächtig, daß sie 1388 mit den deutschen Ordensrittern in Preußen einen Vergleich schloß, ihnen gegen den König von Polen zu dienen. Sie versprach dem Orden hundert gewapnete Ritter, hundert Schüzzen mit Panzern und eisernen Hüten, mit Armbrüsten und Hundeskugeln versehen, und 400 Pferde gegen 18000 Mark zu überlaßen.

Im Jahre 1392 wolte Johann wegen Geldmangel die Neumark nach der Gewohnheit jener rohen Zeiten versezzen; und Siegmund hatte schon seine Einwilligung gegeben. Indeßen geschahe es doch nicht. Johann behielt sie bis an seinen, wie man glaubt, im Jahre 1395 erfolgten Tod. Er ist der einzige unter den Brandenburgischen Fürsten der neuern Zeiten, von deßen Regierung man so wenig Nachrichten findet, daß man nicht einmal das Jahr seines Todes zuverläßig angeben kann, ob es gleich wahrscheinlich ist, daß er zu Ende des Jahrs 1395, wie eben bemerkt worden, oder im Laufe des folgenden gestorben sein mag. Siegmund erbte nun diese Provinz, weil Johann

hann * keine Erben hinterließ, und führte das wirklich aus, was sein Bruder nur beschloßen hatte. Er fing damit an, einzelne Städte und Dörfer zu verpfänden, und endigte mit der Veräußerung der ganzen Neumark. Schon 1398 wolte er deswegen mit dem deutschen Orden einen Vergleich schließen: es fanden sich aber Hindernisse, und der Handel ward verschoben. Nachher bot er dies Land dem Könige von Polen für 10,000 Mark zum Unterpfande an. Im Jahre 1402 brachte aber der Wolwode von Siebenbürgen, Siegmunds Freund, einen beßern Kaufkontrakt mit dem deutschen Orden zu Stande. Der Orden kaufte die Neumark für 63200 Ungarische Goldgülden oder Dukaten förmlich an sich mit der Bedingung, daß sie Siegmund, Wenzel, Jobst oder ihre Erben für jene Summe wieder einlösen könnten. Der Wiederkauf solte aber nur bei der drei vorgenannten Lebenszeit statt finden. Geschähe es, so sagt Siegmund in dem Kaufbriefe, daß wir Erben gewönnen, so mogen's by ouch alleyne by unser dryer leben wider lozen (wieder einlösen.) Unternähme der Hochmeister des Ordens Bauten in diesem Lande, oder kaufte er neue Güter hinzu; so sollen im ersten Fall die verbauten Gelder, die jedoch nicht mehr als 7000 Schok Groschen betragen dürften, ersezt werden; wäre weniger verbaut worden, so solte

* Prokop, Jobstes Bruder war schon 1402 gestorben. Der König Siegmund zerfiel mit ihm, nahm ihn gefangen, und ließ ihn im Gefängnisse zu Brünn verhungern.

te es an des Homeisters und des Ordens Worten steen; wy vil doran verbuwet (verbauet) ist under der Summen. Im andern Fall soll das Hauptgeld nebst den Nebenkosten zu genuge und zu danke wieder erstättet werden. Geschähe unter der Zeit Schaden in der Neumark durch Verwüstungen, Gewaltthätigkeiten, durch Vernachläßigung des Ordens selbst, oder durch Feldzüge des Hochmeisters gegen aufrührerische Unterthanen; so soll der Orden keine Entschädigung geben, soll vielmehr von den drei obengenannten Fürsten ewiglich wegen des angerichteten Schadens, er sei groß oder klein, ungemahnt bleiben. Würde aber der Wiederkauf nicht bei der drei erwähnten Lehen geschehen: so sal denne der Orden haben und behalden dasselbe Land die Nuwe Marke mit alle synen Zugehorunghen yn Eigenschaft erblich zu ewigen Zeiten. Diese Wiedereinlösung erfolgte von Seiten des Luxemburgischen Hauses unter den angeführten Bedingungen nicht. Das Land ward also ein erbliches Eigenthum des Ordens, und der Hohenzollerische Kurfürst Friedrich II. mußte einen weit höhern Kaufpreis, nämlich 100,000 Goldgulden erlegen, als er die Neumark im Jahre 1455 von dem deutschen Orden wieder erkaufte.

Durch Jobstes Tod erlangte Siegmund wieder die Alleinherrschaft über Brandenburg. Er ließ sich durch Bevollmächtigte von neuem im März 1411 auf einem Landtage zu Berlin huldigen. Die

Die Märker thaten es mit Freuden, weil sie hoften, daß Siegmund nun selbst in ihr Land kommen, Ruhe und Ordnung wieder herstellen, und dem grenzenlosen Elende Schranken sezzen würde. Um diese sehnlich gewünschte Ankunft zu beschleunigen, und die Aufrechthaltung ihrer Freiheiten zu befördern, schikten sie den bisherigen Statthalter Kaspar Gans von Putliz, einige von der Ritterschaft und zween Abgeordnete aus jeder Stadt an ihren Landesherrn nach Ofen in Ungarn. Siegmund empfing sie mit seiner gewöhnlichen Herablaßung und Freundlichkeit, nahm die Huldigung von ihnen nochmals an, bestätigte alle ihre Rechte, und versprach, persönlich in die Mark zu kommen, sobald es seine übrigen Geschäfte erlaubten, unterdessen aber einen von seinen vornehmsten Räthen hinzusenden, welcher mit Zuziehung der einsichtsvollsten Landstände für die Wiederherstellung der Landeswohlfarth sorgen solte.

Siegmund beschäftigte sich aber jezt mit Ausführung ganz andrer Entwürfe, als mit der Ruhestellung der Mark, und beschloß daher, eine solche Aenderung mit der Brandenburgischen Regierung zu treffen, daß er der Reise dahin und der drükkenden Last, alle dortigen Verwirrungen auszugleichen, überhoben sein könnte. Er verpfändete sie von neuem, und diesmal an einen Mann, der wegen seiner Einsicht, seiner Thätigkeit und seiner Macht am fähigsten war, der Erlöser der Brandenburger zu werden. Dies war der Graf von Hohen-

zollern, Friedrich VI. kaiserlicher Burggraf zu Nürnberg, und Besitzer ansehnlicher Ländereien in Franken, der sich die größten Verdienste um Siegmunden erworben, und sich seines ganzen Zutrauens würdig gemacht hatte. Er bewarb sich um die Stimmen der Kurfürsten für Siegmunden, und um die neue Erwählung desselben zum römischen Kaiser nach des Gegenkönigs Jobstes Tode mit einem Eifer, als wenn er es für sich selbst thäte; er leistete ihm die treusten Dienste in den Kriegen gegen die Türken, stützte seinen wankenden Königsthron in Ungarn, und befestigte ihn auf eine so dauerhafte Art, daß er nicht mehr leicht erschüttert werden konnte. Ursachen genung für Siegmunden, eine so seltne Treue auch auszeichnend zu belohnen. Hierzu kam noch, daß ihm Friedrich 100,000 Goldgülden oder Dukaten vorgeschossen hatte, wofür er ihm zwar einige Güter in Ungarn verschrieb, die aber eben so wenig zur Sicherheit des Kapitals als der Zinsen zureichten. Siegmund machte nun einen Vergleich mit dem Burggrafen, der den 8. Jul. 1411 zu Ofen zu Stande kam, nach welchem er ihm die Kurmark Brandenburg für jene Summe verpfändete. Der Hauptinhalt desselben ist folgender: "der König von Ungarn Siegmund übergiebt dem Burggrafen von Nürnberg, Friedrich VI. die Mark mit allen ihren Herrschaften, Landen, Leuten, Lehnschaften, Münzen, Bergwerken, Ehren, Gerichten, Steuern, Zöllen, Nuzungen, und bestellt ihn zu einem rechten Obristen gemeinen Verweser und
Haupt-

Hauptmann. Er behält sich und seinen Erben weiter nichts vor, als nur "die Küre (Wahl) eines "iglichen romischen Kunigs, (Königs,) und "was sick darzu treffen mag zu einer iglichen Zeite, "alz oft sich daz geburt." Der Burggraf und seine Erben sollen das Land so lange behalten, bis ihnen 100,000 guter, rother ungarischer Gulden oder Dukaten von Siegmunden zurükbezahlt sein würden, so wie er auch den Burggrafen schadlos zu halten verspricht, wenn er im Kriege in Gefangenschaft geriethe. Alln und jeden Einwohnern des Landes befiehlt er zulezt, von nun an dem Burggrafen hold und gehorsam zu sein und die Huldigung zu leisten." Bald darauf gab auch der König Wenzel wegen seines Erbrechts und der ehemals geschehenen Einverleibung Brandenburg's mit dem Königreiche Böhmen seine Einwilligung. In seiner darüber ausgefertigten Urkunde sagt er, daß das Fürstenthum, die Lande und Unterfaßen von Brandenburg merklichen und gröblichen Schaden von Kriegen und Unruhen, die von langer Zeit her schwer gewähret haben, erlitten hätten, und daß Friedrich sunderlich darum von seinem Bruder zum gemeinen Verweser und Häuptmann der Mark gesezt worden wäre, damit er das Land wieder in ein ordenlichs Wesen und gute Saße (Verfaßung) brengen müge. Der Burggraf Friedrich händigte ihm dafür eine schriftliche Gegenerklärung ein, daß er ihm nach Siegmund's Tode die Kurmark, wenn sie noch nicht eingelöset wäre, jederzeit gegen Auszahlung der 100,000 Dukaten abtre-

abtreten, und überhaupt der Krone Böhmen stets behülflich sein wolle. Der Kurfürst von Sachsen, und der Herzog von Baiern, welche mit Friedrichen eben zu Prag waren, bestätigten die ausgestellte Urkunde durch ihre angehängte Siegel.

Es gehörte grade ein Fürst von der Klugheit, von der Mäßigung, von der Entschloßenheit und Beharrlichkeit, als Friedrich war, dazu, um sein eignes Ansehn gegen einen aufrührerischen, unruhigen, und mächtigen Adel zu behaupten, die Unterthanen gegen ihre Unterdrükker zu schützen, und das Land von Mordbrennern, und Raubgesindel zu säubern. Kaum hatte man in der Mark von der neuen Verpfändung derselben Nachricht bekommen; als sich schon Hans und Dietrich von Quitzow, Kaspar Gans, Edler Herr von Puttliz nebst ihren Lehnsleuten und dem größten Teile des Adels im Havellande verschworen, den neuen Statthalter und Pfandsinhaber nicht anzuerkennen, und, wo möglich, zu verdrängen. Friedrich brachte zuerst seine Sachen in den fränkischen Ländern in Ordnung, brach sodann mit einem großen Gefolge von Nürnberg auf, und kam am Johannistage 1412 in der Mark an. Er foderte die Stände auf einen Landtag nach Neubrandenburg, zeigte ihnen seine Vollmacht als Verweser und Obristhauptmann der Kurmark, und verlangte die Huldigung von ihnen. Ohne Weigerung schworen sie dem Könige Siegmund und seinen Erben eine rechte Erbhuldigung, und

dem

dem Burggrafen eine rechte Huldigung zu seinem Erbe. Blos die oben erst erwähnten Verbundnen des Adels widersezten sich, und beriefen sich auf die ehemalige Einverleibung der Mark mit Böhmen, nach welcher sie sich keinem fremden Fürsten unterwerfen könnten. Die Beredsamkeit des Abts Heinrich Stifts von Lehnin stimmte zwar viele von den aufrührerischen Havelländern um: allein die übrigen beharrten fest in ihrer Widersezlichkeit, wandten erst gelindre, hernach aber gewaltthätige Maasregeln an, um ihren Widerspruch geltend zu machen. Sie schikten den Landschreiber Peter Grotwysen als Abgeordneten an Siegmunden nach Ofen, und ließen hier durch ihn ihre Klagen anbringen. Sie erreichten aber ihren Zwek nicht. Siegmund verwies ihnen in einem nachdrüklichen Schreiben ihren Ungehorsam, und befahl ihnen, sich Friedrichen zu ergeben.

Diese ernsten Vorstellungen wirkten auf die harten Herzen der Empörer so wenig, als des Burggrafen leutseliges Betragen. Friedrich versuchte alles Mögliche, sie durch Güte, durch Herablaßung und Milde zu gewinnen. Er ließ sie viele Proben seiner Gnade erfahren, und zog sie selbst öfters an seine Tafel. Die Aufrührer waren dreist oder vielmehr frech genung, alles anzunehmen, und doch widersezlich zu bleiben. Sie thaten bald einen Schritt weiter: sie vereinigten sich mit den Herzogen von Pommern, erschienen im Oktober deßelben Jahres an der Spize eines ansehnlichen Heeres, und behielhielten über den unvorbereiteten Friedrich in einem Gefechte auf dem Kremmerdam in der Mittelmark die Oberhand.

Friedrich sahe nun, daß der Uebermuth und die Widerseßlichkeit der Unzufriednen auf den höchsten Grad gestiegen wäre, und daß er Gegenanstalten treffen müße, sie mit Gewalt zu unterdrükken. Die Quißower glaubten ihrer Sache schon so gewiß zu sein, daß sie, wie man erzählt, öffentlich versicherten: die Burggrafen solten nimmermehr in der Mark aufkommen, wenn es ihrer auch das ganze Jahr hindurch vom Himmel regnete. Friedrich zog zahlreiche Truppen aus Franken an sich, schloß mit dem Kurfürsten Rudolph von Sachsen, und mit dem Erzbischof Günther von Magdeburg Schuz- und Truzbündniße, brachte die Herzoge von Meklenburg-Schwerin, den Herzog von Pommern-Wolgast, die Fürsten von Wenden auf seine Seite, und bewog den nunmehrigen Kaiser Siegesmund, die Reichsacht wider die Empörer, und die schärfsten Befehle zu Niederlegung der Waffen an die Herzoge von Pommern ergehen zu laßen.

Von so mächtigen Bundesgenoßen unterstüzt, war es unserm Burggrafen nicht schwer, die Widerspänstigen in die Enge zu treiben. Kaspar Gans von Putlitz ward unweit Spandow ergriffen, und zu Ziegesar ins Gefängniß gesezt, aus welchem er erst nach vier Jahren unter der Bedingung befreit wurde, daß er das von Jobsten
an

an ihn verpfändete Lenzen dem Landesherrn wieder abtreten mußte, ohne die Pfandsumme zurük zu bekommen. Die Stadt Rathenow, welche an Dietrich von Quitzow versetzt war, ergab sich freiwillig. Die Empörer flüchteten sich jezt in ihre festen Schlößer, und trozten dem Burggrafen bis auf den lezten Augenblik, so lange ihnen noch eine Gegenwehr möglich schien. Sie verließen sich vorzüglich auf die starken Burgmauern, von denen einige an vierzehn Fuß dik waren, und glaubten, daß deren Zerstörung nicht denkbar sei. Die Festungen wurden aber durch das große Geschüz ohne viele Mühe in Aschenhaufen verwandelt. Die ganze Artillerie Friedrich's bestund in einer großen 24 pfündigen Kanone, die so schwer war, daß sie nur langsam fortgebracht werden konnte, und daher den Namen der faulen Grete bekam, und dergleichen man in der Mark noch nicht gesehen hatte. Bald waren durch sie die Schlößer Plauen, Golzau, Frisak und Büten in der Sieger Händen. Die Quitzows, die nun ihre lezte Zuflucht zerstört saben, suchten der längst verdienten Züchtigung durch die Flucht zu entgehen. Hans von Quitzow hatte sich in einem Busche verkrochen, ward aber entdekt, zuerst in der Kirche zu Plauen in den Stok gelegt, und von da nach Kalbe an der Sale in den Kerker gebracht, worinnen er sein unrühmliches Leben beschloß. Dietrich von Quitzow entrann der Aufmerksamkeit seiner Gegner und dem Lohne seiner Thaten vor jezt.

Die

Die Mark genoß nach Besiegung dieser Empörer, nach Zerstörung einiger von ihren Schlößern und nach Eroberung andrer, endlich die längst vermißte Ruhe wieder, ungeachtet sie noch dann und wann wieder unterbrochen wurde. Der Burggraf Friedrich glaubte nun das Ungeheuer der innern Raubsucht ganz unterdrükt zu haben, entfernte sich daher nöthiger Geschäfte wegen auf einige Zeit aus der Mark, und sezte den Johann von Bieberstein zu seinem Vicestatthalter. Allein kaum hatte Friedrich Brandenburg verlassen, als der entflohne Dietrich von Quitzow seine lezten Kräfte zusammenrafte, mit einer Rotte Räuber in die Mark zurükkam, und neuen Unfug begann. Er stekte die Stadt Rauen im Havellande in Brand, und legte sie in Asche. In mehrere Städte hatte er erkaufte Mordbrenner gesandt, von denen aber einige ergriffen und gerädert wurden, wodurch die übrigen in's Schrekken geriethen, und ihre Bosheiten unterließen. Der Vicestatthalter war glüklich genung, den Quitzow aus allen Raubschlößern und zulezt aus dem ganzen Lande zu verjagen. Der Kaiser sprach von neuem die Achtserklärung über ihn aus, und machte ihn vogelfrei. Daher fand er nirgends mehr einen sichern Aufenthalt, schweifte im Elende herum, und starb gebrandmarkt durch sein schändliches Leben, verachtet von jedem Edlen, und verlaßen von allem Schuz bei seinem Schwager von Veltheim zu Harpke bei Helmstädt im Jahre 1417. Friedrich ließ indeßen nach seiner milden Denkungsart die Kinder

der

der Quitzowe nicht die Schuld ihrer Väter entgelten: er gab ihnen die eingezogenen Erbgüter in der Prigniz zurük, und bildete sie durch diese Güte zu beßern Unterthanen, als jene gewesen waren.

Der Burggraf Friedrich erhielt jezt vom Kaiser eine Einladung, auf jener berühmten Kirchenversamlung zu Kostniz, die den 5. November 1414 eröfnet, und den 22. April 1418 geschloßen wurde, zu erscheinen. Dieses glänzende Koncilium, dem seit dem Nicäischen im Jahre 325 keines an Pracht und an der Anzahl der Versamleten gleich kam, hat sich außer der bekannten Verbrennung des Johann Huß besonders noch dadurch verewiget, daß wärend deßelben die Mark Brandenburg an ihren bisherigen Pfandinhaber, den Grafen von Hohenzollern, und Burggrafen von Nürnberg Friedrich völlig abgetreten wurde: eine Begebenheit, die es verdient, kürzlich erläutert zu werden. Friedrich nahm die Einladung des Kaisers an, reiste nach Kostniz, und traf hier den 5. Januar 1415 mit dem Grafen von Ruppin, dem Bischofe Johann von Brandenburg und mit einem Gefolge von 400 Pferden ein. Der Kaiser frug ihn in den wichtigsten Angelegenheiten um Rath, und übertrug ihm bald die ganze Mark erb- und eigenthümlich, wovon folgendes die Veranlaßung war: Eine von den Ursachen zur Zusammenberufung der geistlichen und weltlichen Fürsten auf das Koncilium war auch der Wunsch, die Spaltung in der Kirche durch die Absezung dreier zugleich regierender Päbste zu heben.

ben. Bei zween erreichte die Kirchenversamlung bald ihren Zwek. Schwerer hielt es mit der Absetzung des dritten, Benedikt's XIII. Der spanische König Ferdinand von Arragonien schützte ihn, die Spanier hingen ihm fest an, so wie sie überhaupt noch gar keinen Anteil am Konciliô genommen hatten. Der Kaiser Siegmund entschloß sich daher, eine Reise nach Spanien zu machen, um den König und das Volk von der Parthei des Pabstes Benedikt's abzuziehen, und sie zur Absendung ihrer Bischöfe und Prälaten nach Kostnitz zu bewegen. Siegmund hatte aber Mangel am Nöthigsten, was er zu dieser Reise brauchte, — am Gelde. Er wandte sich von neuem an unsern Burggrafen Friedrich, und erhielt 250,000 Dukaten von ihm. Allein schon war er ihm, außer den oben erwähnten 100,000 Goldgülden, noch andre 50,000 Dukaten, folglich jezt zusammen 400,000 Dukaten schuldig, und hatte kein Land mehr, das er ihm hätte verpfänden können. Er wußte sich nicht anders zu rathen, als daß er dem Burggrafen die Mark Brandenburg nebst der Kur- und Erzkämmererwürde und allen sonstigen Rechten für jene Summe von 400,000 Dukaten verkaufte. Indessen behielt er sich und seinem Bruder Wenzel von Böhmen, so wie ihren Erben das Recht des Wiederkaufs voraus. Friedrich durfte sich vor diesem Vorbehalt nicht fürchten; denn beide Brüder, Siegmund und Wenzel waren stets geldbedürftig, bis jezt noch ohne männliche Erben, und in einem solchen Alter und in solchen Umständen, daß

keine

keine mehr leicht vermuthet werden konnten. Der Kaiser versicherte hierauf dem Burggrafen am 30. April 1415 in seinem Wohnzimmer in Gegenwart einiger Kurfürsten und seines obersten Kanzlers, daß er ihm die **Kur- und Erzkämmererwürde** feierlich und erblich übertrüge, ließ die darüber abgefaßte Urkunde ablesen, und den **neuen Kurfürsten** in das kurfürstliche Kollegium einführen. Er sprach sodann die Märkischen Stände durch öffentliche Gebotsbriefe von aller ihm geleisteten Pflicht los, und verwies sie an Friedrichen. Einige von diesen Briefen sind noch im öffentlichen Druk vorhanden. Unter andern scheint uns der an den **Heermeister des Johanniterordens** erlaßne seines Tons wegen merkwürdig genung, um einiges daraus anzuführen. "Wir * weisen dich, schreibt **Siegmund**, an Sie — den Burggrafen **Friedrich** — und heißen und befehlen dir ernstlich und vestiglich mit diesem Briefe, daß du Ihnen die gewöhnlichen Gelübde und Huldigung thun sollst; wogegen wir dich von solchen Gelübden, damit du uns als einem Markgrafen verbunden gewesen bist, ledig und los gesagt haben, und sagen mit diesem Briefe. Kostnitz 1415 an unsers Herrn Uffart-tag — Himmelfahrtstage."

Der neue Kurfürst reiste gegen Ende dieses Jahres von Kostniz in die Mark zurük, um die Erbhuldi-

---

* Die veralteten Worte sind gleich mit den jezt üblichen vertauscht, aber die Schreibart ist sonst ganz beibehalten worden.

huldigung einzunehmen, die neuentstandnen Unruhen zu dämpfen, und sich der Liebe seiner Unterthanen durch Bestätigung aller ihrer Rechte und Freiheiten zu versichern. Nach Herstellung der Ruhe, und nach der Rükkunft des Kaisers aus Spanien begab sich Friedrich zum zweitenmale nach Kostnitz. Die öffentliche Belehnung Friedrich's wurde den 18. April 1417 mit großer Pracht in Gegenwart der Kur- und andrer geist- und weltlicher Fürsten und einer großen Menge Volks vollzogen. Ein Tag, der für die Mark ewig denkwürdig sein muß. Denn mit ihm fängt sich die Reihe derer Fürsten an, unter welchen das Land, obgleich nach mancherlei Stürmen, endlich eine beneidenswerthe Höhe von Macht und Wohlstand, von Größe und Ansehn erstiegen hat.

Feinde des Hohenzollerisch-Brandenburgischen Hauses haben ihm den Vorwurf gemacht, daß es die Mark zu wohlfeil erkauft und eben so wenig, als ehemals Kaiser Karl IV. die Strikke an den Glokken bezahlt habe. Noch in dem lezten Baierschen Kriege 1778 erniedrigten sich einige Gegner Brandenburg's so weit, diese höchst lächerliche Sage wieder aufzuwärmen: gerade als ob es ein Verbrechen wäre, rechtmäßiger Erbe ganz oder halb geschenkter Güter zu sein. Unrichtig ist es aber zugleich, daß Friedrich zu wenig für die Mark gegeben habe, wenn man den damaligen Ertrag der Einkünfte und die Seltenheit des baaren Geldes in Erwägung zieht. Denn 400,000 Dukaten bringen nach.* sechs Procent gerechnet 72,000 Thaler jährliche Zinsen: die Einkünfte der ganzen Mark hingegen betrugen nicht mehr als 50,000 höchstens 61,000 Thaler; folglich kamen sie lange noch nicht den Intereßen von der Kaufsumme gleich: ohnedem war ja die Neumark an den deutschen Orden verkauft, und so verlor Friedrich an den Einkünften noch über 3450 Thaler. Aus dieser Berechnung erhellt offenbar, daß der Burggraf Friedrich nach dem damaligen Werthe einen viel zu hohen Kaufpreiß erlegt habe.

In der Belehnungsakte Friedrichs, die noch ungedrukt ist, hatte sich zwar das Luxemburgische Haus den Wiederkauf der Mark vorbehalten: da aber dieser Fürstenstamm ganz erloschen ist, so sind auch alle Ansprüche, die rechtlich auf Brandenburg gemacht werden könnten, vernichtet.

Das Luxemburgische Haus hatte 44 Jahre über die Mark, und die Regierung Karl's IV. ausgenommen, nicht zum Besten des Landes, nicht zum Glük der Unterthanen geherrscht. Karl's weise Einrichtungen, von denen die obige Geschichte ausführlicher sprach, wurden nach seinem Tode wieder zerstöhrt: der ganze inre Zustand der Mark verschlimmerte sich. Die Sicherheit verschwand, die Gerechtigkeit flohe, die Handlung sank, der Akkerbau verfiel, das Gewerbe lag. Die Kammergüter, die Zölle,

---

* Bei dieser Annahme von sechs Procent setzen wir gerade den niedrigsten Fall. Denn damals wurden gewöhnlich zehen Procent Interessen bezahlt.

Zölle, die Münzen, die Beeden, die Kornpächte, die Judenzinsen wurden nach und nach fast gänzlich verschenkt, verpfändet, versetzt, verkauft, um Kleinigkeiten verschleudert. Fürstenberg an der Oder, welches Karl IV. mit vieler Mühe für 1600 Schok Groschen, oder 4800 Goldgülden zur Beförderung der Handlung an sich gebracht hatte, wurde von Jobsten dem Kloster Neuenzell für 500 Schok oder 1500 Dukaten wieder überlaßen. Lenzen war für 2000; Potsdam für 600 Schok; der Zoll zu Oderberg für Kosten und Zehrung an die Stadt Frankfurt auf zehen Jahre, die Stadt Oderberg selbst an die von Hohenstein versetzt. Rathenow, Crisak, Trebbin, Zoßen, Angermünde, Biesenthal, Landsberg, Freienwalde — alles war verpfändet. Die mehrsten dieser Oerter liegen an Flüßen: die Pfandinhaber erhöhten die Zölle, und tirannisirten die Kaufleute: dies Verfahren vernichtete den Waßerhandel: die Mordbrennereien und Räubereien zerstöhrten das Verkehr zu Lande. Die Handthierungen der Städter wurden saumseliger betrieben; die Thätigkeit erschlaffte, der Gewerbefleiß erlosch, viele Häuser stunden leer. Die Landleute ließen aus eben dem Grunde, das heißt, wegen immer zunehmender Gewaltthätigkeiten, eine Menge Aekker wüste liegen. Die ungebauten Felder versandeten und verwilderten; wurden mit Dörnen, Sträuchwerk, und Waldungen bewachsen. Die sandigen Weinberge, die Gartenhügel dorreten zu Wildnißen ein: die grasreichsten Wiesen, die fettesten Triften, die schönsten Hutungen wurden einem großen Teile nach mit

Flug-

Flugsande bedekt. Der Bauer fiel in Trägheit und Armuth, und Hunger und Pest schlugen ihre Wohnsizze da auf, wo vorher Reichthum, und Ueberfluß und Lebenskraft zu Hause gewesen waren.

Wie der Nahrungsstand sank, so sank auch der Geist immer tiefer in Aberglauben und Finsterniß. Neue Thorheiten wurden ausgeheckt, um das Bischen Vernunft, das die katholische Religion übrig gelaßen hatte, noch vollends zu ersäufen. Es werden zwar einige Märker aus diesem Zeitraume mit dem Namen der Gelehrten beehrt: ihre Grabschriften sprechen gar von tiefer, ungewöhnlicher Gelehrsamkeit: aber nur Schade, daß diese pralerischen Titel von keinen Beweisen unterstüzt sind. Einige scheinen indeßen, nicht wegen ihrer Gelehrsamkeit, sondern wegen andrer Verdienste des Anführens werth zu sein. Dietrich Kagelwied, eines Tuchmachers Sohn aus Stendal schwang sich bis zur geistlichen Fürstenwürde empor. Er erlernte im Kloster Lehnin, so viel ein Geistlicher damals bedurfte, und wurde hernach Verwalter des Klostervermögens. Durch Sparsamkeit, Ordnung, und gute Wirthschaft befreite er das Kloster von Schulden, und machte es wieder wohlhabend. Der Kaiser Karl IV. lernte seine Haushaltungskunst bei einem Besuche zu Lehnin kennen: er nahm ihn mit sich, und machte ihn zum Schazmeister und Statthalter von Böhmen. Kagelwied bewieß sich auch hier als Muster eines weisen Finanzrathes. Dennoch verleumdeten ihn neidische Haßer. Der Kaiser

Kaiser foderte Rechnung von seinem Haushalten. An statt sich Bedenkzeit auszubitten, begann er also: "als ich mein Amt bekam, hatte ich nichts, als meine Kutte, und einige Pfennige. Giebt man mir diese zurük, so gehört alles andre, was ich erspart habe, Euch, großer Kaiser, an: dies ist meine kurze und aufrichtige Rechnung." Eine solche Rechtfertigung befestigte ihn in der Gunst des Kaisers von neuem. Er erhielt bald Proben davon: durch Karl's Empfehlung wurde er 1361 zum Erzbischof von Magdeburg erwählt. Johann Wepelitz, ein andrer Märker, gleichfals aus bürgerlichem Stande, zu Wilsnak geboren, stieg bis zur Würde eines Bischofs von Havelberg. Er ist der erste Brandenburger, der den Titel: Magister der Universität Paris, führt. Durch die Beförderung des Aberglaubens mit dem Wilsnater Wunderblute, wovon bald ein Mehrers, vergrößerte er seinen Ruhm eben nicht. Ehrenvoller für seinen Verstand war die Verordnung, daß ein Teil der Gelder, die das Mirakel einbrachte, zu Anschaffung nöthiger Bücher verwendet werden solte. Unter dem Adel zeichneten sich die Bischöfe Dietrich von der Schulenburg und Otto von Rohr aus. Jener war zugleich weltlicher Rath Karl's IV, wofür er 100 Mark Besoldung bekam.

Von der Unwißenheit und Rohheit dieser Zeit ist das Wilsnater Wunderblut kein geringer Zeuge. Wilsnak, des Bischofs Wepelitz Geburtsort, damals ein Dorf, jetzt eine Stadt im Havelbergischen Kreise in der Prignitz, war im Jahre 1383

1383 nebſt zehen andern Dörfern durch Heinrichen von Bülow in einem Raub- und Streifzuge ausgeplündert und in einen Aſchenhaufen verwandelt worden. Die unglüklichen Einwohner durchſuchten nachher den Schutt der eingeäſcherten Gebäude, um zu ſehen, ob ſie noch einige unverſehrte Sachen finden könnten. Der Pfarrer Johannes durchwühlte aus eben der Abſicht die Trümmern der verbrannten Kirche. Hier entdekte er denn, daß auf dem ſteinernen Altar die Wachslichter in der Feuersglut nicht geſchmolzen, und die Altarbücher von der Flamme nicht verzehrt worden wären. So erſtaunenswürdig dies auch ſchon war, ſo bemerkte er bald ein noch größeres Wunder. Er fand drei vor dem Brande eingeſegnete Hoſtien, auf denen Blutstropfen ſtanden, die ſie zuſammenklebten. Menſchlicher Eigennuz und heiliger Betrug bewog die Geiſtlichen, die die Hoſtien natürlich ſelbſt gefärbt hatten, vorzugeben, daß dieſes des Erlöſers Blut ſei, und aus den Hoſtien geſchwizt wäre. Man erdichtete Wunderwerke, die an Kranken, an Armen, an Hülfsbedürftigen durch die Anbetung des heiligen Blutes geſchehen wären. Der Erzbiſchof von Magdeburg, die Biſchöfe von Havelberg, Brandenburg und Lebus bekräftigten die Betrügerei, verbreiteten den Aberglauben und reizten durch große Verſprechungen alle Welt zu Wallfahrten nach Wilsnak. Für eine Meile hieher wurde ein vierzehntägiger Sündenerlaß, für jeden feierlichen Umgang um die Kirche auf vierzig Tage Erlöſung aus dem Fegefeuer, und für jede Anbetung des Wunderblutes eben daſſelbe verheißen. Hohe und niedre Perſonen nicht nur aus der Mark, ſondern auch aus dem übrigen Deutſchlande, und ſelbſt aus den entfernteſten Gegenden Europen's ſtrömten nach Wilsnak, das bald wieder aufgebaut ward und aus einem Dorfe zu einem Städtchen anwuchs. Kaum solte man glauben, daß der Verstand noch verfinsterter werden, und von habsüchtigen Priestern noch tiefer in die Irre geführt werden könnte; und doch geschahe es. Die Pfaffen erfanden, mit dem Vorteil, den sie von dem Aberglauben der zahlreichen Wallbrüder zogen, noch nicht zufrieden, eine sogenannte Sündenwaage. Der Pilger, welcher Vergebung seiner Sünden suchte, mußte in eine Schaale treten, und in die zwote Geld oder andre Geschenke; und wenn's auch nur Brodt, Käse, Butter, Würste, Spek, Eier oder sonstige Lebensmittel waren, legen. Die Waagschaalen kamen erst dann ins Gleichgewicht, wenn so viele Gaben in der Schaale lagen, als die Sünden des Büßers schwer waren. Der Eigennuz der Geistlichen wußte es stets so einzurichten, daß die versöhnende Gabenschaale nicht eher stieg, als bis der Sünder nichts mehr geben konnte. Reiche Leute waren daher auch immer die größten Sünder. Es gab zwar einige einsichtsvolle Männer, die laut ihre Stimme gegen diese Greuel erhuben. Unter diesen zeichnete sich der berühmte Johann Huß aus, der eine Schrift, betitelt: Lug und Trug, dagegen herausgab, worinnen er durch mehrere Beispiele das Fabelhafte und Abgeschmakte der Wundergeschichte zeigte. Aber dennoch behielt Thorheit und Aberglauben lange Zeit hindurch die Oberhand, bis endlich der Lutherische Prediger Joachim Ellefeldt im Jahre 1552 die gemißbrauchten Hostien verbrannte, und dem Unwesen völlig ein Ende machte.

www.ingramcontent.com/pod-product-compliance
Lightning Source LLC
Chambersburg PA
CBHW030426300426
44112CB00009B/871